蒲團子　編訂
龍靈　張莉瓊　參編

稀見丹經三編

心一堂

書名：稀見丹經三編
作者：蒲團子
主編、責任編輯：龍靈、張莉瓊、陳劍聰

出版：心一堂有限公司
地址／門市：香港九龍尖沙咀東麼地道六十三號好時中心LG 六十一室
電話號碼：+852-6715-0840　　+852-3466-1112
網址：www.sunyata.cc
　　　www. publish.sunyata.cc
電郵：sunyatabook@gmail.com
網上書店：http://book.sunyata.cc
網上論壇：http://bbs.sunyata.cc/

版次：二零一四年六月初版
平裝

　　　港幣　　一百三十八元正
定價：人民幣　一百三十八元正
　　　新台幣　五百五十元正

國際書號：ISBN 978-988-8266-81-4

香港及海外發行：香港聯合書刊物流有限公司
地址：香港新界大埔汀麗路三十六號中華商務印刷大廈三樓
電話號碼：+852-2150-2100
傳真號碼：+852-2407-3062
電郵：info@suplogistics.com.hk

台灣發行：秀威資訊科技股份有限公司
地址：台灣台北市內湖區瑞光路七十六巷六十五號一樓
電話號碼：+886-2-2796-3638
傳真號碼：+886-2-2796-1377
網路書店：www.govbooks.com.tw
　　　　　www.bodbooks.com.tw
經銷：易可數位行銷股份有限公司
地址：台灣新北市新店區寶橋路二三五巷六弄三號五樓
電話號碼：+886-2-8911-0825
傳真號碼：+886-2-8911-0801
email：book-info@ecorebooks.com
易可部落格：http://ecorebooks.pixnet.net/blog

中國大陸發行・零售：心一堂書店
深圳地址：中國深圳羅湖立新路六號東門博雅負一層零零八號
電話號碼：+86-755-8222-4934
北京地址：中國北京東城區雍和宮大街四十號
心一店淘寶網：http://sunyatacc.taobao.com

善的十條眞義

學理重研究不重崇拜
功夫尚實踐不尚空談
思想要積極不要消極
精神圖自立不圖依賴
能力宜團結不宜分散
事業貴創造不貴模仿
幸福講生前不講死後
信仰憑實驗不憑經典
住世是長存不是速朽
出世在超脫不在皈依

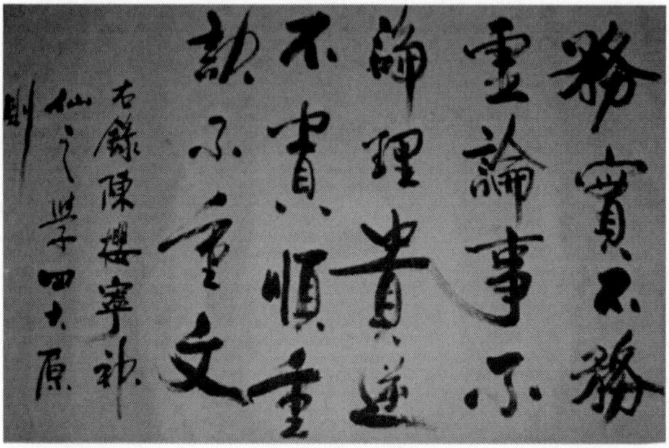

神仙學術四大原則

務實不務虛
論事不論理
貴逆不貴順
重訣不重文

林萬華書法（一）

林萬華書法（二）

存眞書齋仙道經典文庫緣起

仙道學術，淵遠流長，自軒皇崆峒問道，至今已歷數千年。然歷代仙道大家之經典著述，由於時代之變遷，或埋於館藏，或收於藏海，或佚於民間，或存於方家，若欲覓之，誠爲不易。故對一些孤本要典進行重新編校整理，以免其失落，實屬必要。存眞書齋仙道經典文庫之編輯，卽由此而起。

存眞書齋仙道經典文庫之整理計劃始於二零零四年，雖已歷五年，然由於諸多原因，公開出版頗費周折，文庫之第一種道言五種僅以自印本保存，流通之願難以得償。香港心一堂出版社社長陳劍聰先生，雅好道學，嘗以傳播中華固有之傳統文化爲己任。在得知存眞書齋仙道經典文庫出版之困難後，遂致電於愚，願將文庫公開出版，以廣流通。善莫大焉。

存眞書齋仙道經典文庫之整理出版，意在保留仙道文化之優秀資料，故而其所入选者，以歷代具有代表性的仙道典籍或瀕於失傳之佳作为主，内容皆須合乎正統仙道之原則，不涉邪僞。凡不合乎於此者，縱爲珍本，亦不在整理之列。

本文庫之整理出版，得到了胡海牙老師的大力支持，及存眞書齋諸同仁的通力協助，在此謹致以衷心的謝意。另外，還要特別感謝心一堂出版社陳劍聰先生對文庫出版所提供的方便，及張莉瓊女士、王磊龍靈老弟、劉坤明先生爲文庫的整理、出版所付出的努力與關心。

願文庫之出版，能爲仙道文化資料之保存小有裨益，則愚等之願遂矣。

己丑夏日蒲團子於存眞書齋

編輯大意

一　稀見丹經三編係存眞書齋仙道經典文庫第十二種，收錄仙道典籍六種，一曰丹經指南，二曰江西分宜林品三先生語錄，三曰西泠僊詠，四曰黃鶴賦眞本註解，五曰金火丹訣，六曰呂祖詩解，均爲清代末年及民國年間著述。

二　丹經指南，係三陽道人張松谷所著，原題署「中州三陽道人張松谷午樵氏著，西蜀黃龍子范梅父校勘，江蘇門下士朱明庚校兑，嶺南居士張薌重訂」。本次整理，以民國乙丑年即公元一九二五年重刻本爲據。其中部分明顯刊刻錯誤，逕改；部分體例，依現行體例做了調整，並適當加以標題。兩種調整，均不影響文義，故均不做校記。

三　江西分宜林品三先生語錄，刊印於民國三十六年丁亥即公元一九四七年。書末題署「中華民國三十六年歲在丁亥夏午月吉旦門人鎮海鄭方正承陽、吳興陸淇園聚陽謹述，再門生上海武家福奇陽、定海費鶴年守陽、豐年葆陽校刊，男賡年悠齡、調年久齡參校」。

四　西泠僊詠係圓嶠眞逸所譔。本次整理依「光緒壬午端陽西泠丁氏翠螺仙館槧」本爲據。本書「玄」字均作「元」，整理時謹依原本，不做更改。

五　丹經指南、江西分宜林品三先生語錄、西泠僊詠三種，均與閔小艮一派或多或少有關。三書之成書經過、作者行蹟，書中各有說明，故不贅述。

六　黃鶴賦眞註解、金火丹訣及呂祖詩解，均係湘陰瀟湘漁夫常遵先所著。據揚善半月刊載，常遵先先生係「湘省宿儒，謙和高雅」，曾「與同學奔走國是。素崇道德」「以世風不古，鳳侶雕零，遂不聞時事，專行醫道」。並稱其研究岐黃多年，「凡蒲車轍及之區，無不有『蘇門桐君』之譽」，「先生素倡平民化，無論貧富，隨請隨到，無時師習氣鋪張遲誤之行」，後因避兵禍至上海行診。又，常遵先先生爲揚善半月刊主筆之一。

七　黃鶴賦眞本註解於民國二十四年卽一九三五年四月由翼化堂善書局刊印，本次整理卽依此本。金火丹訣係翼化堂善書局出版之道學小叢書第五種，惜未覓得原刻本。此次整理，係某道友多年前寄送海牙老師之鈔本。而當年愚整理完此文稿後，由於數度搬家，鈔本復件亦不知去向。另，金火丹訣鈔本無常序，僅依揚善半月刊補入。呂祖詩解原載於揚善半月刊，後也曾由翼化堂善書局刻印出版，本次整理亦未覓得刻本，僅依揚善半月刊所載整理。

八　本書之出版，龍靈老弟、張莉瓊女士均參與了相關的整理、編校，謹致謝意，並感謝心一堂出版社及陳劍聰先生對此書出版所給予的幫助。

二〇一四年五月十三日農曆甲午年四月十五蒲團子於存眞書齋

目錄

丹經指南

張松谷 著

江西分宜林品三先生語錄

林品三 著

西泠僊詠

圓嶠眞逸　撰

黃鶴賦眞本註解

常遵先　註

金火丹訣

許信良　著　常遵先　校

呂祖詩解

常遵先　著

張松谷　著

丹經指南

丹經指南重印范序

予弱冠後，於文學之暇，喜讀黃老諸書。嗣游青城、蟠龍、峨眉諸山，築臺於上，經歲不去。黃冠羽客，日夕談丹經道訣，私心嚮往，欣羨不置。壯歲服官江南，不談此道也久矣。邇年以時局多故，隱居海上。老友三陽道人，持所著丹經指南重印，索序於予。夫道人，固學道有年，而於參同、悟眞諸書，頗有心得。綜觀指南問答各編，條分縷晰，既顯且明，迥非他書，旁徵曲引，晦莫如深，使閱者惝恍迷離，莫知所往可比，較參同、悟眞有過之無不及。其誘掖後進也，正非淺鮮。謂之「指南」，不亦宜乎？故樂爲之序。

民國丙寅年仲春西蜀黃龍子范祖梅君識

丹經指南序

儒、釋、道三教，本屬同源，所不同者，教人之法耳。人自受中以生，人人各具一道體而來，但爲後天氣物所蔽，道體遂以不純。三教聖人，皆教人學道者也，而皆本於中。釋曰虛中教主，明心見性，從事於離中者也。離之中，爲人身眞陰，其道由上而下，專凝神以融氣，故得其道者，可以轉識成智。道曰守中教主，攝情歸性，從事於坎中者也。坎之中，爲人身眞陽，其道由下而上，專養氣以歸神，故得其道者，可以返老還童。惟儒曰時中教主，窮理盡性，合坎離之中以爲中，渾乾坤太極而一之者也。其道卽淺形深，第盡人而天自合，故得其道者，可以超凡入聖。總儒、釋、道三教，而以孔門之書參之，似儒教之窮理盡性，較釋、道兩教之法，尤爲切近無弊。

夫理者，無形之神氣也，渾然其中，與性俱足。人能神乎無形之神，氣乃無形之氣，而與有形之神氣，自隨所應，而無乎不當。以之治天下，國家無難矣，更何論乎一人一身耶？孔子曰「克己」，「己」卽釋之所謂「塵根」。非禮勿視、聽、言、動，可賅佛、老之眼、耳、鼻、舌、身、意諸法。孟子曰「養氣」，卽道之所謂「命源」。必有事焉，勿忘勿助，可賅老子之致虛守靜諸法。願學道者，先取孔、孟書，熟讀有得，然後合釋、道語參證，庶可一以貫之，而不至以虛寂誤佛、老，則道益精矣。

三陽道人，吾鄉深通儒道者也。早年以家貧入仕，而性不善事上，被議後，託業命相，聊以贍家。以知命者言命，有神仙之稱，蓋亦今之許負、君平者也。命相餘閒，兼好道家言。一日以手集丹經指南相示，謂欲梓行以公諸世也。余讀之，皆反觀內照、體驗有得之眞諦，良足爲學道者增長內功，與孔子竊比之意正合。用識數語，以與海內明道之君子共證之。

民國四年陰曆二月鈞州疆恕子方碩輔拜識

丹經指南湯序

金丹之道，上眞所秘，自伍沖虛眞人著仙佛合宗、天仙正理，而道乃明顯，無有歧趨。至我清朝道光間，柳華陽禪師著金仙證論、慧命經，道益發露無餘。同時有湖州金蓋山閔小艮眞人，以開府之孫，爲司馬之職，因眞仙口授，得至大成，所著古書隱樓藏書，貫穿三教，闡發三乘，將自古不傳之訣，一一筆之於編，學者伏而讀之，凡本末終始先後，以至大化聖神之功用，無不一以貫之，令人心目了然，毫無疑惑，誠登天之寶筏，渡世之慈航也。其所刻之古書隱樓藏書，凡廿餘種，而未刻之秘本尚有六種。自經紅羊之刦，此書流傳絕少。余幸於友人處借得熟讀，再欲覓之，殊不易易。惟得其天仙心傳一全本，直指太上心宗，是我至聖精一執中之心法，與文佛圓明覺性之眞傳，爲一超直入無上上乘之妙道。不必言卦爻斤兩、火候度數、年月日時，如能心息相依，清淨自然，久久純化，自可與鍾呂齊驅，王馬並駕。合觀白祖修仙辨惑論，乃知執文泥象，刻舟求劒者，非三教至聖之奥旨也。閔眞人之高足薛陽桂師，著有梅花問答編一本，將列眞妙訣，與師門所傳，和盤托出，而歸本於太上心宗，是眞能承先聖以開後學者，厥功偉矣。

不才束髮受書以來，卽向往無上天仙大道，研求訪問，將三十年，晤道友甚多，或非正軌，或非眞傳。今遇吾師張松谷於海上，時時印證之，始信其與伍柳二眞，道同旨合，迥非他人之毫無實功與專事外鼎者所能學步，益令不才心目了然，曷勝佩服。昨手此一編示余，其中大旨，均屬正道不易之法，而且火候、出神、先後、法則、景象、證驗，一概俱論矣。敬讀數過，謹述鄙見於簡端，將來於十洲三島、玉霄金闕間，博眞仙之一笑也。

時光緒二十七年歲在辛丑九月既望北平門下士明陽道人湯東暉拜識

丹經指南抱仁子序

孫眞人云：「人身爲神氣之窟宅。神氣若存，身康力健；神氣若散，身乃死焉。若欲存身，先安神氣，卽氣爲神母，神爲氣子，神氣若俱，長生不死；若欲安神，須鍊元氣，氣在身內，神安氣海，氣海充盈，心神安定，定若不散，身心凝靜，靜至定俱，身存年永。」欲思安定之法，必得神氣之術。

予夙慕玄風，勤搜道術，不獲修暢之旨，每多隱廋之言，往而仍返，深而愈艱。近求丹書，均難通曉，往往以名師指點故作難題，實爲方士所蔽掩，致有望洋之興歎。三陽道人張松谷先生者，精於風鑑，善於易理玄功，甚有心得，丹書別有師傳。今由陸君略先生介紹，晤談之下，出示丹經指南一書，展讀之下，誠謂言言剴切，字字詳明，立爲問答，解論確切，實爲存神鍊氣之捷徑，修眞保命之大道。爰商付印，以廣流傳，庶後之修眞者，不爲艱詞僻語所難，亦不致爲鄙夫術士所惑，而先生指南之旨，亦可度世矣。

某不揣謭陋，敬誌數語，以告後之讀是書者云爾。

時在民國七年歲次戊午端午日莫釐抱仁子席錫蕃謹識

丹經指南自序

易曰：「一陰一陽之爲道。」又曰：「窮理盡性以至於命。」夫理卽道也，道卽理也。陰陽之道，卽性命之道。此理此道，位天地而育萬物，其大無外，其小無内，先天而天勿違，後天而奉天時，最幽最深，至精至微。知之者，成聖、成僊、成佛；迷之者，爲人、爲物、爲鬼。然不得師訣，千譬百喻，以有形無，以實形虛，或露枝條，或洩根荄，甚難窮究。加之後世旁門曲徑，穿鑿聖道，紊亂仙徑，各說其說，各是其是，誤認經書之喻言，埋没古人之本意，或流而爲閨丹，或隱而爲爐火，或執其色身，或著於空寂，邪說淫辭，流行宇内。卽有一二志士，滿眼針刺，兩耳梆鈴，聰明無施，主意難定，一入網中，終身莫出，此予問答辯難所由來也。

予自束髮以來，慕道之誠，無時或釋，以及諸子百家，遍閱靡遺，竟不得其門而入。及需次武林，聞有修眞之士，不辭遠近，無不馳往，叩求至道，此亦秉性所賦，毫無假借者也。所接修眞之士，屈指亦難記憶。惟天台道人老儲者，光緒甲申、乙酉間，名噪兩浙，嘗隆冬蜷臥橋下，雪降没身，迨雪消，人見其已殭矣，乃具棺木，將殮而葬之。以其體之蜷而不可盛也，使兩人伸其屍而直之。道人忽直立而詈，遍身熱氣，如烝釜上騰，頃刻冰消衣乾而去。予聞而往訪焉，其旨與鍾呂邱馬無不吻合。後化解於杭南之玉皇山。隔年在天台山，人復有見之者。

庚寅年，予差次長安，遂游西嶽，謁吳興沈太虛眞人於郝祖洞，承蒙處處指點明晰，口授心領，益復豁然。嗣至金陵，於諸友朝夕研究，火候層次，確能洞然。門下余子錦章，見而心慕，願將六十問答，繕錄成册，茲由陸子君略、席子錫蕃慫恿再三，付諸梨棗，以惠同志。誠恐淺學未必有補於高深，倘蒙匡其不逮，有所教正，則深所願焉。

民國五年歲次丙辰夏月三陽道人張松谷午樵氏識

丹經指南卷上

問答一 蒲團子按 此標題原無，係愚所加。

處境問答

問曰 人之不肯學道者，境爲之也。一曰富貴之境，終日奔忙，視紛華麗美爲性命；一曰憂患之境，傷神勞形，不知何日出脱。以此俱屬有待。光陰迅速，年光虛度，甚可惜也。不知至人當此，何以爲計？敢問其說。

答曰 心隨境轉，境逐心生。若要心定，世人愛的我不愛，世人做的我不做，紅塵萬緣，勾引不動，自然心清意靜，陰陽不能陶鑄。廣成子謂：「毋勞爾形，毋搖爾精，毋俾爾思慮營營，乃可長生。愼内閉外，多智多敗，我守其一而處其和，故千二百年，未嘗衰老。」予謂：形毋勞，精毋搖，事可勉而易爲，獨「無俾爾思慮營營」，此句最難持循。惟是昏昏嘿嘿，認住一個「靜」字，一刀斬斷，庶可以免多智之敗也。此

「毋」「俾」二字，要細勘。郝太古曰：「境殺心則凡，心殺境則仙。」

却病問答

問曰 道養功夫，可以却病，病時亦可學否？

答曰 可。正謂平時不知保養，病時急須調攝。古仙云：「一點陰氣不仙，一點陽氣不死。」人稟天地之氣以有生，氣活則疾自除，氣服而神自靈也。故善治病者，必先服氣。魚腹中不得水出入則死，人腹中不得氣出入亦死，其理一也。壽域神書云：百病乘虛而入。虛者，氣虛也。服氣則充矣。發汗只可宣洩熱毒、鬱蒸邪氣耳。若補元氣，還要煉陽氣。須得眞師口訣。雖氣息奄奄，緩緩使火，漸行陰陽生降之法。仙聖云：「始信形神堪入妙，半夜殘燈可着油。」如服氣稍倦，卽熟睡一覺，醒而陽生，急服氣以採回。採回之後，又服氣以煅煉之。此則補益甚大。庸醫不知，而謬以五苓、柴胡、參芪、蒼蘇爲長物，是溺其旨也。八段錦云「水潮除後患，起火得長安」，卽此。人可不猛加精進哉？後有旋機運法，爲療病醫瘡諸秘訣。

處勞問答

問曰　人當勞倦，一到家卽放身偃臥，或令人按摩，稍爲歇息，以俟氣復。今只行坐功，其理何如？

答曰　人當氣力怠倦時，正好用坐功法，以收攝天地之正氣，滋補吾身。若任其歇息，放身偃臥，則神氣散渙，血脈不能流動，卽令人敲背，雖一時稍愈，而不能無壅滯之患，漸積於身也。故公務之暇，或應酬方止，鞍馬方歸，卽坐一炷香，則片晌功夫，永保無窮佚樂矣。蓋功夫一次，卽當服藥一次，謂此一刻，能採先天之一炁，以點化凡軀，所謂「靈丹一入口，變化壽無窮」也。

遏欲問答

問曰　人每當房事行後，復萌此念，雖忍過數日，有必欲行而後已者。其故何也？

答曰　此乃五穀飮食之精，未經煅煉，在裏邊作祟。究遡其根，卽所謂情也，從父母交媾之時而來。父母因情動，而起此交媾之念。此一段情緣，落於吾身，所以吾身中未能斷此，相續不絕。惟至人純養，化情歸性，煅煉陰精，而入於先天元始之初，則自無此欲念。孟子曰：「養心莫善於寡欲。」至於應行者，不過因乎時候，完生人之大事耳。

生育問答

問曰　人家室家，有生育之道，爲胤嗣計。此坐功亦可使元陽堅固，不礙生育否？

答曰　道書云：「順則生人，逆則成仙。」脈望云：「徒精不能育也。必有一段元氣，亭毒於精之先，而後成胎。人不得是氣不生，物不得是氣不育，道家所謂先天祖炁是也。又有後天之氣，乃呼吸往來、運行充滿於身者。此氣不厚，則精不濃；此氣不充，則精不射；此氣不聚，則精不煖：皆不能成胎。」故從得道後生子，其胎名曰仙胎。

忙閒問答

問曰　人有忙有閒，俱可學道乎？

答曰　可。崔公入藥鏡曰：「一日內，十二時，意所到，皆可爲。」丹經曰：「一年之中，尚有一月；一月之中，尚有一日；一日之中，尚有一時。故聖人於年中用月，月中用日，日中用時，時中用刻。」此欲坐功，不過一刻炷香耳。人一日之內，雖忙，自晝至夜，豈無一刻之暇哉？ 若坐得一刻，卽是周天矣。 夫天地一年一周天，我此刻周天，卽有天地一年之造化。 若坐得二次，又有天地二年之造化矣。 人定勝天，如此，若行之無間斷，豈有不長生久視也哉！ 詩曰：「一刻之功夫，自有一年之節候。」又曰：「不刻時中分子午，無卦爻內定乾坤。」皆古聖人深歎用功之妙也，豈有閒與忙之分哉？

交感問答

問曰 人每怕言開關，恐開關後，遇交感則精氣一洩無餘，所以疑惑耳。

答曰 此乃房術禁制之法耳。 彼未嘗築基煉己，於本原上用功，眞陽未生，未能對景無心，不過行此躲閃之法，所以一戰敗而潰決不可收拾。 葛稚川以爲水盆盛湯、羽苞蓄火，陶隱居以爲抱玉赴火，李玉谿稱爲地獄生子，古今丹書，皆極口痛罵。 若本原功夫，先從清靜始。 清靜之人，正氣充實，自然眞陽發動。 蓋人生立命，惟此一點眞陽，藏在腎宮。 其奄奄不振者，腎水涸也。 腎水何以涸？ 元氣虛也。 服氣則元氣實矣。 元氣實，則腎水溢矣。 此與房術之禁制而不能流通者，甚相懸絕。 且開關精者，不過開此陰陽升降之徑路耳。詩曰：「常使氣沖關節透，自然精滿谷神存。」精既過矣，豈猶慮其潰洩無餘者哉？

坐功問答

問曰　坐功之法，人亦有學者，常致虛火動，其故何也？

答曰　此未得眞師口授耳。人在氣中，如魚在水中，魚必瀺灂以泳水，水然後沃其膚，人必攢簇以服氣，氣然後充其體。家語云：「食氣者神明而壽。」旨哉！旨哉！此中自有功夫，詳口訣內。若枯坐蒲團，則虛火橫生矣。

地仙問答

問曰　仙有五等，所謂地仙者，長生在世而不死於人間。如何下手？

答曰　正陽眞人云：「始也，法天地升降之理，取日用生成之數，身中用年月，日中用時刻，先識龍虎，次配離坎，辨水源清濁，分氣候早晚，收眞一，察二至，列三才，分四象，別五運，定六氣，聚七寶，序八卦，行九州，五行顚倒，氣傳子母，液行夫婦，三田反復，燒成丹藥，永鎮下田，煉形住世，而得長生不死，以作陸地神仙，故曰地仙。」

贊化問答

問曰　道養之事，久不傳於世，有談道者出，世必以異端目之。何也？

答曰　三教聖人，皆同一源。孔子言盡性至命，孟子言存心養性而直指養氣，與道教無異。夫出彝倫之外者爲異端，而道養又在彝倫之内，自君臣、父子、夫婦、兄弟、朋友皆可行之，豈有在彝倫之内而反爲異端也哉？雖旁門亦有不同，而大道之要，總在調和血氣，流通經絡，養未發之中，爲位育之本。黄帝得之以修身治天下，世臻上壽，人物蕃衍。傳至堯、舜以來，皆有修眞之人，以弘助化育。漢文帝行之而亦以大治，使天下五倫之人，俱悟性命大旨，家家相傳，世世相習，延壽綿綿，無夭折疵厲之患。贊化之功，莫大於此。

火候妙用問答

問曰　人有用功時，或腹内漲滿，飲食不消，或骨節間滯痛，敢是坐未及周天，一時起來應酬，以致滯痛否？

答曰　此須全藉火候。長春曰：「元神妙用，眞火候也。」如烹茶然，一爐之間，文火武火，要均匀得宜。須得師授，不可任意杜撰，致生他病。太上立法，教人修煉而長生者，以兩孔之呼吸，而奪天地之正氣。施肩吾曰：「氣是添年藥，心爲使氣神，能知行氣主，便是得仙人。」此「行氣主」三字，卽所謂「元神妙用」也。凡坐之時，須與得手之人同坐，看其如何坐法，心裏有不明處，或關未能開，一一問明，使胸中有定見，然後靜坐不爽，自無漲滿之病。至於骨節滯痛，亦自有說。或是氣未充滿，強以意開；或是開關後，證候屢變，心生疑惑，開而旋止，遂至壅滯耳。須訪得手之人，詢其口訣，信心而坐，變一境卽爲質問。初而坎離交媾爲小周天；繼而乾坤交媾爲大周天；又繼而進陽火、退陰符，金木交併，爲卯酉周天；又繼而通治命橋，開中宮，其中宮動處，卽朱文公所云「靜極而噓，如春沼魚；動極而翕，如百蟲蟄」，至於此，則由中達外，卽易中所謂「黃中通理，正位居體，美在其中，而暢於四肢，發於事業，美之至也」。世人多趨旁門，不信大道，不得到於祖竅。此竅初凝，就生兩腎，次生其心。其腎如藕，其心如蓮，其梗中通外直，拄地撐天。心腎相去八寸四分，中餘一寸二分，謂之腔子裏，乃心腎往來之路，水火既濟之鄉。欲通此竅，要在存想仙根，則呼吸之氣，漸次通夾脊，透混元，而直達於命府，方纔子母會合，漸漸擴充，則根本完固，救住命寶，始可言其修煉也。

服氣無弊問答

問曰 吾之不敢學坐功，而尚有疑者，恐當夜深起坐時，冷氣吸入，或有風寒燥濕諸氣，一時犯之而不覺，以致生病，是以疑惑而不敢耳。

答曰 此乃不明服氣之眞功夫，不解天地之正氣與人之眞氣晝夜循環之機。經云：「人之所以能奪天地之眞氣者，由其有兩孔之呼吸也。」五行圖訣曰：「人之眞氣，大運隨天地一年一循環，春在肝，夏在心，秋在肺，冬在腎，知之修煉，令眞氣不出本宮，自是陸地神仙；人之元陽，小運隨一晝夜一循環，卯在肝，午在心，酉在肺，子在腎，知之修煉，令元氣不差傳送，自爲人中之仙。」太上曰：「出日入月是吾道。」又曰：「出日入月呼吸存。」夫呼者，日也；吸者，月也。又曰：「皆由心內運天經，晝夜存之可長生。」先註云：「天經乃吾身呼吸往來之黃道。」夫呼吸既比日月，又象黃道，安有冷氣及風寒諸氣生病之虞？須知氣屬陽，凡天地之氣，與人身之氣，皆陽也。故孟子曰：「氣體之充也。」又曰：「至大至剛。」

道家謂氣屬陽，液屬陰，故指氣爲嬰兒，液爲奼女。且人稟天地之氣以有生，氣聚則生，氣散則死。太鉉寶典曰：「氣爲道本，道從氣生；氣從空有，眞氣不搖：故可長生。」悟眞篇云：「道自虛無生一氣，還從一氣產陰陽；陰陽再合成三體，三體重生萬物昌。」彭又朔云：「善食味者，精壯而肥；善食氣者，神明而壽。」

丹書又云：「長生須服氣。」須知服氣之法，不離呼吸。宋紫霜云：「天地呼吸，故能長久。人能法天地呼吸，亦可與天地同其長久。」又曰：「人之元氣，與天地相通。服氣者，服天氣也。此氣自外而來，從虛而入。」養生家切切言「暮無飽」者，何也？蓋嚮晦晏息之時，正天氣來復之會。天氣一入，則正氣益充。道家謂「以後天呼吸之氣，引先天之氣，入黃房，成至寶」，此之謂也。

河濱丈人調氣篇云：「天地虛空中皆氣，人身虛空處皆氣。故呼出濁氣，身中之氣也；吸入清氣，天地之氣也。」善攝生者，必明於氣之理矣。須得密室閉戶，安牀煖席，使冷氣不能侵，風寒諸氣不得乘。此養氣之正訣也。儒家士大夫，在朝則有公務，在家則有應酬，安得長久密室靜坐？只初學時，稍擇密室，與同學共坐，得訣後，每日有暇，卽坐行一周天，久之純熟，三田三關，俱已通透，遇善氣卽可服入，遇惡氣卽急避之。或在公所，未有人接時，或在車中，亦可行服氣法，混沌一會，方可爲盜天地奪造化之妙手也，可決然無疑矣。

問答二 此篇論道養諸名而細剖其義以洩天機。

性命問答

問曰 性命之理何如？

答曰 靈光一點，浩炁常存，本來面目，性也；玄關一竅，先天至精，眞一之炁，命也。性卽神也，命卽炁也。神凝則炁固，炁聚則神靈。性無命不立，命無性不存。眞人云：「神是性兮炁是命，神不外馳炁漸定。本來二物互相親，失却將何爲把柄。」

性問答

問曰 儒者之言性，與道家之言性，果有異乎？

答曰 元始眞如謂之性。孟子曰：「知其性，則知天矣。」前所云「靈光一點，浩炁常存，本來面目」是也。性原無二，惟孟夫子「知天」之說，人多未解。蓋性之付體，原屬天地，非人所測，惟精心學道者知之。人之元神，日居二目，藏於泥丸，夜居二腎，蓄於丹鼎，乳養其五臟，氣沖乎六腑，所以學道者教人存想眉攢，即用目以養神之一法也。蓋人之一身皆屬陰，惟二目屬陽，目之所到，氣即周焉。靜坐之間，用目處處照管，則遍體純陽矣。此則「日居二目」效驗之一端也。

命問答

問曰　儒者之言命，與道家之言命，果有異乎？

答曰　人稟天地之氣以有生，即天所命，就其氣之靈光，即是性，所以中庸言「天命之謂性」，合而言之。道家亦謂「神是性兮氣是命，神不外馳氣漸定」，未嘗分也。惟所謂性命根蒂者，不可不知。即三百日形圓之際，靈光入體，與母分離，翦斷臍帶，天命眞元，著於祖竅，道德經所云「玄牝之門，爲天地根」是也。性命圭旨云：「此一竅在身中求之，非口，非鼻，非心，非腎，非肺肝，非脾胃，非臍輪，非尾閭，非膀胱，非穀道，非兩腎中間一穴，非臍下一寸三分，非明堂泥丸，非關元氣海。然則果何處耶？純陽眞人云：『玄牝玄牝眞玄牝，不在心兮不在腎，窮取生身受氣初，無怪天機都洩盡。』」噫！說至此，至矣盡矣！

精氣神問答

問曰　金丹之大綱，曰神與氣精。請問其理。

答曰　天一生水，在人曰精；地二生火，在人曰神；元始包羅天地，曰炁。不觀白玉蟾云：「其精不是交感精，乃是玉皇口中涎；其氣非卽呼吸氣，迺知却是太素煙；其神非是思慮神，可與元始相比肩。」華山晤語不曰：「天地生人，本於氣，神卽氣之靈覺者。氣是命，神是性；性屬陽，命屬陰；氣爲母，神爲子。雖有二名，實則一體。」金丹大要曰：「精氣神原是相須者。精非氣不盈，神非氣不充。精因氣融，氣憑精用。氣因神見，神憑氣周。」象川翁曰：「精能生氣，氣能生神，營衛一身，莫大於此。」丹經云：「仙人道士非有神，積精累氣以成眞。」吸氣以養精，如金生水；吸風以養神，如木生火。漱水以養精，精之所以不窮。老者養精，故就精穴用精。上丹田，煉元神之所；中丹田，煉元氣之所；下丹田，煉元精之所。

汞鉛問答

問曰　西山集云：「大道簡易無多字，只要教人煉汞鉛。」又曰：「鉛汞鼎中居，煉成無價寶。」又云：「鉛生汞，汞生鉛。」前賢都說現成語，未嘗詳著「鉛」「汞」二字之義。

答曰　鉛汞，乃借喻語也。昔廣成子教黃帝煉外丹，始有鉛汞之名。但外丹爲後來之事，內丹爲本原之樞。

請先言內丹。人之先生腎也，爲北方壬癸水，卽五金中之鉛。心爲南方丙丁火，卽八石中之砂。於腎氣之中，取眞一之水，卽鉛中取銀；取心液之上，取正陽之氣，卽砂中之汞。心腎二物，合和而成丹，卽鉛砂二物，合成而成寶也。金丹五行論云：「天一生水，水中眞陽之炁爲黑鉛，鉛乃金之祖。金正位居西，不曰金而曰銀者，象兌之色白也。金本生水，修丹之士，却向坎中取金者，以母隱子胎故也。地二生火，火中眞陰之精爲朱汞，汞乃硃砂之父。汞正位居東，不曰木而曰汞者，卽震東之木液也。木能生火，修丹之士，却於離中求木液者，以弦氣所在故也。」金丹又云：「鉛本生兌，而母隱子胎，却以坎中求之，蓋坎中有戊土也；汞本生震，而子藏母形，却以離中求之，蓋離中有己土也。」雲房云：「汞者，心氣也，飛輕之物也；鉛者，腎氣也，沉重之物也。以沉重而鎮飛輕，則丹結矣。」

龍虎問答

問曰　龍乃腎中眞一之炁，虎乃心中正陽之氣也。龍從水裏出，虎從木中生，此正理也。有云「龍從火裏出，虎向水中生」，此又是何說？

答曰　眞鉛產在坎宮，眞汞生居離位。坎乃北方正氣，屬水。水爲金子，水返產金，母隱子胎，故「虎向水中生」也。虎舍在西曰兑，兑金生水，水中產金，故爲眞鉛。陰中之陽，外雌而內雄，中含戊土，故曰黃男。雖然，鉛是兑宮金水所產，而坎中陽爻，原屬於乾，炁運未交之先，乾因顛蹶馳驟，誤陷於坤，乾之中爻損而成離。離本汞居，故曰「坎內黃男名汞祖」也。離乃南方正炁，屬火。火爲木子，火還孕木，子藏母胎，故「龍從火裏出」也。龍在東曰震，震木生火，火中產砂，是爲眞汞。陽中之陰，內雌而外雄，中含己土，故曰玄女。雖然，汞是震宮木火所生，而離中陰爻，原屬乎坤，混沌擷落之後，坤因含受孳育得配於乾，坤之中爻實而爲坎。坎本鉛舍，故曰「離中玄女是鉛家」也。此前賢窮究四象相生相合之理有如此。

四象五行問答

問曰　四象五行，其義何居？

答曰　四象者，青龍、白虎、朱雀、玄武也；　五行者，金、木、水、火、土也。龍木生火，同屬乎心。心者，象帝之先，靈妙本有中之眞無也。心若不動，則龍吟雲起，朱雀斂翼，而元氣聚矣。虎金生水，同係乎身。身者，歷劫以來，清淨自無中之妙有也。身若不動，則虎嘯風生，玄龜潛伏，而元精凝矣。精凝氣聚，則金木水火，混融於眞土之中，而精神魂魄攢簇於眞意之中。眞意者，乾元也，卽眞土也，乃天地之母，陰陽之根，水火之本，日月之宗，三才之源，五行之祖，萬物賴之以生成，千靈承之以舒慘。意若不動，則二物交，三寶結，四氣合和，五行攢簇，會入中宮，而大丹成矣。故紫陽云「五行全要入中央」，蓋謂此也。

河車運轉問答

問曰　河車之名，其義何居？

答曰　北方正炁，名爲河車。自坎離交姤之後，中生眞一之液，液滿卽行，河車運轉，前路通達，自然逆升。仙翁謂「上鵲橋，下鵲橋」，又曰「河車不暫停，運入崑崙頂」是也。此皆自然，非有所爲而然，亦不知其所以然也。河車運時，從尾閭上升，若蟲蟻在背上行之狀，亦即三車搬運之景也。

三車搬運問答

問曰 三車搬運，其義何居？

答曰 羊車載火，鹿車載水。羊鹿二車，三宮往來，上下不停。上田返中田，中田返下田，下田復上田，上田復入氣海，接着眞炁，三車共聚，再返起火，是周天火候，謂之大牛車，精累煉其金身也。

玄牝問答

問曰 玄牝之旨，云「生身受氣初」，又云「念頭起處」，果何說也？

答曰 玄牝闔闢，卽眞息綿綿也，乃乾坤闔闢生生之機，無瞬息間斷。若有間斷，此身卽窒滯矣。學者行持，先天後天混爲一家，其機自不容禦。太上所謂「谷神不死，是謂玄牝。玄牝之門，是謂天地根。綿綿若存，用之不勤」者是也。

橐籥問答

問曰　橐籥者，道家至貴之物，果何象也？

答曰　橐籥，乃爐匣韝管之物，往來不窮。老子云「天地之間，其猶橐籥乎。虛而不屈，動而愈出」，卽其義也。學人調息綿綿之後，用之不勤，方爲眞橐籥，仙翁所謂「天地以陰陽爲橐籥，人身以玄牝爲橐籥」是也。橐籥風，卽是內呼吸。丹書云：「神風橐籥，故天地相鎭。」橐者陰之門，籥者陽之門，眞炁運動其中，故身體安寧。古人云：「能明橐籥之道者，謂之聖人。」

巽風坤火問答

問曰　巽風坤火，開關要訣，果何義也？

答曰　前云橐籥風，卽此巽風也。巽，順也，順其自然也巽下斷，陰炁發於下，謂之巽風。巽風既生，坤火又熾，俱一炁穴之事。兪玉吾云：「坤居下爲爐，非猛烹極煉，則不能出爐；乾居上爲鼎，非倒行逆施，則不能升鼎。」所以火非風生，則不能運動。仙翁所謂「起巽風，運坤火，入黃房，成至寶」是也。又曰：「巽者，爐中東南之片縷耳。闔則爲乾，闢則爲巽；　闔則爲噓，闢則爲吸。何以能開闔？　亦無非一意使之然也。」

問答三

此篇總論一身之蘊而詳列其旨。

心問答

問曰　圭旨云「涵養本原，救護命寶」，何也？

答曰　張三丰眞人云：「未煉還丹先煉性，未修大藥且修心。心修而後丹性至，性靜而後藥材生。」尹眞人亦云：「欲修長生，須識所生之本。」此本來眞心，虛靈不昧，不生不滅，無去無來，故老子曰「若夫修道，先觀其心」。觀心之法，妙在靈關一竅。人自受生感氣之初，稟天地一點元陽，化生此竅，以藏元神。其中空空洞洞，至虛至明，乃吾人生生主宰。昔黃帝三月內觀者，觀此也。太上曰：「吾從無量劫來，觀心得道，乃至虛無。」觀心非易，止念尤難。是念頭起處，係人生死之根。古仙云：「大道教人先止念，念頭不住亦徒然。」此涵養本原，所以爲第一義也。

耳目口鼻問答

問曰　耳目口鼻，道家所謂有用之物，果何用也？

答曰　此真洩天機，動見毫髮，化頑石而爲金，點瓦礫而成玉，不啻過也。夫二目爲役神之舍，顧瞻視矚，神常不得離之；兩耳爲送神之地，蓋百里之音，聞於耳，而神隨之而去；兩鼻爲勞神之位，隨感而辨薰蕕。辨之者誰？神也。使耳目口鼻皆如眉，則神豈不安而全之？夫如是，則不爲後天也，亦不勞修煉也。大抵忘於目，則神歸於鼎而燭於內，蓋綿綿若存之時，目垂而下顧也；忘於耳，則神歸於鼎而聞於內，蓋綿綿若存之時，耳內聽於下也；忘於鼻，則神歸於鼎而吸於內，蓋真息既定之時，氣歸元海之裏。合而言之，俱忘而俱歸於鼎，而合於內矣。還有口訣麼？

肝膽脾胃肺腎問答

問曰　金丹之道，耳目口鼻，固亦得聞之矣。心固不言可知也。肝膽脾胃肺腎，無用之物無用之中而有功者何？

答曰　此須已到，而後知其理。五行之用，不可缺一。綿綿若存之頃，脾氣與腎氣相接，而歸於心縷；肝氣與膽氣相接，從大小腸接於腎縷；肺氣伏於心氣，而通於鼻。是氣也，腎脾定後，元氣周流，自東而西，自南而北之氣也。西南乃氣之會，氣合而歸於此，却自夾脊直透上中丹田，而降於腎腑。兩腎中間有治命橋，故寒山子曰：「上有棲神窋，横安治命橋。」氣降至於此，陽氣盛而上衝，與此氣相接於一，則周圍於鼎器之外，日用之則日增。經營之力，鄞鄂之成，實肇於此。忽然有一物超然而出，不内不外。金丹之事到此，則一半矣。

肝肺問答

問曰 丹書云「肝肺爲傳導之官」，請問其詳。

答曰 肝本心之母、腎之子，肝傳導腎氣以至於心；肺本心之妻、腎之母，肺傳導心液以至於腎。氣液升降，如天地之陰陽。肝肺傳導，若日月之往來。古人云：「氣傳子母，液行夫婦。」

三膈問答

問曰 丹書云「三膈開時滯礙通」，試指其處。

答曰 前三膈：一丹田膈，對心；二胃中膈，對臍；三臟下膈，對氣穴。三膈開時，俱有景象。

三焦問答

問曰 肺之爲氣三焦起，三焦有名而無形。請問三焦之所在。

答曰 下焦有脂膜如掌大，正與膀胱相應，後對大中極，有二白脈，自中而出，由夾脊而上貫於腦； 中焦在中脘内，應脾； 上焦在膻中内，應心氣，分佈人身。方其湛寂，欲念不興，精氣散於三焦，榮華百脈，及欲想一起，慾火熾然，翕提三焦，精氣流溢，並從命門輸瀉而去，其可畏哉！

二十八脈問答

問曰 人之一身，有二十八脈，上應宿度，果其然乎？

答曰 靈樞經云：「日行二十八宿，人經脈上下左右前後二十八脈，周身十六丈二尺，以應二十八宿，漏水下百刻，以分晝夜。故人一呼，脈再動，氣行三寸；一吸，亦再動，氣行三寸。呼吸定息，氣行六寸。十息，氣行六尺，日行二分。二百七十息，氣行十六丈二尺，氣行交通於中，一周於身，下水四刻，日行二十五分。五百四十息，氣再周於身，下水四刻，日行四十分。二千七百息，氣行十周於身，下水二十刻，日行五宿二十分。一萬三千五百息，氣行五十營於身，水下百刻，日行二十八宿。漏水皆盡，脈終矣。凡行八百一十丈也。」又云：「氣之行，如水之流，如日月之行不息，故陰脈營於臟，陽脈營於腑，如環之無端。」

奇經八脈問答

問曰　吾聞人身之有任督二脈，猶天地之河漢，日月之赤黃二道，又爲一身陰陽之海。五氣眞元，皆爲會機。此二脈亦在二十八脈中乎？

答曰　非也，此是奇經八脈。督脈、任脈、陽蹻、陰蹻、衝脈、陽維、陰維、帶脈，此八陰脈，不動者也。惟修仙之士，變陰爲陽，而化爲至動之脈也。初開督任，出陽神衝脈。

骨節毛竅問答

問曰　人之臟腑，皆生精液之物，若骨節毛竅，亦生精液乎？

答曰　人有一百八十靈關，三百六十骨節，一千二百形骸，一萬二千精光，三萬六千根原本始，八萬四千毛竅，關鍵中咸生精液之潤。人無津液，則枯槁云亡。天地得水而覆載，萬物得水而生成。天地人物，其理一也。

頂骨八門問答

問曰　吾聞人之頂骨八片，謂之八天，亦曰八門，中有金樓寶殿，玉闕紫房。自已無相眞人，總領萬神居之，道成則神光內燭，天門豁開，嬰兒蛻質，於是眞人飛從頂門而出。請問八門之名。

答曰　神庭、上星、顖會、前頂、百會、後頂、强間、腦户。初基之士，功純百日，神庭穴開，以次六門漸開。惟顖會一穴，名天門，到守一方開。圭旨云：「泥丸九眞皆有房，方圓一寸處此中。此中玄中之玄，天中之天，鬱羅蕭臺，玉山上京，腦血之瓊房，魂精之玉室，百靈之命宅，津液之山源。此正兩耳交通之穴，前明堂，後玉枕，上華蓋，下絳宮，乃北極太淵，眞一元神所居之處。」蓋一面之神宗，一身之修海，守一之玄室，還丹之天衢。神出於顖，故顖者，神之門也。法寶遺珠云：「識得本來眞面目，始知生死在泥丸。」

魂魄問答

問曰 丹書云：「人之氣魂得之於天，體魄得之於地。」又云：「陽神曰魂，陰神曰魄。」余未了然。

答曰 生謂之精氣，死謂之魂魄。魂者，氣之神，有清有濁，口鼻之所以呼吸者，呼爲陽伸，吸爲陰屈也；魄者，精之神，有虛有實，耳目之所以視聽者，視爲陽明，聽爲陰靈也。魂晝寓目，魄夜舍肝。寓目能見，舍肝能夢。夢多者，魄制魂；覺多者，魂勝魄。蓋因魂有精，因精有魂，因魂有神，因神有意，因意有魄，五者運行不已，故聖人以魂運魄，眾人以魄攝魂。

呼吸問答

問曰 黃庭云：「出日入月呼吸存。」敢問何也？

答曰 心腎之氣，呼吸出入，升降上下，往來無窮。故丹經云：「人心若與天心合，顛倒陰陽只片時。」此即一呼一吸，能奪造化。人一日有一萬三千五百呼，一萬三千五百吸，一呼吸爲一息，則一息之間，潛奪天運一萬三千五百年之數。一年三百六十日，四百六十八萬息，潛奪天運四百八十六萬年之數。蓋於換盡陰陽之軀，變成純陽之體，神化自在，聚則成形，散則成炁，出有入無，隱顯莫測，豈不奇哉？

問答四

此篇總論開關之景象，而及於坐功火候、水火飲食諸玅義。

開關問答

問曰　學道須開關，其義何居？

答曰　丹經有言：「但得氣充關節透，自然精滿谷神存。」故服氣必要開關，關不開，是氣不充也。氣不充，則內虛矣。內虛則百病得以乘之。彭又朔曰：「水滿渠成，氣充關透。關不開，是氣不充也。氣不充，腹裹許多陳積熱毒，何由推蕩也？」

任督問答

問曰　開關之妙，既聞之矣，如何方謂開關？

答曰　開關者，通任督二脈也。古仙往往教人通任督二脈。

嘗聞督者，總管之義，此脈通則百脈皆通，在人脊骨二十四節中，自尾閭貫泥丸之大白脈也。莊子曰：「緣督爲經，自可長生。」任脈在何處？如何通法？宋子霜曰：子獨不觀夫字義乎？仁者，「人」也；「壬」者，水也：合之曰「任」。是人身中水所蓄處也。男子於此藏精，女子於此己懷孕。臍下丹田，是其處也。然而通則難言之矣。任氣在前，從前下降，而後升上；督氣在後，後上升而前下，降陰就陽，入則龍虎併，而一點落黃庭矣。何弗通乎？雖談任督者，道法不同，大率不離交媾者近是。全陽子曰：「丹法之要，在乎通任督二脈。蓋任督二脈，爲一身陰陽之海。任在前，爲陰脈之總；督在後，爲陽脈之總。人能通之，則百脈皆通，自然周身流轉，無有停壅。此乃身中黃庭，上下陰陽升降之正路也。」鹿運尾閭，通其督脈也；龜納鼻息，通其任脈也。人能通此二脈，豈有不長生者哉？不然，則二氣何以運？陰陽何以會？徒費功矣。

開關日期問答

問曰　開關以通任督二脈，得幾日方開？

答曰　此看人至誠與否。若誠心學道之人，急思生死大事，銳志精進，數日可能。亦有十餘日者，亦有二十餘日者。然至二十餘日極矣。若過此未通，必其心不專，不然亦其無夙根也。道德經曰：「專氣致柔。」又曰：「致虛極，守靜篤，吾以觀其復。」復者，一陽生也。惟極與篤，而後復可觀也。入藥鏡云：「但至誠，法自然。」

卯酉周天問答

問曰　開關之法，卽子午周天，所謂「乾坤交媾罷，一點落黃庭」是也。又有所謂卯酉周天者，其理何也？

答曰　乾坤交媾，卽玉液煉形南北相通也；卯酉周天，卽金液煉形進陽火退陰符東西交併也。人之一身，東西南北，眞氣周流，豈有以壅滯而生病哉？若不知此法，如有車無輪，有舟無舵，其欲致遠，不亦難乎？須乾坤周天熟後，方行此法。法詳後口訣內。

後三關問答

問曰　丹書云「三關通透不須勞」，請問其三關。

答曰　脊骨有二十四節，從下起第一節，是尾閭關，其骨形如金鼎，上有九竅，名下關；至十八節爲中關；直至頂門爲上關。尾閭一穴，誠陰陽之都會也，儒名九曲明珠，釋名九重鐵鼓，道名九曲黃河，此乃化氣上鼎之正路。凡修仙道，先須開尾閭關。此關若不開通，則陰陽何由而升降？神氣何由而周流？欲證仙眞，終不能達其造化，而去道遠矣。

前三關問答

問曰 後三關人所同知，若前三關則人所不知也，願聞其說。

答曰 前三關：納粟關，玉池也；金鎖關，氣嗓也；玉銷關，胃管也。前三關乃降氣之徑路也。一謂上中下丹田。

趺坐問答

問曰 法必跏趺端坐、閉口忘言者，何也？

答曰 牙齒相合，舌拄上腭，以交其任督二脈也。耳不聽，則坎水內澄；目不視，則離火內瑩；口不言，則兑金不鳴：三者既閉，則眞人游戲於其中。馬丹陽云：「身無爲，身中之氣不散；心無事，心中之神不昧。」拙秀才云：「心靜則神全，神全則性現；　心清則念清，念清卽精止。」又惟返照者，檢情攝念，攝念安心，安心養神，養神歸性。

五炁朝元攢簇五行問答

問曰　初基之士，須要五炁朝元、攢簇五行，何也？

答曰　瑩蟾子云：「初下手之際，凝耳韻，含眼光，緘舌氣，調鼻息，四大不動，使精神魂魄意各安其位，謂之五炁朝元。運入中宮，謂之攢簇五行。心不動龍吟，身不動虎嘯，身心不動謂之降龍伏虎。龍吟則炁固，虎嘯則精固。蓋握固靈根也。」

四大問答

問曰　瑩蟾子云「四大不動」，何謂「四大」？

答曰　上陽子云：「子獨不聞之地水火風四大者乎？髮齒骨甲，假之於地；涕精血液，假之於水；溫煖燥熱，假之於火；靈明活動，假之於風：四大假合而生也。地之盛也，骨如金；水之盛也，精如玉；火之盛也，氣如雲；風之盛也，疾如神：全盛而仙也，虧損而憊也。」

止念問答

問曰 余之心，念滅念起，把持不定，如何下手？

答曰 上陽子云：「吾之進修無他術，惟能定心。故夫鬼神之得以測度者，吾心之有念耳。心無念，則神之靈不可得而知，豈眞不知吾心？吾亦不知其爲心，乃定之根也。」**蒲團子按** 此語似出處青華秘文。口訣內教人存想山根，昏昏而坐，萬慮俱空，正爲此也。初坐之人，未免妄念奔馳，存想山根，則心有定向，久而忘之，安有念起念來之病？

金光問答

問曰 悟眞篇云「鉛鼎温温照幌幃」，又曰「近來遍體金光現」，何時可有此景象？人人俱有否？

答曰 此卽煉精化氣之候。道光曰：「眞鉛得火煅煉，光透簾幃。」自甘露降後，逐日用功，精光溢於周身，一月後卽有此象。若功夫不間斷，則靈光竟體。悟眞篇曰「眞精既返黃金室，一顆靈光永不離」；了道歌曰「電光灼處尋眞種，風信來時覓本蹤。霞光百道籠金鼎，紫雲千丈罩天門」，又曰「萬般景象皆非類，一個紅光是至眞」；悟眞云「此般至寶家家有」。功夫不間斷，紅光自驟現也。

火候問答

問曰　何謂火候？

答曰　火者，太陽眞炁，乃坎中之陽也，紫清眞人曰「坎中起火」是也；候者，五日爲一候，是甲子一終也。日有十二時，五日六十時，終一甲子也。紫陽曰：「一刻之功夫，自有一年之節候。」以起火之際，頃刻間一周天也。

又問曰　此火候如何用？

答曰　年中用月，月中用日，日中用時，時中用刻。

問鼎爐

問曰　何謂鼎爐？

答曰　身心爲鼎爐。丹書云：「先把乾坤爲鼎器，次摶烏兔藥來烹。」乾，心也；坤，身也。今人外面安爐立鼎者，謬矣。

精氣神煉法問答

問曰　精氣神之煉法，定各有眞訣，請細爲教之。

答曰　止念煉神，鼻吸煉氣，逆升尾閭煉精。

問黃婆

問曰　何謂黃婆？

答曰　黃者，中之色；婆者，母之稱。萬物生於土，土乃萬物之母，故曰黃婆。人之胎息是也。或謂脾胃爲黃婆者，非也。

問金公

問曰　何謂金公？

答曰　以理言之，乾中之陽，入坤成坎，坎爲水，金乃水之父，故曰金公。以法象言之，「金」邊著個「公」字，「鈆」也。

問嬰兒

問曰　坎爲太陰，如何喻嬰兒？

答曰　坎本坤之體，故曰太陰。因受乾陽而成坎，爲少陽，故喻之爲嬰兒，謂負陰抱陽也。

問姹女

問曰　離爲太陽，却如何喻爲姹女？

答曰　離本乾之體，故曰太陽。因受坤陰而成離，爲少女，故喻之爲姹女，謂雄裹懷雌也。

問火中有水

問曰　如何是火中有水？

答曰　從來神水出高原。以理言之，水不能自潤，須仗火蒸而成潤；以法象言之，火旺在午，水受氣在午。以此求之，火中有水明矣。若以一身言之，則是氣中之液也。

水中有火問答

問曰　如何水中有火？

答曰　以理言之，日從海出；以法象言之，水旺在子，火受胎在子；以一身言之，則是精中之氣也。

既濟問答

問曰　如何是既濟？

答曰　水升火降曰既濟。易曰：「山下有澤，損，君子以懲忿窒慾。」懲忿則火降，窒慾則水升。

未濟問答

問曰　如何是未濟？

答曰　不能懲忿則火上炎，不能窒慾則水下濕，無明火熾，苦海波翻，水火不交，謂之未濟。

飲食問答

問曰 道家持齋修行，儒家學此，亦持齋乎？

答曰 清齋湛慮，道家之法戒。儒教所理者，國家政務，即家居亦有家庭應酬諸事，豈能淡然持齋？各隨所便，不必拘也。即坐功道人，亦有不專持齋者。余見田道云：「金丹有，金丹有，不在戒葷與斷酒。」馬眞人壽幾百歲，每日喫肉三斤，麵一斤，黃酒漱口，夜間蘿蔔一個。云晝夜功夫甚大，非藉此肉飯，何以滋助？惟夜間蘿蔔一個，以消宿食耳。古人云：「食肉者，爲其能壯血肉。」孟子云：「七十非肉不飽。」養老之善經也。肉食自不必拘，惟有節耳。養生家千經萬典，皆薄滋味，恐神昏也。但有節，則適宜矣。大約此心常欲收之返舍，五臟常欲調之使和，如辛酸、薰炙、生冷諸物，切不可食。至於酒，飲之以行氣血。若吾身之元氣已足，精氣已調，則自不借資於酒矣。隨人酒量所至，酌飲之可也。即葷素隨人，功夫所至，自有强欲之而不能者。總以形神俱妙爲準。道養之旨如此。

天地人三籟問答

問曰　古書中有言天地人三籟，未知是何景象？

答曰　籟者，聲也，是眞炁眞機發動，非虛極靜篤無聲無臭之時不能聞也。天籟發於冬至，地籟發在夏至，人籟發於人身之眞元出現時。辛丑冬，予曾在上海城内之半涇園五老峯畔習靜築基，忽聞天籟之聲，猶如萬頃松濤，又似錢塘八月之潮水。其時萬衆俱寂，始有此聲。震動耳鼓，約半時之久。詢之人，皆所未聞。蓋修眞之士，偶聞此聲，卽是人籟，切不可驚動焉。

上海半涇園記

滬上爲萬國通商之地，紛華靡麗，甲於環球。近城十里間，雖有古刹名園，而車馬喧闐，裙屐雜遝，魚龍曼衍，鶯燕猖狂，往往以清淨地作歡樂場，甚囂且塵。在山林中人，無從居之。要亦不欲居也。

東西五洲之游於滬者，名公鉅卿，文人武士，富商大俠，神父牧師，縱有聰明奇偉，軼羣絕倫之才，大抵殉名殉利，未必能悟金丹之妙。至於緇流黃冠，混俗和光，雖被褐懷玉，不自矜炫，然欲求一謀道不謀食者，殊不易覯，更安有蘊猶龍之德，塊然獨處，而與天爲徒者哉？余則見其人矣。

西郊有白雲觀，己亥秋，余往瞻禮，見全眞濟濟，不知有道爲誰。忽遇一道者，似曾相識。雅意周旋，叩姓字，迺中州張松谷師也。師弱冠好道，皈依龍門，十九代法派，後分省武林，當差有年，權篆要缺。嗣因勘破世情，棄官訪道，至西華山，侍沈太虛眞人於郝祖洞，得受眞訣。修持數稔，出而雲游天下，訪侶來滬。先寓白雲觀，嗣若煩擾，欲覓福地洞天以求進於無上妙道。訪得城内有半涇園，地處幽靜，山石奇古，水木清潔，中有五老峯，巍然聳峙，可爲修眞良所，因假作靜室。余不才等，少悟元功，未能遺世獨立，遂請列入門牆。暇則叩師問道，蒙師授以眞詮，亦半涇園之因緣也。

園在城内西僻地，兵燹後重經修葺，一邱一壑，迥絕俗塵。而人之游滬者，但知行樂於十丈紅塵中，飲食相徵逐已耳，焉知有半涇園者？即知有半涇園矣，又焉知中有抱道之眞師耶？師契悟淵微，致虛守靜，明月相對，默印前身，如居深山窮谷中，不知申江勝景者，志在脱樊籠，超宇宙。所謂金闕玉京，瓊臺瑶圃，皆將遨游於其間。則此園也，等於蹄涔蟻垤，而又若蕉夢槐安，固不必戀戀於斯耳。

且往歲庚子之變，京津烽火連宵，池館園林，或楚人一炬，桑海滄田，不禁黃粱之感。

師視此世界，如一浮漚，爰於無何有鄉，尋眞常靈境，偶居是園，游蹤莫定。余幸侍座，得聆玄論。異日師逍遥於寥廓之表，倘亦相從汗漫游，再圖良晤，則五老峯前之幸聚，可作三生石上因緣矣。

比聞師將隱於岣曲山，冥心至道，令威重至，千歲爲期。流水高山，知音難覯。誦送師南浦之句，黯然於懷，爰書以誌，並贈行色，希示有志於道者。

光緒二十八年三月十一日北平門下士湯明陽東暉氏書

丹經指南卷下

學坐要訣

前問答六十篇，將道養之理與事，及一身之天機，贊化之玅用，已剖洩無餘矣。玆著坐功口訣二篇，使學者一開卷而旨趣瞭然，一入室而修持不爽。雖不敢謂大道之在是，或庶幾可爲渡世慈航云。同志覽之，定有見識。

三陽道人謹識

凡營坐室，不必拘以山林，或在市廛，或在家，或居山鄉，但得靜爽，無往不可。室不欲太明，太明則傷魂；不欲太暗，太暗則傷魄；亦不必太寬。室中不著他物，但安祖師像，一香一燈，一几一榻而已。

凡學打坐者，須厚鋪坐褥，使身不痛苦；寬解衣帶，使氣不留滯。半跏趺坐，以左足壓右足，坐久則左右轉換亦可。次兩手搯子紋握固；炎夏搯午紋；或以純陽訣，右掌壓左掌上，名地天泰。徐徐舉身，左右搖振，使緩急得所，然後正身端坐，令腰脊、頭頂骨節若柱，目與肩對，鼻與臍對，舌拄上腭，唇齒相著。目須微開，不可令全閉。身須平直，狀如浮圖，不得左傾右側，前躬後仰，亦不得倚靠几榻，使生懈怠。人之五臟皆附於背，謂之脊梁。人每端坐，則五臟各得其宜，各施其功。如官府坐堂，六房辦事，官府退入後宅，而六房俱散逸矣。人之坐一偏一倚，則臟腑必有偏滯，所以養生家多端坐一刻，身子多凝健一刻也。坐要安舒，任其自然。肩不得太聳，太聳則難久。操不得太急，太急則易斷，大要在於得中。氣從鼻通，息不可粗、不可促、不可閉、不可仰，出入往來，務要綿輭，亦不可著意爲之。

身相既定，氣息既調，寬放臍腹，一切善惡都莫思量。念起卽覺，覺之既無，久之忘緣，自成一片。若得此意，自然四大輕爽，所謂安樂法門也。若已發明者，如龍得水；未發明者，但辨肯心，必不相賺。出定之時，徐徐動身，安祥而起，一切時中，護持定力，如護嬰兒，卽定力易成矣，所謂「探珠宜浪靜，動水取應難。定水澄清，心珠自現」是也。

坐功口訣一

覺如子曰：　每日垂簾塞兑，存想山根，昏昏而坐，萬慮俱空，併若不知身在何處一般，自然陰中有一點陽，陽中有一點陰，交媾在丹田之內，一番暢快光景，自家也說不出，爲氣歸元海，卽坎離交媾也，亦謂之小周天。此時卽一呼一吸，吹動丹田眞火，猛烹急煉，産出先天藥物，火候充滿，正好流動。非倒行逆流，則藥不能升鼎。悟眞篇云「移他坤位生成體，種在乾家交感宮」，性命圭旨云「火逼金形顛倒轉，自然鼎內大丹凝」，此之謂也。從太玄關逆流，隱隱若有三股煖氣，上腎堂，過夾脊，歷二十四骨節，升玉枕，到天谷穴，與神交合，任其旋繞頂門，方纔下明堂，度鵲橋，歷十二重樓，過絳宮，直抵丹田，所謂「乾坤交媾罷，一點落黃庭」是也。如眞火稍微，再加微火吹動，漸漸抽添，又復如前上升，書云「丹田直透泥丸頂，自在河車幾百遭」，則鉛枯汞自乾矣。此乃周天火候也。行之旣到純熟地位，便卽行卯酉周天之法。

世人只知乾坤交媾，而不知卯酉周天，如有車無輪，有舟無舵，其欲致遠，不亦難乎？先用一物頂住太玄關，用目守住泥丸，下照坤臍，良久，從氣穴中火珠一粒，自左邊升起，至臍左邊，次到絳宮，從絳宮之左，忽折左脅下，而後透入左肩，上左耳根，入左目，到山根，略存一頃，卽轉右目，從右耳根後，下右肩，遶而前轉心之右，下至臍，仍還丹田，如是者三十六次，爲進陽火； 又從右邊升起左邊降下，二十四次，爲退陰符。此初時入手，未免略略着意，到純熟地位，自然左右俱升，且或從治命橋前後俱升。有不知其然而然者。

人一身皆屬陰，惟目者陽竅也，故目之所到，卽氣之所到，此收內藥之訬也。治命橋，丹經未有及之者，獨金笥寶籙言之甚明。工夫行到純熟，氣穴中自然元氣升起，如噴泡然，入臍直過治命，此處前後相通，中空如管，忽然腎如湯煎。如尚有陰火，小覺痛楚。蓋「龍戰於野」之義。若陰火已剗盡者，不痛也。徐徐上崑崙之頂。此時下而尾閭，中而二十四節，都不經歷。且更有一種訬處，並不由玉枕關，忽從兩腮透上元始宮中，自漫漫降入山根，到鼻準，入人中，濃液凝如鵲卵狀，從鵲橋入舌下，歷十二重樓，徐徐嚥入中宮，則先天一立，後天退藏矣。所過之穴，有陰氣者，未免相戰，微微作痛，戰盡羣陰，始完全先天也。一正至而百邪難容，一竅開而萬孔生春，鉛氣上升，汞氣下降，鉛汞之氣混圍於丹鼎之外，却病延年，可成陸地神仙，金丹之道，思過半矣。圭旨云：「大道分明見此團，璇璣卯酉法天然。由中達外中全外，自後推前後卽前。陽火進來從左轉，陰符退後往西旋。霎時火候周天界，煉顆明珠似月圓。」此明珠，卽嬰兒種子也。長養聖胎，又當另作，非可容易。

既做了卯酉周天，火逼金行，一點金精，遂上乾宮，漸採漸積，日烹日鎔，損之又損，到得煉無可煉，此時藥也不生，輪也不轉，液也不降，火也不炎，五氣俱朝於上陽，三華皆積於乾頂。經云：「鼎中有寶非眞寶，重結靈胎是聖胎。」但珠在崑崙，何由得下？必假神爐，竊靈陽眞氣以催之，太陽眞火以逼之。催逼既久，靈丹應手脫落，化爲金液，吞入口中，直射丹扃之內，於一切時中，時時照顧，念兹在兹，混混沌沌，不卽不離，所謂「時時在扃中，刻刻守黄中」是也。又云：「漫守藥爐看火候，但安神息任天然。」陳虛白曰：「念不可起，念起則火燥；意不可散，意散則水冷。」只要一念不起，一意不散，含光默默，眞息綿綿，此長養聖胎之眞火候也。故白玉蟾曰：「採藥物於不動之中，行火候於無爲之內。」如此十月，聖胎成矣。胎完成就，脱出其胞，移神上宫，出神外游，復返本體，無證無修。

坐功口訣二

黄陽子曰：凡修此道，必有上中下三乘功夫。三乘應三停。下乘卽初乘也。行此初乘心法，是行其黄道以煉己。天有黄、赤二道，日月行焉，故天能長存；地有黄河逆流，故地能長在。人能通此黄道，使眞氣逆升而旋以流通，自然能長生，可信矣。道、儒謂之周天，釋家謂之法輪常轉壽無窮。欲起此黄道，重在於能通任督之二脈也。經云：能通任督二脈者，壽如龜鶴。龍、鹿與蟾蜍俱能通此二脈，故壽不算。人爲萬物之靈，能通而修之，豈不能長生哉？老子曰：「欲生者，任從其生也，豈不美哉？」朗然子曰：「夾脊雙關透頂門，修行經路此爲尊。華池神水頻吞嚥，紫府元君直上奔。常使氣衝關節透，自然精滿谷神存。幾時學得長生路，須感當初指教人。」卽此法也。此法係是天機生成，人人皆有此黃道，故人人皆可修此長生。因衆人禁秘，則人人不能自知，所以無傳也。此黃道旣起，一身之氣，日夜自能旋轉，自然氣動生液，液能化血，血能生髓，髓能生精，精復生氣，五行相生，如水有源，故能長生。正所謂「户樞不蠹，流水不腐」者是也。此法卽中庸註所謂「法其自然之運」是也。道家參同契曰「易行周流，屈伸反覆」，又曰「修之不輟休，庶氣雲雨行；淫淫若春液，溶溶似解冰。從頭流達足，究竟復上升；往來動無極，拂拂披谷中」，卽此天機之眞法也。但此法雖能旋轉，若不知火候，雖長生亦不能與天地同其長久。故鄭思遠長生集云：「天機發動引眞氣，眞氣不運而自運；能知火候長生客，可度千春與萬春。」欲行此法，人身左足太陽、右足太陰中有湧泉穴，是發其眞氣之源。尾閭穴一車，曰羊車；腎堂穴一車，曰鹿車；大椎穴一車，曰牛車。内有任督二脈。用口訣撥動三車，推起二脈，頃刻之間，自見兩足筋肉震動奮發之形。候三五時間，眞氣稍稍上行，後升前降，上上下下，流行甚速，日夜旋轉，毫無休歇，不用心思智慮，亦不用工力引意以助長，誠可謂達，實可謂巧矣。

坐功口訣三

此中乘之功夫，正是築養其聖胎之事。

是法貴在斷絕喘息。凡人喘息，一出一入，眞氣被天地所奪，以致精枯髓竭，必自死宜矣。修身之人，能斷絕喘息，自然生長。故丘長春曰：「息有一毫之未斷，命非己有。」雲門亦曰：「初禪念住，二禪息住，三禪脈住，四禪滅盡。七百年老古錐也。竗哉！」正謂此喘息也。既已斷絕，非只細微，有能入水旬日之驗，如嬰兒在母腹一般，故名胎息。

所謂火候者，是用其心法之火候，兼有口鼻之呼吸，乃能盜奪天地靈陽之氣，故與天地同其長久。此法見在繫辭揲蓍之數法。莊子謂「眞人之息以踵，凡以喉」是也。欲行此呼吸之法，必先調息。其調息之法，又見在蘇東坡小品文養生偈曰：「與息俱出，與息俱入，隨之不已，一息自住，不出不入。或覺此息從八萬四千毛孔中雲蒸霧散，無始以來諸病盡除，諸障盡滅，自然明悟矣。譬如盲人失杖，忽然有眼，此時何用求人指路？是故老人之言盡於此。」朱子亦有調息箴曰：「靜極而噓，如春沼魚；動極而翕，如百蟲蟄。開闔氤氳，其竗無窮。」既已其竗無窮，聖人何得有死？故敬齋言行視聽等箴，亦皆是此修道之要也。觀此理，修身之法豈耑在於丹書？長生豈耑在於仙佛乎？

證驗說

學者當用功時，身中證驗，節節變幻，蓋因大道罕傳，見聞者希，須得眞師印證，方不疑惑。

憶予初學坐，每思任督二脈何以得通，竭誠依口訣趺坐，存想山根，調息兼鼓巽風，第四日而氣卽能過尾閭，通夾脊，達玉枕，上泥丸，下明堂，入絳宮，到下丹田矣。但所出津液，尚有腥氣，如人家水溝積閉方開也。時覺身子弱甚，約有數日而背肩手足皮肉及頭項各隱隱如蟻行。

次數日腹中有響音，外腎微動，或水升，或火炎，或手足皮肉如一線冷風。問之先生，皆云開關眞景也。

次十餘日，甘露下降，一刻方止，滿口清香甘美，沁入皮骨，如冰片然。一時美景，不可明言，直所謂「白雲朝頂上，甘露灑須彌，自飲長生酒，逍遥誰得知」也。次各經絡，每日各現一景。或腸胃之間有似一轉者；或足底、手背隱隱抽筋，一動卽止。

次一月後，兩眼神光煥發。再則頂上有光墜下，如牡丹花大，鬚眉皆見。次身中金光迸燦，衣服、床帳皆照如隙內容光。其金光有戛擊烈烈之響，如雌雄相趕狀。

行卯酉周天時，其足底略有拘攣意，但一見卽止。此卯酉周天，卽進陽火退陰符也，須大靜方可爲之。若有人事應酬，還以陰陽升降之法爲玅。

每夜間醒來，開眼見時，初如皎月，再則純是紅日照耀，亦略略一瞬耳。又或眼開眼見莊嚴聖像。俱以無心付之，不必着意也。

存想山根時，雖閉目，而自己元神，對面相照。若或事忙，久不存想，則元神不容易見也。

次一年後，濃液如雀卵，卽丹也。

又一年後，其丹則紅矣。

此二三年内，皆一年一見，大約火功不斷所致耳。經曰：「常常如此不絕，則五臟清虛。閉目内觀臟腑，歷歷如照燭，漸次有光萬道，燦爛透出身外，體如火輪，雲霧盤旋罩身，漸漸聖念相續。」非誇詞也，亦非比喻也，乃眞景象也。夫仙翁實膺此異境也，載之於書，冀欲人共行之耳。餘各證驗詳列於後，同志者共珍之勉之。

三陽道人謹識

經驗實證說

三陽道人輯著

初乘功夫，此氣初轉之時，在於腹中充盈，就可用口訣過關。口中有甘津之驗，四肢八脈無處不流通之驗，腹中有雷聲之驗。若以火候烹煉，身中有狂風揭地之驗、有眞氣如絪縟之驗、有異香滿口之驗，臍下有九炁還元之驗，喉中有醍醐灌頂之驗，腹中有裂布交響之驗。或用武火薰蒸，有上下疼痛之驗，有穿筋透骨之驗，有耳聽千千面戰鼓、萬萬顆雷聲之驗。凡骨中有打傷及血氣凝結汗毒之疾及皮膚瘡疥之疾，此氣亦能吹散，不療自愈之驗。修盡個月之時，自然有抽筋換骨之驗，有閉息至於八萬四千毛孔各齊出氣之驗。必有此大驗盡見，方是正中和之黃道也，便是下乘之功夫完備。

中乘功夫，調靜喘息，至於十餘日之間，其驗甚多，不能盡述。有眼見青天於室內之驗，或見白雪羅列在空之驗，或見天花亂墜之驗，或暗處能見小字之驗。若見此四大驗，斯時元氣自然充足，便能化爲甘液，一時下降，連吞有一百八十口之大驗也。再後連吞數次，腹中眞炁甘液滿腹，自能辟穀，自然不睡、不食、不慾，腹中自然蕩滌其邪穢，消融其渣滓，而斷水火。此時就出有陰神，在於臍竅而出入自然，面有紅光，白如冠玉，口似含丹，耳如紅硃，眼睛黑白分明，視聽幽遠，聲似洪鐘，睡無眠夢，自然返老還童。行此一乘終，則陰陽之氣大沖和而敦厚，必有眼光溢，至於三五時，能見天上之星辰。此是煉己之功夫完備，其壽可與天地同其長久矣。但其形雖長久，必再行上乘損益之功夫，至於出陽神而能聚散，方是形神俱玅之道。斯至於聖人矣。

抱眞子曰：「如此修煉，有何證驗？」覓玄子曰：「採藥之始，外腎時舉不倒，丹田氣滿也，須防走失而失丹。眞氣既動，百邪難容。或胞鬲煩滿而口吐頑痰，或腹脅疼痛而下惡物，或遍身出汗，或四肢酸痛，宿疾漸除也。或陰陽擊剥，腹中如裂帛；或關節將通，頂門如雷鳴；或藥物上升，耳内如潮；或眞氣流通，百脈如蟲行。次口生甘液。次頂生寒泉。次鼻聞異香。次靜中忽覺元神自下丹田跳躍而起，直至頂門。次靜中常聽天樂。次暗室而生慧光，隔壁或見物，或見五臟。次形體光澤。次雙睛如漆。次紺髮再生。次行及奔馬。次涕淚涎汗皆絕。次三尸九蟲盡失。次魂魄不游，夢寐自無。次陽精成體，靈府堅固，寒暑不侵。次志合太虛。次目視萬里。次心知未來。次内神出現。次外神來朝。功圓行滿，膺籙受圖，或見火龍飛，或見玄鶴舞，綵雲繚繞，瑞氣繽紛，出聖超凡，逍遥自在。」

謹按　易眞論曰：「凡運火之際，或覺尾閭有物直沖夾脊雙關，歷歷有聲，逆上泥丸，復自泥丸觸上腭，顆顆降入口中，狀如雀卵，味如冰酥，香甜輭美。覺有此狀，乃是金液還丹也。徐徐嚥歸丹田。常常如此不絕，則五臟清虛。閉目內觀臟腑，歷歷如照燭。漸次有金光萬道，燦爛透出。身體如火輪，雲霧盤旋罩身。漸漸聖驗相續，以證超凡入聖。」非比喻也，乃眞景象也。仙翁默膺此異，不敢語人，蓋非人間所見聞之事也。修煉之士，若能注意下丹田內，安神定慮，一念不生，湛然無欲，固守經月，從半夜子時分，神氣清明，自然覺得下丹田元陽金精和氣充溢，形如烈火，勢如炎風，穿過尾閭，撞透三關，上至泥丸，復降至丹田，自下丹田復還過尾閭，沖和氣透，所謂醍醐灌頂，黃河倒捲，皆無爲而自成。神氣精血四物混成一象，顚倒循環，運轉周流無息，與周天火候三百八十四爻自然符合。修煉工夫，只是固養神氣，其抽鉛添汞，亦是名目。神氣不離，鉛汞自然相配。慾寡心靜者，功夫純而驗證易，今不盡述。

家祖紫陽眞人四百字眞義歌

前問答，逐段分晰，已無剩義。今又體貼祖師四百字之句，仍以四百字分段，註疏爲歌，言簡義賅，比象俱破，使好學者一目了然，不煩思索，更能會通正解，則修眞秘訣可得其大半矣。

第一段　眞意發眞知，靈知亦自應；三家合一家，倏爾身心定。

第二段　虛室却生光，靜中又復陽；採來勤煅煉，化就紫金霜。

第三段　靈竅慧光生，性現塵情滅；朗朗夜明珠，無處不皎潔。

第四段　燥性化眞性，人心變道心；若非神火煅，鑛裏怎分金。

第五段　眞知與靈知，兩者本同氣；經火烹煉成，渾淪没點弊。

第六段　元竅眞靈露，趁時下手栽；性情相眷戀，長出大丹材。
第七段　有個虛靈竅，號爲玄牝門；中藏神與氣，原是魄魂樞。
第八段　靈知火裏精，眞知水中寶；水火陰氣消，光鮮着實好。
第九段　靈藥自家有，何須在外尋；護持常照應，左右盡珠林。
第十段　眞知總是眞，却要靈知配；煉去後天陰，兩家成一塊。
十一段　靈知好外游，須借眞知制；以婦去從夫，坎離即既濟。
十二段　震兑和坎離，精神情性象；若知攢簇力，獨步崑崙上。
十三段　火候不拘時，何勞尋子午；沐浴洗塵心，卯酉豈能生。
十四段　金情與木性，不得有偏差；兩者如同氣，靈根自發花。
十五段　大則包虛空，小還如黍米；若問這根源，一眞而已矣。
十六段　天地日月精，吾身本自有；眞靈若不迷，造化常在手。
十七段　性起情來制，情生性去牽；相爭相鬪罷，仍舊是先天。
十八段　木性金情交，眞知靈知合；武煉與文烹，現出玲瓏塔。
十九段　持心名沐浴，溫養有抽添；刻刻防危險，功深自入玄。
二十段　會的陰陽理，聖胎不難結；生子又生孫，長生永不滅。

讚曰　寶籙靈文，四百大義，包括三鉛。統悟眞之玅旨，洩海蟾之心傳。言簡約而深奥，理詳細而備全。馬處厚得之了事，石杏林借此成仙。可爲修道雲路，正是渡人法船。學者能嘗滋味，霎時火裏生蓮。

二十四要訣

金丹四百字，段段着實，句句示眞，修持之爐鼎、藥物、火候、次序、有爲無爲，自始至終，無一不備。雖字四百，而悟眞全部大意，悉包藏無遺。其中寓言譬象，余已解釋，破核見仁，碎骨露體，爲初學者助一炬之明，引入正道。但恐學者不知脚踏實地苦力用功，未盡學人之事，卽便妄想大道，躐等而求，自誤前程，爰於正註之後，外著學人二十四要、丹法二十四訣，其言最簡，其事易知，以發祖師不言之秘。若有志士，以此要訣，參會正經，循序而進，學道者久必明道，行道者終必成道，庶不至虛度歲月，走入岐路矣。

三陽道人謹識

學人二十四要

第一要　看破世事　世事若還看不破，身沉苦海怎能出？

第二要　斬斷牽纏　牽纏設若不能斷，六道輪迴在眼前。

第三要　窮究理義　不知辨別身心理，邪正難分誤路程。

第四要　尋師訪友　虛心卽便能實腹，自滿到老無一長。

第五要　立志長久　要成經久不易事，必須經久不已功。
第六要　除去瞋恨　瞋恨若還不埽淨，滿腔濁氣掩眞宗。
第七要　捨得色身　看得色身如假物，自然有路覓眞身。
第八要　不怕勞苦　心强必上高山頂，怕苦終久不入眞。
第九要　忍辱受垢　忍辱卑而不可踰，受垢柔而卽能强。
第十要　饒人讓人　屈己尊人爲要着，平心下氣是良方。
十一要　輕財重命　試問堆金等岱嶽，無常買的不來無？
十二要　物我同觀　物我同源無貴賤，若分彼此起塵氛。
十三要　酒色不迷　戒酒自然性不亂，絕色必定命堅牢。
十四要　饑寒順受　衣食隨緣休妄想，若怕饑寒志不堅。
十五要　生死任命　生死二事盡由天，訪道一心常在我。
十六要　廣行方便　到處積功兼累行，見危盡力以扶人。
十七要　不愛熱鬧　紛華境裏易迷眞，聲色場中能亂性。
十八要　不傲不盈　高傲卽便起人惡，盈滿必非載道材。
十九要　不貪美味　君子謀道不謀食，小人養口不養心。

二十要　不言是非　各人自埽門前雪，莫管他人屋上霜。

念一要　聰明不用　有才不使常如拙，有智深藏却似愚。

念二要　睡少功多　朝乾夕惕功無歇，廢寢忘飧志要堅。

念三要　不愛好物　珠玉金銀身外物，精神性命本來珍。

念四要　始終如一　用功不力難深造，抱道而亡方見眞。

以上二十四要，乃學人緊要之關口，必須眞履實踐，條條打通，行得過去，方能遇得眞師，聞得大道。若有一條不能行過，卽遇眞師，聞道猶在兩可。蓋以明師教人，千磨百錯，明察暗試，以驗眞假。果是眞誠之士，如眞金不怕火煉，愈煉愈明，自爲高人鑒賞，決定提接。若非志士，始勤終怠，或陽奉陰違，自己身邊事未能行得過去，而欲妄想他人寶物，所謂「瞋不除，態不改，墮入生死輪迴海。堆金積玉滿山川，神仙冷笑應不采」。道且不得聞，而況成道乎？夫聞道者，小聖人；成道者，大聖人。聖人之事，豈是懸虛不實之輩所能得者哉？

丹法二十四訣

第一訣　修補丹房，培養後天，堅强色身　培養後天第一端，精神氣旺而饑寒；色身修的堅强了，避雨遮風好煉丹。

第二訣　煉己築基，懲忿窒欲，克己復禮　煉己持心是築基，塵情妄念盡拋離；果然煉到己無處，不動不搖物怎迷？

第三訣　立鼎安爐，剛以固其志，柔以用其功　志念堅牢爲立鼎，工夫漸進是安爐；剛柔兩用無偏弊，準備隨時運火符。

第四訣　採取藥物，假中尋眞，沙裏淘金　大藥三般精氣神，須先辨別假和眞；是非只隔一些子，莫把魁罡認北辰。

第五訣　以鉛制汞，眞知不昧，靈知不飛　金精別號是眞鉛，木性輕浮以汞傳；曉得情來鈐性法，人心不起道心圓。

第六訣　黃婆調和，眞意不散，陰陽自和　可知眞意是黃婆，一信能調四象和；攢簇五行皆借力，全形造命不離它。

第七訣　鉛汞相投，性去求情，情來歸性　以鉛投汞情歸性，以汞投鉛性戀情；情性相交無隔礙，何愁大道不能成？

第八訣　運火煅煉，振發正氣，掃除邪氣　文烹武煉是仙方，火發神爐陰與陽；煅盡千般渣滓物，自然大藥起霞光。

第九訣　還丹凝結，剛柔相當，性情如一　性情如一號還丹，朗朗眞靈結就團；已得當初無價寶，小心護守運神觀。

第十訣　沐浴温養，念莫教起，意不使散　滌垢洗塵沐浴方，勿忘勿助合陰陽；諸緣不起丹元固，養的靈根花蕊芳。

十一訣　丹元成熟，黑中有白，靜極而動

黑中有白長生藥，暗裏藏明續命湯；煉就玲瓏明淨物，通天徹地放毫光。

十二訣　吞服金丹，收神入室，點化羣陰

服丹不是外來丹，煉就眞靈在内安；五府生光陰氣化，不迷不昧破關闌。

十三訣　移爐換鼎，本原到手，隨時種栽

金丹到手有眞傳，換鼎移爐伭又伭；從此處心烹大藥，先天竅裏煉先天。

十四訣　凝結聖胎，百神俱集，五行混成

五氣朝元聚靈臺，先天種子已牢栽；如癡如醉如昏睡，恍惚杳冥結聖胎。

十五訣　朝屯暮蒙，知雄守雌，天然火煉

知雄更要守其雌，水火薰蒸不問時；自有樞機翻卦象，何須着意强施爲。

十六訣　温養胎胚，如雞抱卵，似蚌含珠

專一猶如雞抱卵，至誠恰似蚌含珠；時時靜守虛靈竅，免得爐中水火孤。

十七訣　防危慮險，外無其身，内無其心

陽氣未純猶有險，餘陰不盡要防危；後天滓質如消化，可保胎元莫損虧。

十八訣　十月胎圓，先天氣純，後天氣化　十月功夫胎始圓，後天化盡先天全；清淨淨別無物，非色非空一自然。

十九訣　待時脱化，無思無爲，不卽不離　脱化原來有日期，錯前錯後俱非宜；誠中達外無容强，瓜熟自然蒂落離。

二十訣　嬰兒出現，打破混沌，跳入虛無　守定黄庭養谷神，形全氣足火停輪；乍雷一響天門破，跳出金剛不死人。

廿一訣　乳哺三年，光而不耀，明而不用　眞靈煉就一金身，萬古千秋不落塵；乳哺三年光不耀，知前曉後聖而神。

廿二訣　出入自便，形神俱妙，與道合眞　形神俱妙等虛空，與道合眞萬法通；顯晦逆從人莫測，聚而有象散而風。

廿三訣　面壁九年，有無俱不立，天地悉歸空　九年面壁有誰知，入室工夫不待思；天地歸空凡聖去，寂寥境内結仙居。

廿四訣　子又生孫，變化無窮，神妙不測　子又生孫凡聖同，只分順去逆來中；古仙留下大丹訣，變化無窮到處通。

二十四訣，步步火候，須要審明，若有一毫之差，便有千里之失。古來仙眞，多不明指次序，皆秘母言子，只以比象示人，恐其爲匪人所竊也。余旣得師口訣，不避愆尤，願公諸有志之士，縱無力行持，得聞大道，亦是無量之福。但此等大事，須要有大力者行之，更要有大德者方能行。若有大力無大德，動有魔障，鬼神不喜，大道不成。是以欲行其道，須先積德，德重能服鬼神。蓋以中下之人，德重於道，若德不大，雖能聞道，而成道猶未可必也。學道者，須要先將這個題目認清，本末緩急方有定見，而不至於枉費工夫矣。學者勉之。

三陽道人謹識

九層煉心秘訣

初層煉心者，是煉未純之心。未純之心，多妄想，多游思。妄想生於貪慾，游思起於遲學。人初坐之際，非不欲屏去塵情，無如妄想纔除，游思忽起。法在止觀，乃可漸次銷鎔。止，則止於臍堂之後，命門之前，其中稍下，有個虛無圈子，吾心止於是而內觀之。心照於空中，與氣相守，維繫乎規矩之間，往來於方圓之內，息息歸根，合自然之造化，巍巍不動，立清靜之源頭，從此一線心光，與一縷眞氣相接，渾渾灝灝，安安閒閒。此煉心養氣之初功也。

二層煉心者，是煉入定之心也。前次一線心光，旣與一縷眞氣相合，若能眞造窈冥，自當透出玄竅。奈何定心不固，每爲識神所遷，心與氣離，仍不能見本來面目。法在心息相依之時，即把知覺泯去，心在氣中而不知，氣包心外而不曉，氣之氤氳，打成一片。此煉心合氣之功也。

三層煉心者，是煉來復之心也。前次氤氳，打成一片，重陰之下，一陽來復，是名天地之心，卽是玄關一竅。此刻精氣神都在先天，鴻濛初判，並不分眞精、眞氣、眞神。若能一心不動，便可當下採取運行。無奈所見未見，所聞未聞，美景現前，忙無措手，心稍一動，而落在後天，分爲精、氣、神矣。法在初現之時，卽刻踏住火雲，走到尾閭，堅其心，柔其息，敲鐵鼓而過三關，休於崑崙頂焉。此煉心進氣之功也。

四層煉心者，是煉退藏之心也。前次踏火雲，過三關，與氣隨固，已入於泥丸矣。然在泥丸宮中內，或是有識神引動，則炁寒而凝，必不能化爲眞水灑灌三宮，前功盡棄矣。法在崑崙頂上，息心主靜，與氣交融，氣乃化爲美液，從上腭落下，捲舌承露，吞而下之，送注於心，注心於絳宮，注心於黃庭，注心於元海，一路響聲，直送到度，待玄關之現焉。此煉心得氣之功也。

五層煉心者，是煉築基之心也。前次入泥丸而歸氣穴矣，已有河車路徑，從此一心做去，日夜毋停，基成何拘百日乎？然則或有懈心，或有慾念相輟，仍是丹基難固。夫築基所以聚精會神也。若功夫不精勤，神精仍然散亂，何得延年之益？法在行憑子午，逐日抽添，取坎塡離，積金入腹。此煉心累氣之功也。

六層煉心者，是煉了性之心也。前次河車轉動，聚精會神，則靈根充實矣。從此心液下降，腎水上升，是謂坎離互交。杳冥之中，有信浩浩，如潮一般，水氣濛濛，如霧一般，騰蒸湧湧，是名金氣，初動方修玉液還丹。倘用心不專，則盡性之事難了。法在於金水初生之日，由丹田分下湧泉，霎時而合到尾閭，調停眞息，鼓之舞之，仍能滔滔逆上，至於天谷，涓涓嚥下，落至黃庭。如此則朝朝灌溉，心地清涼，血自化爲白膏，意自凝作赤土矣。得土中生汞，汞性圓明，遇物不遷，靈劍在手，孟子所謂「盡其心者知其性」也，僊名爲陰丹、內丹。此煉明性之功也。

七層煉心者，是煉已明之性也。前次河車金水，仙師名爲內丹，煉到此，還有分煉功夫，以外合內，乃可眞心聚而不散。蓋內體雖明，緣好飛者汞性；內修雖具，易壞者陰丹。設或保養欠純，則心性復滅矣。法在以虛明之心，妙有之性，和沙拌土，種在彼家，彼虛而由我實之，彼無而自我有之。以有投無，以實灌虛，死心不動，霎時間先天一炁從虛無中來。一候爲一陽，如震；二候爲二陽，如兑。時值二候，正宜合丹。那邊吐出一玄眞炁，其喻爲虎，故曰「虎向水中生」；這邊落一點玄光，其喻爲龍，故名「龍從火裏出」。兩邊龍虎會合，性情交感，一場大戰，宛如天地晦冥，身心兩靜矣。俄而三陽發動，有如乾卦，如潮如火，如霧如煙，如雷如電，如雪如花，身中陽鉛熀耀，我即持劍掌印，踏罡步斗，鼓動元和，猛烹極煉，透過三關而上泥丸，一身毛竅皆開，比前玉液河車更不同也。吞而服之，以先天制後天，性命合而爲一，卽係大還丹也。性屬火，其數七；命屬金，其數九。返本還元，故名七返九還金液大丹。從此鉛來制汞，其心常明，永不動摇矣。此煉心存神之功也。

八層煉心者，是煉已伏之心，而使其通神也。前次七返九還，以鉛相制，心已定矣。但要温之養之，要使身中之氣盡化爲神，身中之神能游於外。於是取一年二十四氣候，除卯酉兩月爲沐浴，其餘十月爲進退，故名十月温養，非言要限十月功夫也。否則心雖定而不靈。煉之煅之，靈心日見矣。靈則動，動則變，變則化，故有出神入定之事，而不爲物境所迷。此煉心成神之功也。

九層煉心者，是煉已靈之心，而使其還虛也。前次温養功深，神已出而不惑，隨心所欲，無往不宜，高踏雲霞，遠游海島，致足樂矣。但靈不虛，則不能包涵萬物，所以有此煉虛之一著也。煉虛者，要使心胸浩蕩，眾有皆空，清虛一炁，盤旋天地之間，是我非我，是空不空，世界有毀，惟空不毀，乾坤有礙，惟空無礙，此所以神滿虛空、法周沙界也。

此煉心之始末也，無以加矣。

跋

　　間嘗論曰：「儒本乎道，道本於儒，儒外無道，道外非儒，儒道同源，其致惟一，能盡其性，則能得道。」孔子云：「天命之謂性，率性之謂道。」孟子云：「盡其心者知其性也，知其性則知天矣。存其心，養其性，所以事天也。」又曰：「養心，莫善於寡欲。」再曰：「學問之道無他，求其放心而已矣。」儒教性命之源，卽道家性命之學也。後世學者，强分性命爲二家。其不知修命不修性，形雖全而神不靈，其形雖不壞，其神終不能超脱，故曰「守屍鬼」，所謂「壽同天地一愚夫」；修性不修命，神雖靈而形不堅，神依形，其形壞，則其神無所依，故曰「落空漢」，所謂「投胎奪舍及移居」。性命二者，乃相須而不可相離者也。苟修性而不修命，修命而不修性，卽爲偏枯之學，非其正之道也。是以儒道兩家，皆須窮理盡性以至於命，性命雙修，方爲全備之學。後人學術紛歧，有好爐火者，有視頂門者，有守臍帶者，有運雙睛者，有守印堂者，有摩臍輪者，有搖夾脊者，有先視天目而後反轉玉枕而至夾脊者，泯泯棼棼，難以悉舉。執此一術一訣，便謂金丹大道止於是矣。其不知外道九十六種，傍門三千六百，盡是斜溪曲徑。故雲房眞人曰：「道德三千六百門，人人各執一苗根，誰知些子玄關竅，不在三千六百門。」

要知神仙之道，始於老子以柱下史而註道德經，魏伯陽以金碧經而作參同契，道同而德合。後世能窮盡其學，而不偏不倚者，其惟唐之純陽呂公乎。上承黃老之淵源，下啟眞仙之正脈，道傳南北，法授天人。及傳宋之紫陽張公，乃著悟眞篇。張傳杏林石君，著還原篇。石授紫賢薛君，著復命篇。薛傳泥丸陳君，纂爲翠虛篇。陳授紫清白君，纂爲指玄集。此仙家所謂南五祖也。是白君再五傳，乃蕭君了眞之大成集。煉氣養性之道，得六眞人之書，則無法不備，無機不闡者矣。第修道之事，雖爲玄妙，若論其簡易，卽愚夫愚婦，苟得其傳，能勤行久視，亦可超凡入聖，況明達之人乎？惜六眞人之書多爲廋詞隱語，孔竅其門，使學者無罅隙可入，往往目眩心摇，輒生望洋之歎。眞能致虛守靜，歸根復命，知雌守雄，知白守黑，煉精化氣，煉氣化神，煉神還虛，能繼六眞人之書而字字剖析，語語解釋，問答詳明，先之以口訣，復證以效驗，實爲道書之抉微、丹經之啟蒙者，其惟吾友三陽道人張君松谷所著丹經指南乎。

先生中州世胄，早勤儒業，壯歲游宦浙中，雅慕神仙之道，得遇名師傳授。且精風鑑，前清醇賢親王呼爲相仙。其涵養本原，安神祖竅，蟄藏氣穴，乾坤交媾，九轉還丹之旨，皆能闡發師傳，不留餘藴，盡情洩露。故何者是鉛汞，何者是龍虎，何者是爐鼎，何者是藥物，無不一一發明。先生慨道教之式微，恐玄功之淪替，慨然將所著示我。而席子錫蕃，素以樂善好道聞於世，囑韜往詢先生，肯將所著刊布流傳乎？先生欣然允之，並願將火候功夫次第刊出。

今者，丹經指南排印將成，敬述其緣起於後。

民國七年戊午月錢塘陸韜君略甫謹跋

附：補虧正法

補虧者，因人娶妻生育，及酬應一切，無如年至四十後，其精氣已耗大半，若不補足，則坐不到正午時，九還正功無從入手也。

其法可預構一淨室，上下均置木板，以免濕氣蒸入。室中務要明暗得宜過明傷魂，過暗傷魄，風日不侵忍風耐日，最能傷太陽、少陽二經，令人頭痛。外感皆由此二經而入。窗闥開閉，須看天時暴雨嚴寒、烈風迅雷則閉，天氣晴和、月明風清則開。置一堅木榻於室中木用堅者，使身體轉動不響也。響恐分神，榻上先鋪椶毯，上加軟厚褥，務令兩腿足骨下面着榻處坐久不痛爲度。乃於每日不論何時如於飽食後，必於室中，緩行一百步，再坐，一切世事漠不關心，腰帶、褲帶均須解放，內外衣服要整楚抖鬆，寬暢適體，勿使裹扯牽纏。坐定後，呼出粗濁之氣一二口，即收散外之神明清氣，攝入絳宮絳宮在心窩下，醫書名膻中，乃在兩乳肋「人」字骨下中心軟處，令定，萬緣澄寂，勿令念起，復出片時，心氣溶融和平，然後以意移入天目在兩目中心上二分，此間爲聚火之所，俟凝定片刻不散雜念不起即不散，復以意由泥丸倒轉玉枕玉枕乃腦後骨也，直注入夾脊。

泥丸在頭正頂前七分。玉枕乃腦後骨也。夾脊在背脊骨上十二節之下，下十二節之上，其中間即夾脊。左右有兩穴，左名膏，右名肓。范業師云：「嬰兒於胎中，此處本通，後因胎足產出時，七竅頓開，氣脈神明不復由此升降，遂至血液垢膩，積漸淤塞。孰知此間正是我初來時舊路，乃自有此身以後，住世數十年，利名碌碌，勞瘁不辭，獨於此間，永遠屏絕，更不回首一顧，哀哉！須知此竅能通，百病不留。孝子慈孫，孰不願其親體強健？而獨於此道闢曰老氏，茲有指爲異端邪說，何自愚也！夫道在寰宇中，天下古今，莫不共爲之，而有益無損，不礙儒宗正教，不傷倫理綱常，又奚必論其老氏與不老氏乎？」

旣至夾脊，卽自息心靜氣，養我浩然，不事他顧，專一於此，勿令念起他散。如此每日行持一二時，或能多坐更佳，愈多愈善。氣壯者五六日，氣衰者至遲十五日，卽覺夾脊中熱如火熾，且加肫痛。直待有此景象，便以意將此夾脊熾熱之火送串入於兩腰，卽覺兩腰轆轆跳動。察其跳動不已時，隨卽以意送入陰蹻。

陰蹻在穀道前，腎囊後，空地正中央處，入肉一寸二分，卽是肉莖盡根處，醫書名海底穴，道藏名三叉路水口，此謂建築玄關基礎之地。但查醫書內經，張紫陽之言可據。

旣至陰蹻，又覺其中掣掣跳動。雖跳動，我只不理他。又覺渾身通泰，心如迷醉，徧體脈絡，皆覺活動，暖溶溶如坐春風之中，我亦只不理他。卽張紫陽所謂「陰蹻一動，百脈皆動」，故有此景象也。只自專心致志，安居其中，若久客初歸家之主人翁，深深休息於陰蹻穴海底之內。如此片刻，自然而然，凝定跳止，便自細細內觀默察，覺我之氣根，實從陰蹻底起，上升至臍輪，卽自止而不上，復由臍輪下降至陰蹻底。自是升升降降，不出此三寸一分半之間，任其流行上下之，靜守天然化合之機，萬不可稍有意想，自誤匪淺。

邵康節皇極經世云：「天之至高處，至地之極低處，共有八萬四千里，其中空二萬一千里，日月星辰運於上，山川人物載於下，爲萬化顯著之所。人身亦然，自心至腎，共八寸四分，中空二寸一分，在臍輪之後，命門之前，老子所謂『黃庭』者在是。其餘六寸三分，乃心腎各有三寸一分半，故此內呼吸，卽在腎宮三寸一分半之中也。」

而口鼻中，外呼吸，若非己有，覺與此內呼吸毫不相關也。非眞不相關也，因此內呼吸與口鼻之外呼吸，正相反耳。何則？若以常理推之，口鼻之氣吸入，則內呼吸正當降入海底，今反迎而上升至臍輪，與口鼻吸入之氣兩相輳接，口鼻之氣呼出，則此內呼吸正當升上同出，今反背而下降入海底，與口鼻外呼吸出入之氣毫不相通相連，豈非正相反乎？且自有入而無出也。坐之久久，認得眞切熟溜，我却勿去做他主張，只自由他上，我亦隨之而上，他下，我亦隨之而下，只任他自然升降，則無弊病。我苟或容心於其間，稍有意見，欲送他上下，則此內呼吸，與我靈明，便相錯亂違背，不能溶化爲一，只三四息，便覺小腹氣肫。苟患此弊，必重新整頓，再坐絳宮，再凝天目，再注夾脊，重入陰蹻，如調劣馬，如責頑猴，久久馴熟，自無此弊劣馬、頑猴，乃指我靈明言，非指內呼吸。大抵最難收攝是心火。今欲以之入水，誠非一日所能致也。其至要緊處，惟忌念起。念起卽外散，雖坐無益。總之，務要此虛靈不昧之體，歸入陰蹻穴中而不出，安居旣久，則神自化炁。

神，心神也，屬火。陰蹻居腎底，水臟之極深處也。火入水，火須爲水滅，而火中熾燃之性，存於水中，非化炁而何？惟此炁中，有神在內，故非常人之氣可比。此各仙經中每言必得先天氣者，以此。非堅定心性不能得也。

炁自化精炁中有眞液，故能化精。精炁神三者，渾而爲一，更不知何者爲精，何者爲氣，何者爲神，斯得之矣。設或於初行時念易動、神易越，不肯安居陰蹻中，則亦不妨，以息若若之以息若若之者，乃若此三寸一分半中之內呼吸，非口鼻中呼吸也，使其有所依傍，而不外散，是亦勉强一法。若是旣久，自得坐忘。如是初行，每坐若得二三百息，繼漸日加至五六百息，約抵旬日，兩腰之中及小腹漸漸覺熱，體素畏寒及手足素冷者，亦卽覺熱。陽莖必時翹舉。愼勿近婦女，是爲大要。此爲初得先天炁，不可卽採。待其舉過自軟後，制至慾心不動，此陽乃化爲精。如是每日行持，每日陽舉，只自不採，讓過月餘，乃以日積我精也。所以積精者，卽以爲藏陽之地也。故此補虧一法，又名添油功夫也。

添油者，如燈油將盡，而火亦將熄，添油乃使之不熄也。陽精爲人身中至寶，眞水屬陰，火必待水藏，陽必待陰藏，而後能長久。此造化生就自然之理，如不積精，而陽至卽採，聚入泥丸，則陽日增强，而陰仍如舊，必致陰少陽多，陰不包陽，陽必外越。且陰被陽刦，上升泥丸。古有鼻垂玉柱而坐化者，卽此之弊。所以讓過月餘，正爲日後藏火地步耳。

是採活子時，必待精足而後採。然何以自知其精足也？蓋陽初至時，甚思淫慾，精足則陽至比前倍旺，而反無淫念。此君火被水所制，相火不能猖越使然。以爲據準而作採期，萬無一失。

神仙家每於陰蹻一穴秘密若實，且云輕洩者必受天殃。推其本心，非吝不肯傳之意。以陰蹻一穴，若得此種陽之訣，則不論老少，其腎陽變弱爲强，易如反掌。而陽旺思淫，常人必有之情。此道本以壽世，今反以助淫，是貽害於世也，故必擇人而後授。

活子時

子時而謂之活者，有三説。其一，以腎内心陽種滿，不論是何時候，坐至靜極之際，坎宫火發，此吾身中之子時，非天地間夜半之板子時，故謂之活。然此淺近之説也，是必更上一層言，則此活子時，畢竟還從活午時而來。若心腎者，人身中之乾坤也。坤本純陰，絶無陽氣，必與乾交而後有陽。猶常人腎中，本無此先天氣，必以心火下注陰蹻，日漸積集，而後腎中始有此陽氣也。惟天地之交，每年始於五月建午，夏至一陰生之際，是爲火入水之初，則我以心火下注陰蹻，猶天之五月建午也。但我身中之午，不論何時，隨坐隨有，非天地之板午，故亦謂之活。是午亦活而子亦活。此二説也。然而尚有更上一層言者，九還正功火候，遍歷十二支辰，日行生成皆有，細若毫髮，不容紊亂，故其言時，皆謂之正，不名曰活。而活者，乃補虧法中，每遇心火下注，則謂之午，其餘未申酉戌亥均弗論矣；每遇腎陽上升，則謂之子，其餘丑寅卯辰巳亦弗論矣。是十二辰中，但有子午，隨坐隨到，故謂之活，言非若九還正功之有一定板數也。如此論「活」字，殆盡之矣。總之，心者天也，腎者地也，天與地交，一陰始生於午，故心陽下注於腎爲午；地之一陽來復於子，故腎中陽氣發生爲子。「子」「午」之名，由此而取。世之好此道而未得訣者，只以睡足陽舉爲活子時，妄行採取，殊不知每犯四五更睡醒後之陽舉，是則萬不可採取。因其晚間所進飲食，至此已化，其大小便已入大小腸之底，如行採取，則糞溺中穢濁之氣隨之而行，帶入督脈，升上泥丸，至清陽至高之分，日採日積，將來從何處出脫？智者以此思之，不辯可悟矣。

活午時

余蒙沈太虛眞人授至道於華山郝祖洞。功法之餘，嘗曰：「世人則知活子，而活午尠能知之。夫天是一大天，人爲一小天；天有南北，人有心腎。一年之子午，冬至夏至；一月之子午，在朔望；一日之子午，屬子午二時。此是一定不易之子午也。人身之活子時，恒有知之者，而活午在何時，是何景象，自古聖高眞，皆未宣言。」余斂神屏息至前，叩求眞人明白指示，以惠後世。眞人云：「凡百事皆有配偶，有活子即有活午。活子乃陽生，活午卽陰生。譬如初一陽生，十六陰生，此乃運年月日時，天地之定子午也。卽人而論，人身有活子午也。所謂一陽初動活子是也。究其眞正之活子午，猶有辨焉。其眞正者，須於無形無象中求之。其說惟何？乃行功法，寂無所寂，忽覺內機有微動，乃是活子之初。繼知勃然機現，此是活子正象油然內興，此是活子內炁充盈，外勢舉直時機，可採小周天。宜進陽火卅六。進火將完，周身舒暢，萬象齊放，心蕩腎熱，此卽活午之機動。此時亟須行退陰符二十四。如若不退符，其害大也。何故？子時陽生，午時陰生，卽退符以養此眞陰，可助此眞陽不洩。」眞人又曰：「中歲行功，重在活午；童年行功，重於活子。蓋活午乃上上眞境，功須採取眞陰，以資生眞陽。究其採訣，彼時急用清靜經『三觀』功法。其最上者，從事無無，而又不住於定寂。大凡功從活午入手者，乾宮爲至要之地。淘此炁機，下注華池，灌夫絳闕，待活子到來，但憑神宰，子午會交，醍醐灌頂也。」眞人曰：「我輩修持，固貴一合天時，所謂活午者，高眞古仙，秘而不傳。余得於陳泥丸眞人。今余又得傳於汝，故宣之。所以活午不明，則眞陰坐失，縱得活子，苟無眞陰以涵之，功足化神，眞陽使其不飛不可得也。夫古書所言清涼金玉諸名，寄在活子功法之後，卽是活午產眞陰之的時。」又云：「煉陽得陰，而與煉陰得陽，功法前後相符。古哲恒秘之，余今直洩之，誠以眞道久晦，學者每僅循跡而行，昧此程途，定止景象，毫無把握，如盲無杖，無不中惑而退。今知汝緣廣厚，能捨己而從人，此時不授，虛此機緣。而眞道由此宣佈，倘有大根大德之人遇汝，得聞千古不傳之秘訣，余亦固所願也。」三陽今晤席君錫蕃藏有活子之眞訣，商余加活午眞訣，合刊簡篇，庶助學者之指迷也。

三陽道人識

活子午採法

由初下手時，收神歸絳宮、凝天目、注夾脊算起，至五六日，夾脊發熱，卽由兩腎中心，送入陰蹻，尋見內呼吸後，苟能一念不動，五百息內，神與內呼吸不有絲毫離間者有一絲他念，卽有一絲之離間，準於第十六次，坎宮卽有一線陽火，上升至臍輪，傍及兩腰，熱如湯沃，玉莖翹舉。此時切勿動念，只以不識不知應之。據云平素好淫者，此時淫火倍甚，苟近婦女，精必如注，竟有盈盆壘椀之多。又云雖平居不好淫者，此時亦必有淫念。念不能除，精亦離窩，甚則外洩。非特前功盡廢，且多因而成洩精病者。獨此爲最險關頭，庸夫俗子，百不保一。惟學力淵深，操持有素之士，尚必要內範嚴密，只以不識不知應之，則此陽火自然運漏坎宮，卽化爲精。

此以壬化癸之法，不遇師傳，萬不能知。何則各仙經皆言去癸留壬，未嘗有以壬化癸之說？蓋壬是氣，而癸是水。壬陽而癸陰。壬陽卽陰蹻中陽火，有氣無質者也；　癸陰卽所化之精，則落質矣。大丹取氣不取質，今反以氣化質者，何也？　正所謂補虧也。凡年至四十後，其精虧去過半。精者，水也，陰也。水所以藏火，陰所以藏陽，則精所以藏氣也。如不以之化精，精虧如舊，氣無歸宿之所，安能養陽者？　且必陽强陰弱，致有偏枯之病。性理大全云：「無形者必藉有形以爲體。」是吾儒大學，亦必如此。

如此約三四十日或五六十日不等以精虧有多少、人體有强弱不同也，總以陽至時絕無淫念爲度，然後用右手將玉莖、腎囊一把握住，握勿大緊用握者，恐提撮時並玉莖腎子吸入小腹之故，候至陰蹻熱火上沃臍腎，玉莖半舉時不可舉足，舉足則化精，非化氣矣，所謂「鉛遇癸生須急採」也。癸生，癸方生也。言將化精而未化精之際，須候得準，此爲老嫩得宜此老嫩爲補虧法中之老嫩。九還正功亦有老嫩，不與此同。用意於穀道、玉莖間，輕輕提撮，如忍小便狀「輕輕」二字，不可忽略。言雖提撮，不可太用力也，將腎中陽火送過尾閭，貫入督脈，不疾不徐，一意送上，不可復想腎宮如分念想腎，則玉莖大舉，而又化癸矣。升至夾脊，用力催送玉枕，更用力催送玉枕爲鐵皷關，最難穿透。用力者，專意催逼，略不敢鬆之謂，兩目往上一迎，引入泥丸兩目閉而向後，迎之不可開目，卽以意在泥丸中，自左起向右三十六轉，兩目光隨意轉運。轉畢無思無慮，靜坐片時，起應世務不妨。此爲採取第一次。

起應世務雖不妨，然當應之時，必須事事合理。凡喜怒哀樂，非但發之中節，且必過而不留。范師有云：「此心應事，當時如快刀劈水，明鏡照物，斯其靈明之得，漸入溶和澄潔境界。平日如此，常使慣熟，則靜坐時格外清明，功夫易致，所謂『煉己必於鬧處』也。」

而後採必仍還入於玄關卽陰蹻。黑中有青謂之玄，有出有入故名關。如日間採取，夜間必還，夜間採取，次早必還，不可久留泥丸內。

採之而必入泥丸者，以泥丸爲至清陽之分，採入暫留之，以祛餘陰也。不可久留者，以陽極至高，久久必散，自當降下，入水爲安。此陽既入水中，則得水中之陽以潤澤之，輔此之陽，與陽併，陽力倍增，採而復還，還而復採，有震兑相交之義焉。蓋同一坤中之氣也，出神卽爲震，不出卽爲兑，故老子五千言云：「此兩者同出而異名。」

還之之法，於坐定後，噓出粗濁之氣一二口，將散外神明收入絳宮片刻，移入天目凝定，卽上注泥丸，從右旋向左三十六轉，兩目光隨意轉運，轉畢仍由夾脊，過腎中心，歸入陰蹻，復自左旋向右轉三十六轉，右旋向左轉二十四轉，轉畢萬慮俱寂，靜坐片時方起。此爲還原一次。如是得暇仍坐，仍如前補虧篇中坐絳宮，移入天目，注夾脊，入陽蹻，尋見內呼吸，相依相併，候至陰蹻，陰氣發動，仍如前採取之，仍如前還入陰蹻，不計遍數，但得玉莖龜頭縮進莖皮不出爲度。此正補虧。補足之時，雖西施、王嬙，百般拯撼，亦不足以動其情矣大抵此心已被坎中眞金點死，然後入九還正功，能節節見効。

以上補虧正法，惟此功夫自有仙經以來，皆不著筆墨，但只口口相授，宜秘愼之。愼之！

附錄奇經八脈考一節備攷

張紫陽眞人八脈經云：「八脈者，衝脈在風府穴下，督脈在臍後，任脈在臍前，帶脈在腰，陰蹻脈在尾閭前、陰囊下，陽蹻脈在尾閭後二節，陰維脈在項前一寸三分，陽維脈在項後一寸二分。凡人有此八脈，倶屬陰神，閉而不開。惟神仙以陽氣衝開，故能得道。八脈者，先天大道之根，一氣之祖，採之惟在陰蹻爲先。此脈纔動，諸脈皆通。次督、任、衝三脈，總爲經脈造化之源。而陰蹻一脈，散在丹經，其名頗多，曰天根，曰死户，曰復命關、酆都、鬼户，曰死生根，有神主之，名曰桃康，上通泥丸，下透湧泉。倘能知此，使眞氣聚散，皆從此關竅，則天門常開，地户永閉，尻脈周流於一身，貫通上下，知氣自然上朝，陽長陰消，水中火發，雪裏花開，所謂『天根月窟閒往來，三十六宮都是春』。得之者，身體輕健，容衰返壯，昏昏默默，如醉如癡，此其驗也。要知西南之鄉，乃坤地，尾閭之前，膀胱之後，小腸之下，靈龜之上，此乃天地逐日所生氣根，產鉛之地也。醫家不知有此。」

瀕湖曰：「丹書論及，陽精河車，皆往往以任、衝、督脈、命門、三焦爲說，未有專指陰蹻者。而紫陽八脈經所載經脈，稍與醫家之說不同。然內景隧道，惟返觀者能照察之。其言必不謬也。」

閱補虧正法之感言

此補虧正法一書，由陸君略先生示予，云是假自道友吳菊雲君處。細讀書中所載，知與吾師希一子所傳補天髓似同而更詳，洵特別之捷徑法，眞千古不傳之秘本。惜鈔是書者，漏未將著書人之姓名錄入，深爲缺憾。諒係歷代宗師有意度人，故肯大洩天府之秘，以裨益中年以後有心之子，使能補其壯年所虧損之精神，是以名之曰「補虧」。願後學者務先體會此二字意義，並願初入手者幸勿以倒轉玉枕爲惟一法門。尚希訪求名師，得有眞傳，始可有補虧之實效而無他弊也。是書向未行世，今特商允付印附於丹經指南之後，並承張君午樵師所授活午時口訣加以潤飾，頓成篇牘，加印於是補虧篇尾活子時之後以成全璧。誠一時之遭逢，千載之奇遇。用跋數語，以誌慶幸。

附言　此感言中之「訪求名師，得有眞傳」二語，乃實指得授口訣，關關有援引之秘，竅竅有止治之奥。若關熱關跳，則有諱篆以導引而度通之。若洩精陽翹，則用符秘以運結而止治之。但此種符篆諱秘梵字等等，約而計之，誠有半百内外之類。數訪有此秘之師，庶可行此種之道。否則孤行我是，卽無内火自焚之虞，定鮮三寶相合之效。訪得名師，必當盡心坐功，百日可以見效，期年自然結胎。兩年胎成，三年神出泥丸之宮。如是温養我神之神，自有上召之旨、飛昇之望焉。

民國七年歲次戊午端陽節莫釐抱仁子席氏錫蕃識

林品三　著

江西分宜林品三先生語錄

序言

海瓊玉蟾白眞人曰：「道無聲色，道無相貌」，「道不可傳，所可傳者，只謂之事」。或曰：道既不可傳，何以道門非師不度？愚謂：師者，古人借喻以薪傳火之義而已。雖曰師傳，而舉一反三，仍貴自悟。曾子曰：「傳不習乎？」習，卽悟也。不悟，其烏能習？眞人又曰：「悟者自得」，「無悟無得」，「得悟之者，可傳聖道」。此不但傳後要悟，尤須悟後可傳也。信乎？眞人之言誠不誣也。昔龍門第七代崑陽王祖，謁復陽趙祖於王屋山，嗣復出游名山，隨處參訪印證。此卽所謂傳後要悟也。聞九宮山多異人，訪不可得。至最深處，見一人巍然獨坐，覲顏拜謁，卽前復陽趙祖也。驚喜過望，詢敘十年闊別得失若何。趙祖謂之曰：「吾有三百年來獨任之事，當付於子，寶而秘之。」授以天仙戒。此卽所謂悟後可傳也。趙祖復謂之曰：「二十年後，游燕京謁丘祖於白雲觀，是汝得以行道之時也。」後果符應。

我全眞一派，始於東華，盛於長春。越三百年，有崑陽王祖崛起，重復爲之一振。屈指於今，則又有三百年矣。吳興金蓋山一支，自靖菴陶祖開山，同出自崑陽王祖門下。傳至第十一代閔小艮宗師，始倡方便承宗，不拘出塵在家，道俗隨緣，葷素隨便，不束髮，不易服。上自公卿士大夫，下至輿夫隸卒，一律平等，皆得入道。流傳至今，已百有餘載。今者分支雲壇，遍江浙矣。

愚幼列雲門，畢生學道，喜聞道典丹經，心契無爲妙道，久欲求得眞師，指迷正訛。奈以鮮克當意，荏苒蹉跎。至丁丑冬，年已五十九，避難北市慈厚北里戚家，獲遇林師。同居一室，接宇傾談。因一言之契合，結千載之良緣。復介紹鈞堂親家費先生，於次年初夏拜謁於門下。是年冬，又介紹鄭方正道兄同游其門。林師者，卽林品三先生也，諱金相，恒陽其道號也。晚號長生。江西知名士也。精通周易，道德文章，超邁絕倫。寓滬上已久，創辦上海人學會，兼主講席。門牆桃李，幾遍春申。

愚之紆迴曲折，獲遇林師，此中似有天緣也。劉海蟾帝君有曰：「勤而不遇，終遇聖師。」又曰：「遇而不勤，終爲下鬼。」愚謁師八年。師逝三載，時不忘先賢傳後要悟之言、遇而不勤之戒。今之學道者，一受師傳，俱犯不悟不勤之病，所以克抵於成者，鮮有所聞也。然道有正歧，要亦不可不辨。大道無私，不容吝秘，愚仰體林夫子誨人不倦之誠，聊盡區區導人以善之意，爰將我師曩時之所授受而有錄出者，重加整理，編成語錄，付梓流通，以公同好，予天下後世學道君子之傳後悟、悟而後傳者，各得其便利，俾奉爲南針，是愚之所願焉。

歲在夏曆乙酉夏吳興陸淇園聚陽子別號半道人序於滬南覺雲壇寓處

民國廿七年歲次戊寅

四月初十辛丑黃道吉日第一次講

道生一，太極也；　一生二，陰陽也；　二生三，入乎陰陽之中，超乎陰陽之外也。此人所以爲萬物之靈也。然知其作用，則人靈於物；　失其作用，則亦蠢然一物而已。太極在人身，卽兩孔穴法。艮其背，不獲其身四大皆空，内景；　行其庭，不見其人五蘊皆空，外景。止於至善，爲太極之形狀。天地絪緼返復也，萬物化醇，爲太極之作用。要得還陽丹，海底撈明月。是命功，非性學。咸卦名以基之，恒卦名以繼之。行住坐臥，不離這個。勤有功，怠無益。喜怒哀樂卽是先天大藥，俱有鉛汞。涼氣到爲鉛，熱氣到爲汞。然後能聚以成之也。此授聚陽之訣也。

必造到無爲之境，而後能名登仙籍；　必造到清虛之境，而後能體換仙骨；　必至誠求獲眞訣，而後能得遇仙緣。不登仙籍，則不能換仙骨，縱遇仙緣，亦等於未遇。然何以能無爲，何以能清虛，則眞訣關係也。圓炨炨，光灼灼，本無爲也，本清虛也。虛化神，神化氣，氣化精，順爲凡之事也。順者，順流而下也，以口推口，以竅推竅也。後乃溺於酒色財氣，則有爲矣，不清虛矣。練精還氣，練氣還神，煉神還虛，逆爲仙之事也。逆者，逆流而上也，以口對口，以竅對竅也。此千古不傳之秘，即在日用倫常之中也。故曰：「大道都在人事中操修。」

窮取生身受氣初。犁庭掃穴，使賊遠遁，主人翁方出來。陰消自然陽長，須要見得主人翁，庶近道矣。此授含陽之訣也。

同年夏曆四月望日丙午星期六第二次講

性要悟，悟後要傳；　命要傳，傳後要悟。

黃庭無定位，無極也。性學。黃庭有定位，太極也。命功。眞主坐黃庭。

夫乾，其靜也專，其動也直；　夫坤，其靜也翕，其動也闢。

無事靜坐，坐須無火。無念則無火。念可以無，意不能無。意即黃婆媒也。

四月十六日丁未星期日第三次講

曾子從艮卦得一。大學。

子思從乾卦得一。中庸。

顏子從復卦得一。有過未嘗不知，知之未嘗復行，仰之彌高一章。

孟子從繫辭以仁義接陰陽剛柔一線道脈。

立天之道，曰陰與陽；立地之道，曰柔與剛；立人之道，曰仁與義。

以上四子外，惟周元公知之，但亦語焉不詳。

理依心用功，在念上：善惡。此是外功。氣依息用功，在意上：陰陽。此是內功。

外功，人事，善惡之中有中黃。內功，天事，陰陽之中有中黃。

虛者謂之性，實者謂之命。理依心用功在念上，性也。而達之於事，命也。

在神謂之性，在形謂之命。氣依息用功在意上，性也。而達之於形，命也。

炁在氣內，氣之中黃，即炁也。理在事中，理之中黃，亦炁也。此先天之學也。

聚陽按　欲修大道，不可不參透此義。氣之中黃，尚有人知之。理之中黃，知之者或恐鮮矣。中黃者，炁也。理之中，何以有中黃？理以事顯。理通乎天，盡人合天，惟憑一氣相感召。氣以感炁，則理得中黃矣。氣者，乾坤正氣也；炁也者，天地未分前之先天炁也。修道者，只知在蒲團上用工夫，而不知又要在事理上用工夫。此是內外雙修之妙諦。儒家之學，亦分內外功行。何以言之？窮理盡性，外行也；窮理盡性而至於命，內事也。與我道無二。故希賢希聖之後，繼之曰希天。天者，陰陽不可測，聖而不可知，非神乎？非仙佛乎？上古無仙佛之名，神者，猶言仙佛也。以後不署「聚陽按」三字。

聖賢而不仙佛者有之，未有仙佛而非聖賢者也，則仙佛難於聖賢也。

天隱人中，由人還天。天人合一，而道成矣。按：此言可以細味，道乃明矣。

艮其背，卽止其背。艮，止也。前逐皆不能止有眼、耳、鼻、舌、身、意也，返躬內視，則止於至善矣無眼、耳、鼻、舌、身、意也。

男女媾精，萬物化生。天地絪緼，萬物化醇。「絪緼」二字，又「氤氳」寫法。可知從「絲」從「氣」之意。卽所謂「綿綿不絕，固蒂深根」是也。按：此是師傳初步用功口訣。

待到工夫純熟，不必拘泥。一拘泥，反著相，而入於有爲矣。

造字自天而人順。三有量有邊畫卦自人而天。逆☰無量無邊。

一十✳皆漏，惟〇不漏。有起點，卽有終點。

六十四卦，皆一正一反一變卽中黃也。

咸卦上兌下艮，以艮下卦爲主。

知大道者，未有不知小術；知小術，則大道未之聞。

丹書猶如藥書。看看藥書，豈能就可治病？而況眞訣不在書上。傳，須得肉口訣。

丹書所已說者，如大海之一瓢水；　所未說者，海水也。是非肉口訣不可。但初則難遇，繼則難聞、難信、難堅、難恒，亦無益也。此通病也，十人九犯。。

修性不修命，萬劫陰靈難入聖；　修命不修性，恰似鑑容無寶鏡。壽同天地一愚夫，權掌家財無把柄。

能辨別邪正，即於正道有大功，即爲大智慧。

君子欲志氣也而不貪妄想也，務要心死神活，内境由我，外境聽天。

惟少男少女，完全天性，無人欲。少之時期已過，不交媾則火燒，交媾則水淹，長在水生火熱之中。

子曰：「人之生也直，枉之生也幸而免。」解曰：「人之生也直，上通先天元氣，故直，故能長生。横生曰枉，乃後天水穀之氣，終必饑寒横死。幸而免者，或其前生修福，今生略有善心，幸而不至饑寒横死。」

五月初九日己巳芒種節第四次講

「伏氣不服氣，伏氣不長生；　伏氣必服氣，伏氣乃長生。」伏氣，强忍也。服氣，吃消也。如消化食物然，吃這一口氣，不消，就會相打相駡爭訟。氣從理出，理不可見，見之於事，諸如此類也。

爐內若無眞種子，猶如活水煑空鐺。虎走熟路，最要提防，以恐懼心。去懶惰氣則生正氣。譬如時當昏沉，有人報告，虎追來了或兵來了，立刻能去———生———

我們用功，不是導引，不是搬運。全從動有事靜無事中養出先天端倪此是眞種子。孟子云：「吾善養吾浩然之氣。」一也。動中有靜，有事若無事；靜中有動，無事若有事。此事不是凡事，乃是仙事。按：此是處置動靜之要訣。我們修養之法，已盡情洩露。

「吾身氣血本通流，營衛陰陽百刻周。若是閉門學行氣，豈非頭上又安頭？」此言行氣要行先天氣，後天氣無人不自行，何必用功再行之意。

謙卦謙，虛也。

謙卦辭：「謙亨，君子有終。」虛中求實，卽是丹訣。故「亨，君子有終」，卽身死神不死，仙道成矣。

象曰：「地中有山，謙，君子以裒多益寡，稱物平施。」學道還須行善，散盡家財，利濟貧窮。此二句教人捨財行善。

讀神仙傳記，散盡家財，棄家訪道，不勝枚舉，而丹陽馬祖其一也。

豫卦

豫卦辭：「豫，利建侯，行師。」行師，用兵也。以天理戰勝人欲，卽丹經所謂「民安國富方求戰，戰罷方能見聖人」。

象曰：「雷出地奮，豫，先王殷薦之上帝，以配祖考。」修道還須發奮用功，方能成道，以報父母之恩。卽所謂「一子成道，七祖昇天」。

而邱長春祖師謂，不特地獄餓鬼畜生可憫，直視天人，亦爲之雪涕。回視多生眷屬，多生冤仇，俱在慈光覆蔭之中，則其恩周願溥，悲憫之深，又可知矣。而其多生父母，億劫宗親，之咸得賴以超拔，則更無疑矣。

五月十四日甲戌星期六第五次講

念茲在茲，已屬不易。但還須學到釋茲在茲。釋，放下也。行住坐臥，不離這個。

一日間，十二時，意所到，皆可爲。此入藥鏡之言也。「意所到」或作「動有時」解，亦可。

二六時播種，二六時生苗，二六時收穫，是乃心苗。眞正二氣卽爲種。朝於斯，夕於斯。但純想卽飛，純情卽墮，以皆失其中和也。情令人死，想令人生，想得破，跳得過。

外功是禮，內功是仁。萬欲皆除，而後仁體畢現。

無人師，則無經師。以言語求道隔千里，以書求道隔萬里，以身求道在目前。莫執於親傳面授。

常人一往直前，終身不返，天性汩没，以至於死。聖人知返還之道，失而能復，復性歸命，長生久視。是故孔子曰：「反復，道也。」

欲學仙學佛，必先學儒。欲成一個眞儒，必先知仙佛之道。按：的是至言，非我師不能道。

金剛經第十八段：「須菩提，如來有肉眼否？」此因人看佛太高，以爲另是一種神妙不及的東西，不知尚有肉身可見也，故設此問。

日無盈虧，陽示以宇宙食物全體現象。月有盈虧，陰示以宇宙事物漸次成形。

知以澈始澈終，行以有始有終。無憂無愁，無煩無惱，無紛無擾，無間無斷。君子之道，如斯而已矣。參透此種公案，卽復性之功也。靜坐，要得一口正氣，甚難。不得先天氣，天人不交接，故甚難。動作，要得一口正氣，極易。動作只要合理。合理不合理，人人心中自知之，故極易。

二氣五行，乃造化三才之具。全在事理卽苗種，生出眞正二氣，坐時爲收穫而已。平日功行，務必拼命求寡過，然後有收穫。

此言修道先須立外功，併要寡過，然後行內功，易就易成。

意不能無，念不可有。念，惡念也。

晝觀諸妻子，夜觀諸夢寐。好惡皆空，何用戀戀？

太上感應篇就是修道家一部戒律。是道則進，非道則退。

春到人間，萬物皆新，惟枯木無益。若枯而未盡，尚有一線生機。古來得道神仙，六七十歲以後，始問道修玄，卒成道果。所見不鮮。此大器晚成也。

五言古風

花甲茲已臨，雖臨不快心。所知行尚未，所行知未深。
文王一卷易，伯牙一曲琴。孔子方識相，鍾期始知音。
此中獨耿耿，餘外勿沉沉。大道爲生涯，天機擴胸襟。
不知老將至，渾然忘古今。歲寒天地氣，草木力不禁。
未免壽者相，皓月滿松林。這點眞消息，丹名故曰金。
成丹第一訣，寸草春暉吟。指孝字。孝子完大事。九玄七祖昇。孝敬父母，卽身心之事也。
乾始始以繼，坤生生以承。孝於天地，性命之事也。錫類靡已時，長生果有憑。
從此求聖神，從善乃如登。一性圓明後，變相任谷陵。
三千年開花伏羲氏至文王爲開花，三千年結果文王至孔子爲結果，三千年成熟孔子至今爲成熟。，
此爲道果。

五月二十二日壬午星期第六次講

以靜坐從關竅中絪縕，團結我身中陰陽五行之元氣； 以動作從事理上絪縕，吸收天地陰陽五行之元氣。 動靜交養，內外一致，至德已至，至道可凝，此爲大丹作用之基礎。東方大事已定養道矣，然後可往西天取經了道矣。 遇事感興趣事後不留芥蒂，事罷卽靜坐此之謂念茲在茲，吾身中自有洞洞融融之境不留一物，純是天機。

此之謂內外雙修。 猶是對鏡然，物來則照，物去不留，明淨無塵，內外合一矣。

坐法不注意，則落於無； 太注意，則落於有。 無則無象，無象則失其天； 有則有形，有形則陷於地。

不注無，不注有，此是最端的之坐法。 關尹子曰： 「賢人執於內，衆人執於外，聖人皆僞之。」有無內外各執其一，皆非大道。

身本是物體，心本是欲體，如何能不爲物欲所弊乎？ 故人爲萬物之靈，總是萬物中之一物，不過以「人」稱之而已。 惟性命受之於天，而染於物欲。 從物欲中超拔而起，天卽我，我卽天也。 天卽聖賢仙佛之實，世人徒慕其名，可不回頭猛省乎？ 命在身中，性在心中。 虛者謂之性，實者謂之命。

修道者，修其性命而已。儒家亦不能外此。故聖賢仙佛同也。人爲萬物之靈，不可不知身心性命之學。

「大而化之之謂聖，聖而不可知之之謂神。」又曰：「陰陽不測之謂神。」神也者，妙萬物而爲言者也。可知神大於聖，而難於聖。今人只知仙與佛，而抑知仙佛卽神也？

莊子全書樞要，卽在「與天爲徒」、「與人爲徒」爲言。孔子曰：「知我者，其天乎？」是儒道一家也。

與人爲徒，常人也；　與天爲徒，非常人也，有代天行道之任也。

乾之九四，上下無常，非爲邪也。

聖賢之齊治均平，有形，以身說天下國家也；　仙佛之齊治均平，無形，以天下國家說身也。

君子犯禮，卽小人犯法。小人容或可恕，無知也；　君子定不能恕，故犯也。

讀聖經賢傳時，紙上充滿日用倫常諸事實；　在日用倫常時，胸中充滿聖經賢傳諸義理。

兩兩合爲一事，卽謂之得了一，便先天後天會合。

地水師䷆，卽海底撈月；　水地比䷇，卽五龍捧聖。

臨卦澈地䷒，觀卦通天䷓。

管寧古賢人鋤園見金，視若無覩，是貪嗔癡俱無。華歆同上鋤園見金，丟之牆外，是貪嗔癡全犯了。以天地無涯之元氣，接我之性命。「前對臍，後對腎，中間有個眞金鼎。」

此是初步工夫，然還要曉得天地元氣之義，方可下手。

人不知，而不慍。不悅不樂謂之慍。慍尚且不可，可見孔聖何等工夫！

易曰：「隨時之義大矣哉。」老子謂孔子曰：「君子得時則駕，不得時則蓬累而行。」人能知時，則不慍矣。

「靜坐本分財，事理上橫財。」

比得微妙。本分財，只要勤與儉，無有不可得。橫財固可得，但要有事可爲。行善作福，全在得時得遇，否則仍一籌莫展耳。

子曰：「不仁者，不可以長處樂，不可以久處約。」以其驕奢淫逸爲匪作惡。樂，富貴也；約，窮困也。世上只有此兩境。

仁者安仁，知者利仁。知者稍惡於仁者。仁者，人也。不仁，卽不是人。爲天不覆、地不載、人不容，廢物也。

發千萬貫財，讀千萬卷書，其愚一也，卽財閥、學閥。

以其不會用也。世上如此人甚多，亦愚而可憐也。

萬惡皆生於不明道。道，路也。偈云：「此生何必求長生，欲求長生爲眾生；眾生不明三教理，拚將一生救萬生。」凡不明道者，皆謂之眾生。才高北斗，學富五車，苟不明道，皆爲眾生。

五月二十八日戊子星期六第七次講

知行本是一事，要說合一，便是爲二事。而後强爲合一，卽是非誠也。第五倫漢時人說：「我姪子病，一夜起視七次，每次視還，卽睡着。我子病，一夜未視一次，而不能成睡。」姪猶子也，似此，卽分而爲二，强合爲一。第五倫自己口中說出自己短處，亦不失爲一個直者。

子曰：「由，誨汝知之乎？知之爲知之，不知爲不知，是知也。」說子路强不知以爲知，非也。子路乃誤認不知爲知也。何則？知到九分九厘，尚差一厘，而九分九皆等於零，猶之不知也。孔子欲子路求眞知，眞知未有不行者也。所聞所見，未至於踏實，皆謂之假知。

知行一事，只有時間或早或晚，而無空間不相離也。詩經知之非艱，行之維艱。自工程上說，知之非艱，似畫圖也； 行之維艱，是造屋也。

今人謂知難行易，使知行不通，不能一貫，更將知行分而爲二，其流弊無窮。 使天下人好知不好學，其弊也蕩。

知雖是難，究竟是虛空之事。 知，心之事也； 行，身之事也。 知行分爲兩事，身心便分爲兩段。 所以，知行本是一事，而後人分爲二事。

初之明心見性，無極也無形，作功； 終之明心見性，太極也有形，成功。

魂魄交，而夢境獨立； 鉛汞交，而法身獨立。

初則以魂制魄，繼則埋魂制魄。 煉七還三，煉三還一，至此則超出陰陽造化以外矣。

讀書曰攻書，必要深入。 但深入不能出，亦無益也。要會用，要變化，要活潑。 讀書破萬卷，卽是吃消。如食物然，要能消化。

石不盡，則玉不見。心不明，則性不見。 良心，卽性也。 此又一說法。

薪傳，傳火也，卽口口相傳之義。 書，猶死灰也，是以非薪傳不可得。 無薪傳，卽不能清，不能淨，不能靜。

一身清淨，謂之安爐汞在爐中； 心清淨靜，謂之立鼎鉛在鼎內。

身以物養欲食，心以道養。

天不愛道，地不愛寶，人不愛情。不愛情者，卽盡情吐露，不驕不吝。

我師如此，吾亦如此。天性使然也。

學不厭，教不倦。學不厭，智也；　教不倦，仁也。

肉眼、天眼、慧眼、法眼、佛眼，五眼圓滿。愚者只兩目，明者通身是目。

能見一切有形，謂之肉眼；　能覆冒一切，而無遺漏，謂之天眼；　能見一切無形，謂之慧眼；　能明一切法，能空一切法，不拘於法，而神明於法，謂之法眼；　仙佛衆生，一體無間，謂之佛眼。

看了生情，當用肉眼，則用肉眼；　當用天眼，則用天眼；　當用慧眼，則用慧眼；　當用法眼，則用法眼；　當用佛眼，則用佛眼。謂之五眼圓明，人人可行，而不肯行耳。

作事時存心養性猶如辦材料；　事罷靜坐時修心煉性建屋；　靜坐起立時明心見性住屋。

性乃天命，不分眞假，中庸所謂「天命之謂性」是也。

性乃無邊無量，不得其養，則任性使氣，遺禍無窮

存心如存財然，不可用盡。養性如養物然，養六畜、養乾用石灰、養濕等，種種。

性在心中，命在身中，其間工程，身心易而難，性命難而易。初則以身修命，以心修性；　繼則以命修身，以性修心；　終則了身了命，了心了性，了命了身，了性了心，粉碎虛

空，無罣無礙，身心性命之道，至矣盡矣。外此，無所謂聖賢仙佛也。

大學爲身心之學，而性命隱於其中矣。書上無「性命」字。

中庸爲性命之學，而身心隱於其中矣。全書無「心」字。

孟子云：「盡其心者，知其性也。知其性，則知天矣。」是謂拂人之性，帶說一個而已。

顔淵喟然嘆曰：「仰之彌高，鑽之彌堅，瞻之在前，忽焉在後。夫子循循然善誘人，博我以文禹也，約我以禮一也。欲罷不能，既竭我才，如有所立卓爾。雖欲從之，末由也已。」可當一篇道讚讀。

子曰：「民可使由之。」不曰「民可使行之」。外事易，內事難。

大道玄微，普通百姓，知識有限，根器又薄，只可使由之，不可使知之，而行則更不用談。若使知之行之，反被其大笑非議。此即所謂「中人以下，不可與語上也」。

天人之際，微矣哉。儒以象言天，以理言天，以主宰言天。惟釋、道以形言天，亦確有所憑，但不若象爲人共見共戴，主宰爲人起敬起孝，理爲人所推類而知。在在非天，在在皆天也。形雖確有所憑，然非觀象窮理奉主宰不能幾及也。學者可以知所從事矣。

釋、道二氏，以仙佛神鬼爲專門學，考其歷史，猶在儒之先也。學有專門，功必有成，其所演之經教，則非完全無據可知已。所謂五眼圓明，六通具足，亘古以來，二氏教中，不乏其人，特非道外人所知耳。此天地之秘，不可使盡人皆知皆信。若使盡人皆知皆信，則亦何足貴哉？老子曰：「知我者稀，則我貴矣。」此所以釋、道以形言天，可以與儒家之以象言天、以理言天、以主宰言天並存而不悖也。

先天降，則後天升；後天降，則先天升。呼之終而欲吸，吸之終而欲呼。先後之間，眞元所在也。太極看得見處有一分，看不見處亦有一分，無形則有象。

六月六日丙申星期第八次講

俗學塵世之學、文學、理學、道學，以上四學，以理爲出發點，由理而文而俗，然後進而至於道。

大道難聞，若無三朝天子福，七世狀元才，不能得聞大道。「朝聞道，夕死可矣。」此以死論道，非以道論死。猶之唱曲，順唱語氣未出，須用倒板。人生惟生死事最爲重大。孔子比道之重大，尤過於生死，故云。

仁，天也，性也；義，地也，命也。君子以仁效天，以義法地，而全性命。在上當有萬物一體之抱負，在下當有安分盡職之行爲。

傚法天地以保全性命，而其樞紐，只在固守萬物一體之存心，克盡安分守職之義務而已。人

人有此存心，人人盡此義務，則更善矣。

儒不外於義，道不外於訣，佛不外於法。義中有訣有法，而治儒學者不注意；訣中

有義有法，而治道學者不注意；法中有義有訣，而治佛學者不注意。

非有眞功實學講不出，非有生知天才寫不出。眞我師也！不佞忝列門牆，眞是僥倖，實乃慚愧。

白玉蟾祖師用嘬、吸、舐、閉四法採取活子時。按：我師雖如是說法，但不佞亦未曾

用過。

上等祭品，殺以納氣上等氣味；中等祭品，生肉中等氣味；下等祭品，熟肉下等氣味。學

道有次序：明道、修道、得道、成道。

今人道不明而修，開首就錯了，哀哉！

子曰：「由知德者鮮矣。」初世爲人，決不能與賢者相遇，況聞之乎？遇、聞、信、堅、

恒，此學道有五難也。

一部周易，用以入世，則爲禮法；用以出世，則爲道法。

師在日，惜少問業請益，今無及矣。

老子曰：「亢兵相加，哀者勝矣。」性命要緊，所以會哀。孔子亦曰：「哀而不傷。」

既勝矣，慶祝不暇，安有哀？古今人心不同，世道之所以異也。

旁門有眞訣，只有一訣，事旁而心不旁。外此卽是邪道，傷身害命。

惟道德經中，始終不言。愚作索隱，亦無隱可索也。故愚亦不敢言。

富人大概好財不好禮，所以只知相妨，而不知相成也。

六月十三日癸卯星期第九次講

仙道無他，神氣而已；世事無他，旣濟未濟而已。身旣濟，世亦濟也。神與氣分，吾身卽水火未濟。身未濟，世亦未濟。如何能合？正心誠意則合矣。如何會分？心亂意雜則分矣。內聖外王，內仙外人，其義一也。

意到筆隨，有如剝繭抽絲，又似盤中走珠，已得自然之妙。非養到功深，曷克臻此？

知止於心，則身定矣，靜矣，安矣；知止於性，則心定矣，靜矣，安矣；知止於命，則性定矣，靜矣，安矣。此皆謂之功夫。慮與得，則效驗也。爲道不在多言，力行要緊。

以上功夫，逐漸而進。「身」「心」「性」「命」四字，須要辨別清楚。非讀過大學，不足與語此。

大學「明德」，卽性也；「明明德」成己，卽「天命之謂性，率性之謂道」也；「新民」成物，卽「修道之謂教」也；「至善」，卽中庸也。

「大學之道」句下，連接三「在」字，卽最要緊之意。一切不在乎，只在乎明德、新民、止善。小學之道，所在不同，在言語文字，在富貴利祿，在進而至高。

大學首章，就可作道書讀，儒家亦不能外此，所以儒、道一家也。不但大學，中庸亦然。先哲有言曰：「儒家之中庸，卽道家之黃庭也。」

仁爲道之全權代表。義，路也。禮，門也。智以入內，信貫四德。仁無信，則爲假仁、假義、假智、假禮。得諸聽聞思想，而非出於躬行，皆假也。

仁、義、禮、智、信爲五常之目，而仁與信，尤爲最要者也。仁者，人也。既爲人，必不可以無仁。而信居仁、義、禮、智之中間。人無信，則不能自立，將何以爲人？

一元初闢人天路，萬古常明日月鐙。

生人生物生仙佛，其義一也。

華佗說：「流水不腐，戶樞不蠹，民生在勤。」

勤是生意生氣，懶是死態死機。年老之人，尤宜勤動，養生之道也。

腹中最爲黑暗世界，全賴一點光明之一顆心，故曰心鐙、心火、心爐。

倘自己觀不見自己的心，修道則何益哉？所以清靜經教人先自觀心。

夏令精化爲水，汗多亡陽，至秋乃凝。夏令尤貴保精，養身之要道。

儒、釋、道三家，各有其家。儒爲人間的家，亦有天上的家；釋、道爲天上的家，亦有人間的家。大凡無家可歸者，皆有罪之人也；有家可歸者，皆無罪之人也。罪人所歸陽間之牢獄。陰間地獄，其義一也。天地一大牢獄也，皆是帶業往生。惟能超乎天地陰陽以外，庶得免帶業往生。

孔子言老安、少懷、信朋友，五倫之中，獨重一「友」字，何也？蓋以父子之間，能行以朋友之情，則父慈子孝矣。推而至於君臣、夫婦、昆弟，無不皆然。

孔門謂：「父子之間，不責善，責善則離。」惟能行以朋友之情，則可以補救。爲父子者，當知所取法已。

隨方就圓，不拘於法，而神明於法。

此言爲人，要應事隨機，不可不知權宜之道。

西南東北得朋喪朋解。後天八卦，離、坤、兑，屬西南，爲陰；坎、艮、震，屬東北，爲陽。一爲入世，一爲出世。喪亦得也，卽「得友」之義。「反」字出頭，卽爲「友」。男女本相反，一出頭，便爲友，故詩曰「琴瑟友之」。

論語首章三「不亦」，前以對成己言，後以對俗情言。當其可之謂時，先事試驗之謂習，天君泰然、百體從令之謂說；同類之謂朋，朋以外之謂人，皆大歡喜之謂樂；不悅不樂之謂慍，始終如一之謂君子。此千古大學之案也。古無「學」字，在高宗時傳說發明之。

非有眞功實學，曷能研到入妙入微？機杼自出，如林師者，不愧爲一個眞儒，在當代不可多得也。

七月二十六日乙酉星期第十次講

周濂溪云：「天地間至尊者道，至貴者德，至難得者人。人而至難得者，道德有於身而已矣。」

一切惟心心可憐，朝朝學栽火裏蓮。一腳踏破蓮中火，始信蓮花九朵全。

贊論語首章：宗廟初開第一關，志心皈命莫偷閒；學成解慍眞人現，三級功夫九轉丹。未拜獅王先拜素，素王源也獅王流；誰能成就不由學，一字如天覆已周。

贊巧言章：休復之吉以下仁，仁乃果核中肉，杏仁桃仁名以揚。在人身中，號曰天性與天良。欺人者自欺，傷人者自傷。木以根深而枝茂，水以源遠而流長。人以心爲根源，以求學治事爲疏濬培植之方，而壽命乃得以無疆。吁嗟乎！萬般身外物，得失何足量？惟此本心不可亡，聖人之情見乎辭，辭以鮮而婉商。

管寧爲自然合道，華歆爲矯情干譽。二人靜坐，聞門外喧嘩，有貴人經過，管則若無聞見，華則奔出瞻仰。

五倫全指一個人則五常全，五常全則五行全，五行全則五氣全，春夏秋冬季，備於周身之内矣。

數生於一，先天也；　而止於五，後天也。故天數五，地數五，合之則爲十，而數全也。數之始，亦一氣耳，故曰氣數。彥謂「氣數已定，無可挽回」，確是有道語。特知其然，而不知其所以然耳。人人不能離五數以爲人處世。若缺其一，卽不得謂爲全人，眞與禽獸無異。

李二曲、顧炎武、孫夏峯、黃宗羲爲清初四大家，有李二曲全集。

閏七月十八日丙午星期第十一次講

氣自經傳子史書說足，神從天地日月山河完。

靜中煉氣，龜息綿綿，心頭不阻三千界；　鬧裏凝神，鶴胎隱隱，眼底能空百萬兵。

我爲蒼生，一掬傷心淚；　世有知己，共讀太平書。

初禪念住，二禪息住，三禪脈住，四禪滅靜定。

不著一切，專求實義。處大事若小事，處小事若無事。

人苦於不知，卽有所知，不可以不學。

九方皋善相馬，見人之所不見，而不見人之所見； 見人之所不及見，而不見人之所及見。

八月十六日甲戌寒露第十二次講

植物能豎而不能橫，動物能橫而不能豎，惟人爲萬物之靈，能橫豎自如。 然植物生氣多，動物殺氣多。 倘豎如植物之豎，卽壽命延長，亦蠢然一物而已； 橫如動物之橫，卽勇敢有爲，亦紛然眾物而已。 直等於草木禽獸，而不自覺也，而且自以爲得計，何靈之有乎？ 惟聖惟賢，豎以效天法地，無不覆也，無不載也； 橫以經天緯地，無不通也，無不理也。 此之謂眞靈，此之謂眞人。

人之所爲貴者，爲其豎以效天法地，橫以經天緯地。 如曰不能，則一普通平常人也，不足以謂爲萬物之靈。 可不奮勉乎哉？

春夏者，天地從先天降後天也； 秋冬者，從後天還先天也。 一切事，處處作如是觀。

萬事萬物，不外循環之理。 是故孔子曰：「反復，道也。」

常人不知寶貴性命，所作所爲處處拼性命以博身心之愉快。 學者要救性命，非知還返之道不可。欲知還返之法，「觀天之道，執天之行，盡矣」。

「性命」二字合言，人人可以知其義；「性」「命」二字分言，非研道明道者不知也。

身，果也；心，果核也；性，核中之仁也；命，仁之再造成功，卽所謂「重振胞胎，再造乾坤」。

如此解釋「性命」二字，最明顯莫若也，人人皆得以意會之。

中庸第二十三章「言誠」八句「其次致曲」至「爲能化」，卽八卦爐鼎。誠以性見，心則不能誠，爲其時時變化不定也。性在心中，是爲誠性，又爲良心。

性與心之分別在此。性本善而不變，心則隨時變化，心性一體，是可謂非常人已。所以欲煉心，不如養性，則心性俱澄靜矣。

八月二十二日庚辰星期六第十三次講

元精、元氣、元神，本也；眞一之氣，本之本也。眞一，純也。交感之精，呼吸之氣，思慮之神，降本流末，而生萬物者也。元則已含二矣。

生則死之漸也。世人以死爲生，故以交感爲樂，任情縱欲。不任不從，反以爲病。如敗家之子，不敗不樂，則欣然矣。惟聖人逆而修之，以氤氳爲還返之法，成不漏之果。眞一之氣凝結，而超出天地以外，豈第與天地共長久哉？ 天地有壞，而我不壞也。

二氣、五行、三才，爲十大物象。 人能以一象運用九象。

一象者，人也。 所以人爲貴也。 其九象皆不出我手掌之中也。

心明，而後可以修身； 見性，而後可以修命。 格物致知，誠意正心。 心以正言者，言其用也； 心以明言者，言其體也。 意卽心也，誠卽性也，心性皆物也。 格物致知，卽心之内外透明，性之全體畢現也。 身爲二氣五行之形質，命爲二氣五行之菁華，菁華在於形質之中。 形質無虧，菁華自然團集。 自天子以至於庶人，壹是皆以修身爲本。 換言之，卽自聖賢仙佛以至於凡庸，壹是皆以修身爲本也。

如剝繭抽絲，織成天孫文錦，任意剪裁。 非有眞實學問、眞實功夫，曷可臻此？

全眞是，則丹經非矣； 丹經是，則全眞非矣。 不全眞，如何能運用丹經？ 得其道，二者皆是也； 不得其道，二者皆非也。 若然則惟有一二合用，或可使得全眞不離丹經，丹經必不離全眞。

據師說，我亦未曾經過，姑存之，待再質諸當世高士。 丹經指燒茅、煉汞、陰丹皆是。

謀道供心食供體，雙修性命效完全。

陰腧、陽腧、陰蹻、陽蹻、任、督、衝、帶是爲奇經八脈。

八月二十九日丁亥星期六第十四次講

天地人三才，一氣聯貫而已。天施地生，萬物成形，人因之以成萬事，皆氣之所發也。「發」字要著眼。氣聚於中，而發於外，故氣不可以不發。惟不可以受傷「傷」字著眼，以天地應人事，以人事應天地，無二致也。天地費而隱，人事費而顯也。氣聚於中，其體也「體」字著眼；發於外，其用也「用」字著眼。中「中」字著眼爲五臟六腑，外著眼爲五官四肢。臟腑各爲一氣，則體不協矣，不協卽受傷；官肢各爲一氣，則用不協矣，不協卽受傷。蓋不協，則戾氣萬端，疫癘瘋狂，刀兵水火，諸災並興，傷何如乎？臟腑聯爲一氣，則體協矣；官肢聯爲一氣，則用協矣。協卽不傷。蓋一協，則和氣一團，康健愉快，清平光明，諸祥並現，何傷之有乎？「致中和，天地位焉，萬物育焉。」誠哉是言也，人人可爲，人人不能立志發願以爲之，此所以有聖賢仙佛也。

照書行事，必生弊病。如漢之王蟒，亦是博古通今之人也，惟其執著行事，讀書而不透澈，所以壞事。揚雄，字子雲，王蟒之大夫也，著有大玄、法言兩大著述。大玄仿周易，法言仿論語，亦是經學大家，何以佐王蟒反致敗事？此皆由於照書行事，不會變化貫通之所致也。

九月重陽丙申星期一第十五次講

再授聚陽。學道之人不悟眞，只爲從前認識神；　無始以來生死本，癡人喚作本來人。識神，卽人心也；　道心，乃爲元神眞君。道心、人心之別，別以内外而已。坎以一陽藏於内，故外暗而内明；　離以一陰炫於外，故内暗而外明。

再授含陽。曰天心，曰道心，曰人心，曰欲心。天者，道而已；　人者，欲而已。天生人，天而人矣，則道藏而欲顯；　人順天，人而天矣，則欲化而道行。天心、道心，坎象也，一陽主於返聞收見；　人心、欲心，離象也，一陰主於逐聲尋色。知進而不知退，知存而不知亡，知得而不知喪，離爲之也；　知進退存亡而不失其正，坎爲之也。心坎心坎，人人知之。坎在何處？面授。千古不傳之秘也。

小小房兒卻不多，能包天地及山河；　其中有個眞仙子，不染塵垢上大羅。

九月十四日辛丑星期六第十六次講

周君紫珊扶九先生令孫臨終時，異香繞室。史載生時有異香繞室者，死何以未之前聞也？　以此身爲四大假合，死則地枯矣，水腐矣，火焦矣，風息矣，安得有香乎？　有香者，其惟金剛不壞之佛身乎！地水火風，皆化而爲金氣也。周君紫珊，於癸丑四月，適逢初八佛誕之日。斯時正身端坐，口念「阿彌陀佛」，欲舉右手合十，不能驟合。僕從旁不知其意，撒之。君力捺之，復强合焉。頭一仰，飄然而逝。其夫人剛登樓電召醫生，下樓見此景況，大哭，怨僕未大聲疾呼。僕云：「力能捺人，萬不料其卽逝者。」逝後異香繞室，連接五日。每日子初生香，綿綿延延，飄飄渺渺。在室者，無人不聞。香至午後而散。是純陽之徵也。純陽，卽純金也。純金，卽金剛不壞之佛身也。蓋君以處此五濁惡世，能超然於世俗之外，有富貴而不與，亢而反潛，眞誠渾樸，此地中金氣也；無一切嗜好沉溺不返，此水中金氣也；無一切忿怒爭競不化，此火中金氣也；無一切執著戀戀不捨，此風中金氣也。氣以化身，身以生香也。以此知成佛甚易，如周君者，卽可矣。於此知成佛甚難，如周君者，有幾人哉？故曰：「難難難，八十老翁餐鐵盤；易易易，新竹一刀快又利。」難易在一轉移間耳。轉移在人之爲與不爲而已矣。

邱長春祖師，仙蛻於北京白雲觀時，異香滿室，數日不散，皇宮內亦聞及其香。

五行中，行行有金氣。木無金，不能堅固持久，又不能成材；水無金，則水不能澄清而枯涸，及混濁生蟲；火無金，則火爆裂而莫能遏，山爲之崩，地爲之裂；土無金，則成塊壘之土，萬物不生。童山無樹木，卽土無金氣也。

乾金不行。乾金，亢金也，故不行。務必經過火與水，然後乃行。坎金不行。坎金，水中金也，是爲乾健之金，萬古不滅，乃金剛也。乾金眞行。乾得坎離，乃爲眞正乾金，故眞行。

九月二十一日戊申星期六第十七次講

三教經典，皆三教聖人焕乎其有文章也。其提綱只有一，人是也；其題目有四，身、心、性、命是也。

佛門心經，爲佛道總樞紐。金剛經，爲佛法總樞紐。道爲體，法爲用。故世尊說法四十九年，三藏十二部，皆法也。

金剛般若智慧也波羅蜜彼岸也多到也心經：「觀自在菩薩，行深，般若波羅蜜，時。」按右數句，爲心經之提綱。「時」以下經文，皆言效驗。

寓意於言，謂之寓言；寓言於名，謂之寓名。

九月二十八日乙卯星期六第十八次講

所傳功法，既非搬運，又非導引，純是從涵養中生長出來，爲天地籟，而非人籟。

人身中精、氣、神，名曰金精、金氣、金神，不能離乎金。金不怕煅，而怕鎔。煅則剛，鎔則散矣。

金，純陽也。平常人精、氣、神皆陰，煅之則爲陽。煅，卽修煉也。

誠者，愚也，其愚不可及也。

所謂「難得糊塗」，此糊塗非是本性生成之糊塗，乃是從涵養中養出来之糊塗。

春秋善惡，不嫌同辭，便是空文字相。凡讀書看書，及參閱丹經，先要空文字相，不宜執著。猶之同一「做得好事」一句話，其褒貶不同。其分別在於口吻語氣之間。譬如責人罵人：「你做得好事！」實在因其做得不好，而責之詈之也。

所謂空文字相者，亦不僅如此類而已。而範圍甚廣，要識變隨機。總之，胸有成竹，又不可執著。孟子曰：「盡信書，則不如無書。」讀此，可以領悟矣。

十月初五日壬戌星期六第十九次講

凡坐功，斷斷不宜著意。所謂妙道自然，既非搬運，又非引導。書曰：「恭默思道。」知乎此，則天地絪緼，而萬物化醇矣。易曰：「天地無心以成物。」我人靜坐用功，亦宜如是如是。若有意，若無意，方是妙境。

此是靜坐妙諦，的是太上心傳。林師自謂宗道不宗教，而實是太上嫡派所傳，總不出乎混玄門下也。龍門邱長春祖師首座弟子尹清和宗師有曰：「坐時和心性也不要有，無性無心，方得神通聖。」與林師所言，一貫之道也。道藏「井」字下第一千零十七册有清河眞人北游語錄，大可深研，書有珠玉。

子夏哭子喪明，尚屬身心之學，未進性命之學。其言曰：「入聞夫子之道而樂，出見紛華靡麗而又悦。」於此，更可見其所學之淺深矣。

僅就哭子喪明，以觀其所學，已知其尚未聞道也。我儕一介愚夫，亦得聞道，眞是千生萬倖也。

人家逢迎我，如以水淹我也，所謂「說得三句好，去了一邊腦」，須要預防；如聞人家說我壞話，便要動氣，如以火焚我也，隨時宜戒。此卽丹經降龍伏虎，其義相通。

自聆師訓，增我幾多識見。火焚足以傷身，水淹亦自可害體。惟涵養功夫純粹，火不怕，水亦不怕。以火焚我，我自有眞水能制他；以水淹我，我自有眞土主意能尅他。玉皇心印經云：「入水不溺，如火不焚。」非養到功深，其烏能之？其他貪色之人，亦不可不知水淹火焚之戒，其禍尤更烈也。

孔子年十五，已無書不讀。又浮沉於學海十五年，至三十歲，誕登道岸矣，又曰到家矣。又十年，踏進心穴。再十年，踏進性穴，年已五十矣。前十年爲有爲法，後十年爲無爲法。因物付物，再行無爲法十年，年已六十，明心見性，無一時爲外物所蔽，絕無聲浪之悖逆、逆耳之聲浪。六十以後，不用無爲法，而用有爲法。是故年至七十，全體皆道，心藏萬有，無往不適，變化莫測，不可思議，嘆觀止矣。眞古稀也。

我於是得見我師孔學之深造，確已升堂入奧久矣。否則，安能描摹入微，點出心性二穴？尤非道學兼優不能道。與孔子之心一心也，與孔子之身一身也，與孔子之道一道也，與孔子一鼻孔出氣，確得孔聖心傳。我師此著，在六十五歲時所作，道已大明，且已有所得，故能道出孔子爲學所經之程序，自有爲以至無爲，再由無爲返至有爲。修道程序，確實如此。不觀夫老子「無爲而無不爲」一語乎？道既大成，則亦無所謂有爲，無所謂無爲，有無皆可，道備一身。於斯時也，則已通天澈地，咫尺八荒，安有不從心所欲哉？

十月十九日丙子星期六第二十次講

五倫無虧，則五常無虧。五常無虧，則五臟無虧。五臟無虧，則五官無虧。五官無虧，則五氣無虧。五氣無虧，則五行無虧。五行無虧，則與聖賢仙佛一體矣，已超出氣數以外矣。

今者國體變更，「君」「臣」字樣，已不適用，而五倫不可廢也。「君」「臣」二字或改「國民」，或改「上」「下」。師曰：「天下事事物物，皆不能離乎五數。天數五，地數五，雖天地亦不離此五數也。數學精微奧妙，神化莫測。邵康節先生，推皇極數，言人禍福，應驗如神，以其數與天地同生也。」

東西南北中，道之列爲位，不列則無位矣。

水火金木土，道之散爲質，不散則無質矣。

一三五七九，道之分爲數，不分則無數矣。

春夏秋冬季，道之佈爲時，不佈則無時矣。

仁義禮智信，道之尊爲常，不尊則無常矣。

眉眼耳鼻口，道之別爲官，不別則無官矣。

他如心肝脾肺腎，青黃赤白黑，君臣、父子、夫婦、昆弟、朋友，無不由五數而定也。

天地爲大胞胎。這個胞胎中，經幾百年，方能產生幾個聖賢仙佛。聖賢仙佛，方謂之眞人。其餘都在大胞胎中化成膿血，而成小產。此刀兵水火之災劫所以浩大也。

諺云：「天生人不易。」眞人、至人、完人，必待數百年，應運而生也。

十月二十六日癸未星期六第二十一次講

心爲身之主宰、性之胞胎、命之工師，故佛以心名經，而該身性命，密教也。密莫密於心也。

性在心中，命在性中，心在身中，故儒以修身，而該心性命，頓教也。頓莫頓於身也。

分而言之，佛密而儒頓； 合而言之，密中有頓，頓中有密，密不離頓，頓不離密也。

我師嘗謂：「欲成一個高僧、高道，不可不先學儒； 欲成一個眞儒，不可不通釋、道二氏之學。」斯言實有灼見。

孔子一生，以學者自命。初則講其所學，繼則學其所講。

古諺云：「三日不看書，便覺語言無味。」可想見古人勤學有如此。

十一月初三日庚寅星期六第二十二次講

達觀往昔千千聖
- 呼吸分明卽是仙（第一層功夫未純熟）
- 了却呼吸卽是仙（第二層功夫已純熟）

人盡在酒色財氣之中。臨酒卽是酒之呼吸； 臨色卽是色之呼吸； 臨財卽是財之呼吸； 臨氣卽是氣之呼吸。

酒色財氣四座牆，多少迷人在中央。有人跳出牆垣外，便是長生不老方。

「酒」「色」「財」「氣」四字，不可僅僅在字面上解，須要推廣言之，則得矣。他如貪嗜口味，滋補養生，亦酒也； 沉迷聲色，喜悅奢華，卽色也； 干求聞達，享用奢靡，亦財也； 言語動作，過度失中，卽氣也。均在戒之之例。

「高山頂上一鐘泉，流來流去幾千年。有人識得泉中味，便是長生不老仙。」即醍醐灌頂之意。

如來所說法，無有定名，亦無有定義。即是要活潑潑之意。

庸言俗語皆至道，所以舜好問，而好察邇言。庸言俗語大都成之於自然。自然者，道也。故得代代傳流永久不滅。

孔子曰：「易簡而天下之理得矣。天下之理得，而成位乎其中矣。」

道貴存思靜悟，不在多言。

求知／
求學＼心

孔子，聖人也，尚求學，非僅僅於求知。凡人不宜求知而止，總須求學方得。

從性上行一分，卽填實一分命也。

此「性」字，不專指坐功言。所行者，性上內外二事也，卽性理並參也。

百聞不如一見，百見不如一聞。在用心專與不專也。

戊寅十一月十七日甲辰星期六第二十三次講

求知 ╱ 理解 ╲ 心解　身解　身體 ╱ 實踐 ╲ 履行

西游記云：「死的背著活的走死的，形也，活的反被死的埋活的，神也。」

言陰陽莫顯於言男女，莫大於言天地，丹經上之比喻尤更多。

丹家以少女爲虎，有寓意。又有稱金丹爲妙丹，亦有寓意。

精生有時。喜怒哀樂，皆是陽生之時。

喜怒哀樂之未發，性也。一陽動也，卽須採煉，作爲丹頭。若已完全發之於外，則無用矣，眞性反傷矣。

師座左右，謂之函丈。但有盲師、明師之辨。苟得明師，惟此函丈，眞空妙有； 惟此函丈，金城湯池。故在一丈之內者，會心萬端； 在一丈之外者，覿面千里。能毋凜然立誠、肅然起敬也哉？

如雞抱卵心常靜，似鳳朝陽身永熙； 意念從茲有着落，氣神自此無分離。

宇宙間有三大牢籠，天地爲一大牢籠，人物爲一大牢籠，鬼神爲一大牢籠。此三大牢籠不能跳出，卽不能聞無上至眞妙道。故人所以不能聞無上至眞妙道者，一阻於天地，再阻於人物，三阻於鬼神。孔子曰：「先天而天弗違，後天而奉天時，天且弗違，而況於人乎？況於鬼神乎？」斯無所阻矣。

其人夙鮮根器，卽道在目前，覿面千里。縱使强爲援手，亦拖不出這此三大牢籠。愚素喜雲朋霞友，但多年來，寥寥無幾人。近更半多物化，使愚意興索然，徒深感慨爾。

肉口訣，又有所謂肉口供。行訣以後，說出所行之經驗效果，謂之供。

欲知山下路，須問過來人。按：此比喻微妙深切。

往往有一種道販，或寅緣逢迎之人，慣用探口氣，仰鼻息，一鼻孔出氣之法，不得不防，免墮落其術中。

戊寅十二月初二日戊午星期六第二十四次講

守養一百日䷗　守養二百日䷒　守養三百日䷊　守養四百日䷡　守養五百日䷪　守養六百日䷀

守，守黃庭也；　養，養谷神也。下關守養六百日，中關守養六百日，上關守養六百日，總共經過一千八百日之守養，縱不能到純陽地位，而陰神工夫，綽綽有餘，仙道不遠矣。

此守養期內，不可有漏，有漏卽名倒丹，前功盡棄，須重整旗鼓，戰勝强兵。惟蟹蝦二物，最易動陽，宜戒食。而蟹尤甚。愚前曾貪嗜口味，致漏一次，悔已莫及。更宜減少飲食及睡眠，陰濁不生，清陽日長。

無形無象中，煉出有形有象，如鬼與狐煉出人形來。

有人以仙道爲妄誕，以其少見也。以狐鬼推之，有耶？無耶？

應事接物，卽是人事中修持。

所以道在倫常日用之中，特百姓日用而不知耳。既知之，自當時存道念，應事接物，務求不背乎道，則得矣。

陰陽之眞氣，會於人之〇宮，以生男育女；　眞氣與正氣，會於天地之〇宮，以生佛生仙。此理微妙，大可研求

彭祖之術，延年益壽。不正。老君之道，成佛成仙。正道。

活子喜樂、活午哀怒，皆是生藥採藥之時。

如何採法？　惟在靜默。宜辨老嫩，老不足用矣，前已言及之，不妨前後參看。

心靜氣定爲基，心忘氣凝爲效，氣息心空爲丹成，心氣混一爲溫養，明心見性爲了道。

太上無上上乘妙道之修養功法及程序，如此而已，宜細參之。

存心若地載天覆，到眼如冰融雪消；　無甚物能逃賞鑑，有斯人克配松喬。

紫氣東來好出險既知時機已到，卽當行，雞鳴怎不度秦關時已至矣？　行囊決意拋金玉，只要

完全性命還。

得一分仁補一分肝，得一分義補一分肺，得一分禮補一分心，得一分智補一分腎，得一分信補一分脾，此之謂之修煉。修煉得其道，可得長生。

五爲氣數，造也；　六爲時數，化也。氣數時數，通乎造化。參得透，則造化亦自有把握。

聚陽得訣後詠懷十首呈師指政 戊寅冬月作，附錄於此

大道原來玄又玄，我年六十得眞傳；方知自作聰明誤，往事低徊意惘然。

得訣歸來好看書，書中啟迪已先余；只緣未有開關鑰，誤我韶光十載餘。

天地絪緼二氣中，人能識此奪天工；身中原有一天地，萬物化醇一貫通。

道生於一法多門，妙契先天是道根；欲識個中眞妙訣，須憑肉口指心源。

大道無奇任自然，若無若有契先天；修持不外倫常事，能作完人可學仙。

身心性命理難擒，命在身中性在心；性命身心分可合，能言端的是知音。

六經周易道之宗，學道緣何不問蹤？孔老殊途同一轍，盍觀問禮嘆猶龍。

道本須臾不可離，儒修道學兩無歧；如來同此一乘法，我祖人稱三教師。

千生有幸遇明師，愧我天生朽木姿；日夕戰競誠未至，孜孜盡性十年期。
血統何如道統尊，親恩遠不逮師恩；一經汲引蓬萊路，七祖昇天謁帝門。

戊寅十二月初九日乙丑星期六第二十五次講

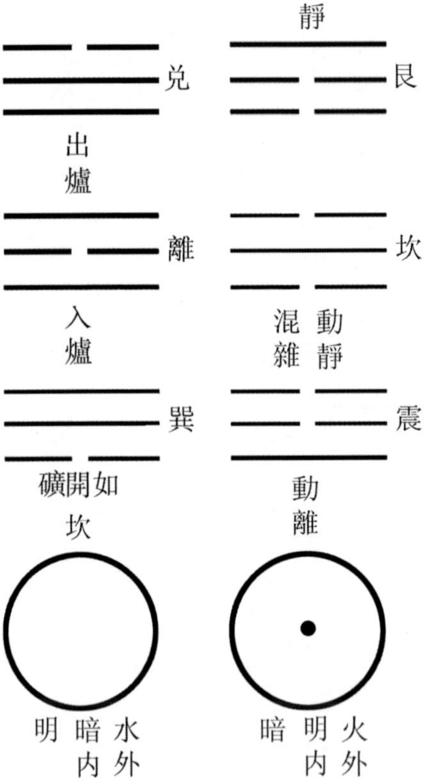

深得「大哉乾元，萬物資始」之旨，故所存養，皆爲一團祖氣；深得「至哉坤元，萬物資生」之旨，故所云爲，皆爲一團和氣。

注重在「始」「生」二字之義，道之所自出。

學道者不可不明此義。卦爻用九卽用終，用六卽用中。中卽空也，空卽中也。空中處，五行攢簇，四相和合，是故佛爲空王。行住坐臥，只要求出一個「空」「中」二字來，便是無上妙諦。不空則不中，不中則不空。空則中矣，中則空矣。空則中無所著，便一無所有，中無定體，隨時而在。

修道功夫，全盤托出，此的是太上不二法門，薪傳一貫，此卽道德經「守中」之法。

長生久視，內視自己家鄉家業卽天地之祖根。不外視而凝結者，內視也；不外聽而凝結者，內聽也。

拼將性命，以博身心之愉快。聲色貨利，凡夫俗子所爲。

拼將身心，以求性命之還源。清淨無爲，修道志士所爲。

戊寅十二月十六日壬申星期六第二十六次講

不能粉碎，卽不得虛空。不遇明師口訣，萬不能粉碎虛空。

格物，致知，誠意，正心，修身。

世間之眞人號曰仙佛，此爲五層道級。了心、了性、了命，此爲出世間之眞人；由齊家、治國、平天下，此爲入世之眞人。入世間之眞人號曰聖賢。此爲五層冠蓋。

窮取二字注意生身受氣初「初」字注意。

解曰：何以謂之初乎？來的關竅是也。何以謂之取乎？外而五官，內而五臟，集中一氣，由此中氣，生出一團中和之正氣是也。取以行，取以住，取以坐，取以臥；喜來喜取，怒來怒取，哀來哀取，樂來樂取；臨酒而取，臨色而取，臨財而取，臨氣而取；時取點數，日取滴數，月取斗數，年取斛數：方謂之窮取。

此「窮取生身受氣初」七字，修道靜坐秘訣，至此盡矣。神而明之，存乎其人。

想得好，不如說得好；說得好，不如行得好。想得有味道，不如說得有味道；說得有味道，不如行得有味道。想得好，窮理也；說得好，盡性也；行得好，以至於命也。有味道亦然。

身心受之父母，性命受之天地。須要細想分別出來。仁至義盡，卽剛至柔盡，陰至陽盡，三才會於一才矣。細味可得。

心境無限量，當以身限量之；性境無限量，當以命配合之。

此四句，何等深刻？非功行純粹不能道。的是金玉之言，不可不細嚼辨味。

虛者謂之心性，實者謂之身命。眞心卽性，眞身卽命也。

心性與身命之别，辨之以虛實。心與性、身與命之别，辨之以眞幻，卽可分晰清楚。

採藥尋眞到虎溪，溪中虎正作雄威；被吾降服牽歸舍，出入將來當馬騎。

凡做人，四面環境皆是虎，只要善於降伏。

西游記：「誰個有本事的鑽進去水簾洞，探一個消息出來。要不傷身體。」「哈哈。裏面一個好家當也。」惟行者能進去，能知好家當也。

以術延命，乃黃帝悲其貪著，因其勢而利導也。

古今文法不同：古文簡而文，文在中也；今文繁而文，文在外也。

存誠，六門大開可也。眼、耳、鼻、舌、身、意爲六門。

閑邪，六門緊閉可也。

文王於艮卦言身，坎卦言心，從未露出「性命」二字，爲其不欲洩大道之秘。

孔子於乾卦言性命，於兑卦言朋友，洩出妙道之秘。

䷉乾上兑下，乾爲天，兑爲澤，讀曰「天澤履」。履者，履行身心性命之大事。「履虎尾，不咥人，亨。」凡人行事，都是履虎尾。有道的人履之，就不咥，故亨；無道的人履之，定要咥人，就不亨。

乾爲君象，兑爲羊屬，伴君如羊伴虎眠也。

象曰：「履，柔履剛也。說悅中和氣也而應乎乾，是以履虎尾不咥人，亨。剛中正，履帝位而不疚行一不義，殺一不辜，而得天下，皆不爲也，光明也。」

象曰：「上天下澤，履。君子以辨上下，定民志。」「不安分」三字，而天下亂矣。

補戊寅年十一月初一日戊子冬至節

授鄭承陽。初關煉精化氣，須知精生有時，時至勿懈，行住坐臥，不離這個。這個中間，冥冥生精，卽陽從陰生也。窮取生身受氣初，卽是這個中間；本來面目出現，卽是眞主坐黃庭。

天地絪縕萬物化醇訣。「結胎」二字篆體。

民國廿八年己卯歲

正月十四日庚子星期六第二十七次講

於人則曰做人，然做人必有材料。五倫克盡，五常無虧是也。於賢則曰希賢。於聖則曰希聖。然希聖希賢，必有法則。尊重道德，淡薄名利，盡其在人，聽其在天，盡其在己，聽其在人是也。於仙則曰修仙。於佛則曰修佛。然修仙修佛，必有訣竅。從心中復性，身中復命，入乎天地之中，開身心性命之花，出乎天地以外，結身心性命之果是也。耳、目、口爲外三寶，精、氣、神爲內三寶。外三寶涉於非禮，內三寶自然散亂昏沉；外三寶不涉於非禮，內三寶自然凝結團聚。然總以心爲樞紐。禮者，心之安宅也。禮以制情，心火自息其焰，妄想自滅其跡，而光輝發越，吾身中金玉滿堂矣。

人到情不自禁時，用心以制之不若用禮以制之，此是眞實義。心者，瞬息千變，捉摸不住。故用心以制情不若用禮以制情之爲得也。

林師曰：「今年六十五歲，卦數以滿。在戊寅年說。九月至十二月，復命百日，築基方告成功。以前塡實性基，今已塡實命基矣。」

性盡而至於命，則其性已見可知矣。至癸未年仙蛻，經此一千八百日復命之功，則其性命大事已了可知矣。故能無疾而終，神昇天界。是日小有不適，午餐如常，日間起居，一切不改，正夜半長逝。面色如生，五官不改，聚陽曾目覩送殮。前三日其二公子遠在鎭江，忽然不召而歸，非天之報施有道之善人乎？

再言塡實命基之理。築基百日，君火息焰，相火不敢妄動，保守溫度，不流於熱度，此之謂溫而理，卽黃中通理是也。君火不動，相火要動，便是命基不固，此之謂熱而亂。

既聆師訓，始悟丹經上說馬陰藏相，確是好現象。命基不固，斷不能如馬陰藏相也。

一卦六爻。—天分　—天機　—人分　—人機　—地分　—地機　此重乾卦式也。

五氣數，六時數，卽所謂五蘊六氣之中．人物皆以氣數而造，以時數而化，故曰有數人物。

可知人命之富貴貧賤，壽夭榮枯，時之遲早，預有數定，不用强求。所以君子達天知命。不明道之人，斷不知此。勸世人，快快明道，可省多少煩惱、增多少識見，不一定爲成仙作佛也。

正月二十一日丁未星期六第二十八次講

河圖先後天混合一氣，數之源也。洛書陰居四隅，陽居四正，進火於金位，進金於火位，烹煉金丹也。

由河圖而洛書，無極而太極。太極動而生陽，靜而生陰，一動一靜，互爲其根，分陰分陽，兩儀立焉，降本流末，而生萬物。

由洛書返河圖，五行一陰陽也，陰陽一太極也，太極本無極也，此卽是萬殊歸於一本。

☱兌爲天口，塞兌則變爲☰，則周身之氣，皆爲純陽。

䷀一個乾爲奇，重則成偶矣。

○陽居中，坎象也；◐陽居下，震象也；◑陽居上，艮象也。

周易。周，代名也；易，書名也。周，遍也，窮盡也；易，變也，遍無窮無盡之變也。

事從物起兩無邊，脫盡俗情卽是仙；山景何如心景好，水光怎比目光妍。

己卯年正月二十九日乙卯星期六第二十九次講

凡關於身心之事，無有不拖泥帶水者。至於性命之微，然後能圓陀陀，光灼灼，赤灑灑，亮堂堂，此之謂大覺金仙。大覺，性也；金仙，命也。性命雙修，仙也，卽佛也。然非衝出身心關頭，性命不得出現。故當先從孔門以身心性命相表裏，以入世法藏出世法，以出世法了入世法，成聖賢仙佛一體之大觀。

自古來神仙，由儒入道者多，成道較易。聖賢仙佛，其體一也，而其用不同，及其成功，則一也。

入藥鏡云：「是性命，非神氣。」當反之云：「是神氣，非性命。」當續之云：「是魂魄，非性命」；「是意識，非性命」。更當推之云：「是珠玉，非性命」；「是錦繡，非性命」；「是富貴，非性命」；「是貧賤，非性命」。總之，世間一切，還是一切，一切皆非性命也。

吁！俗語云：「性命大事要緊。」但聞其語矣，未見其人也。世人眞知性命大事要緊者，不數數覯也。

出胎以後的氣候換盡習慣、性格及疾病皆是，然後能將胎中所受漸漸移換，以立性命之基礎，所謂「重整乾坤，再造胞胎」是也。

經多時之煅煉、涵育，變化氣質後，骨相不凡，而後有名登仙籍之望，則學道修持，亦自易見功。若僅憑蒲團上用功夫，就可成仙作佛，斷不如此容易。倘夙生已經修煉，轉劫爲人重修者，不在此例。

不死則不生死，凡心，不生則不死生，仙佛心，置之死地而後生。

死心最難。一靜坐，即雜念紛起，此心不死也。惟有用强制之法，念起即覺，覺後即止。所謂「不怕念起，只怕覺遲」。久久行之，雜念不起，心自死矣。

要戒斷一個惡嗜好，非將惡嗜好的心死去，則不能戒斷。酒色財氣之「酒」字，該一切嗜好而言，修道人不能不知此。若常人能無酒病，足矣。

「酒」字何以該一切嗜好？只爲其能迷醉人心性也。

戒是無的境界，死是無無的境界。超出三界以外，方是無無的境界。

馬丹陽祖師修道，有死而已，故其見功易，二年半了道；邱長春祖師修道，只知一切是虛幻，故備受千辛萬苦，了道遲。林師謂「死是無無的境界，超出三界以外」，確是見道語。所謂戒者，必戒其心；死者，必死其心。佛説「一切惟心造」，當在心上用功夫可也。

天上有三界，人身中亦同此三界：欲界天，色界天，無色界天。欲界天，天人亦有男女形體交媾之事；色界天，有男女形神交媾之事；無色界天，無男女形神交媾之事。

老子謂孔子曰：「子之所讀者，其人與骨俱朽矣。」可知定要真師口口相傳，徒讀書無益，以其問無可問也。

孔子問禮老聃，時年五十一歲，與南宮敬叔同往，再後又往見一次。

曹月川禪師云：「學道之人不悟眞，只爲從前認識神；無始以來生死本，癡人喚作本來人。」

己卯年二月初六日壬戌星期第三十次講

初則以性修命。無爲。

中則以命修性。有爲。

終則性命雙修。雙了。

虛者，謂之性； 實者，謂之命。修命不難修性難，了命不難了性難。

有一事物不明白，卽不能見性。事物難明白者，莫難於生死鬼神。

無德而想大丹，卽爲妄想，卽得罪天地鬼神，卽是大過，談都不可談也。

師發此論，直指有爲，其意別有所屬。

世法盡人以合天做人之正道，出世盡天以合人修道人之正途。

氣從理生，性也。故「理」「氣」二字貫聯。氣從炁生，命也。有此炁而從生此氣。

痰爲後天火氣所生，猶是飯鍋中只鍋疤，水到則化矣。

但飲食不清，終不能無痰，修道之人尤忌。所以，修道有三少： 少食，少睡，少色。由少而進於無。辟穀飲水食松黃，痰何由生哉？

此圖不過使初學之人明白這個而已。渡河須用筏，到岸不須船，在學者自悟也。

二月十三日巳己星期第三十一次講

含光默默自親切，未識工程那一節；無限胸中夫婦情，有餘眼下長生訣。「夫婦」二字是比喻。

聽講含羞，羞此精理名言，不自己出，此種書毒者之通病也；聽講含喜，喜此精理名言，今得師傳，此未種書毒者之特别好處也。夫書豈有毒哉？如聖經賢傳，道經佛典，皆良藥也。特以心毒，則良藥亦化爲毒藥耳。毒者，獨也。不獨，則無毒矣。不可以不辨也。

三魂七魄解。世法稱「三個君子，七個小人」；出世法稱「三個菩薩，七隻鬼」。七政之餘氣，謂之七魄。四正，謂之天罡，吉神也。如不正，卽是凶神。三魂，乃陰魂、陽魂、陰陽魂是也。

夫婦之間，肉欲之愛情不淡，則精神之愛情不濃；肉欲之愛情不死滅，則精神之愛情不生活。肉欲之愛情根於心，精神之愛情根於性。根於心，故能短命；根於性，故能永命。人誰不欲永命而免短命者乎？此不可以不嚴爲之辨也。

心性之界限既明，尤貴能守能戒，此是保命遐齡之法。短命、永命，其辨別只在「心」「性」二字之分耳。

常道者，萬世不易之道也；常名者，萬世不易之名也。非常道者，暫時之道也；非常名者，暫時之名也。

鍾離祖師曰：「道法三千六百門，人人各執一苗根；誰知些子玄關竅，不在三千六百門。」些者，指陰陽二物也，亦卽是萬物之中取一物也。「了」「一」爲之「子」。子，亦卽物也，卽所謂「得了一，萬事畢」。三千六百門，獨修一物，各執一是，安有些子玄關竅乎？普通以後，方能專門。三千六百門者，未經過普通者也。

言玄關一竅，各人各說。丹家各有一個玄關一竅，各是其是，各非其非。我鍾呂二祖門下，亦有玄關之名，特與各家微有異同耳。茲附錄李泥丸祖師卽李八百十偈言：「氣穴不開，進火無門。炁穴不開，聖胎難結。是一非一，是二非二。忘而又忘，玄關斯闢。如雞孵卵，不說而說。」讀此當可恍然矣。

性在心中，命在身中。身心性命在酒色財氣中。都在此四字中消磨殆盡。必修得此身，對酒色財氣，如同槁木，如同死灰，然後能本性從心中出現，本命從身中出現。性命雙雙出現，身心亦雙雙成眞。幻身與法身合一。豈眞同槁木死灰也哉？特以身心性命入酒色財氣之內，能出酒色財氣以外，不爲酒色財氣所戕賊己耳。

水山蹇卦☵☶，不是跋山，便是涉水。「男子志在四方，歷九州而相君」，此言走千里以求師也，不可守株待兔，執著不化。既得眞師，還須隨師十載，養氣十年，則可以盡得其傳矣。或青出於藍，未可限量焉。

二月望日辛未星期二第三十二次講

三授聚陽。初關爲震，中關爲坎，上關爲艮。震卦一陽居下，坎卦中陽居中，艮卦三陽居頂。故煉精化氣，爲大動之初，巽入之始；煉氣化神，爲大開之樞紐，離明之顯現；煉神化虛，爲大靜之成功，兌悅之天機。內外玄關，一氣啣接矣。此聚陽極頂竅妙之功夫也。

三授含陽。有性上之金丹，理氣是也；有命上之金丹，氣炁是也。氣從理出，復也，入也；氣從炁出，袞也，鎔也。氣化炁化，本來面目。陰符陽節，合腦之七竅，腹之十一竅，海底之生死關，縱橫自在，無往不利矣。所謂滿目青山任一看，頭頭是道也。此含陽極頂竅妙之功夫也。

二月二十日丙子星期第三十三次講

有非無，無非有。有未非無，無未非有。有有無無顯造化。

眞是假，假是眞。眞不是假，假不是眞。眞眞假假活神仙。

漏盡，神明。漏盡自會神明。此「漏」字包括一切，六根六識皆是。

一以貫之，性有基礎； 馬陰藏相，命有基礎。

黃帝初見廣成子，拒而不見。回宮後，清齋三月，然後膝行上山即崆峒山，再求見。下拜四十八拜，廣成端坐不動。帝之侍衛將軍，飽含怒氣，佯遺馬鞭於蒲團之側。俟帝下山以後，稟明遺鞭，欲回山取之。帝允諾。將軍至茅屋前，見廣成子頭頂馬鞭，跪而迎之。將軍曰：「老道受吾主上之拜，傲慢如彼，今何忽如此耶？」廣成子曰：「爾主上非拜我也，乃拜自己之性命。我今知汝要鞭打死我，我爲性命要緊，不能不跪而迎汝。」將軍立刻下拜，求爲弟子。

顛顛倒倒，二十四山有金寶； 倒倒顛顛，二十四山有火坑。

正考父孔子祖父也鼎銘：「一命而傴，再命而俯，三命而僂。循牆而走尊禮法，亦莫敢予侮。饘於是，粥於是，以糊予口。」

人生於靜，聖賢仙佛俱從靜出。

陰陽無定位，看得見爲陽，看不見爲陰。

凡人臨終時，開眼閉眼不見黑暗，已得陽氣之正。其人一生，當不差，神生天界。長春邱祖曰：「眼光落地，全體皆陰。」惟二目則純陽，不可以有所改變也。

百聞不如一見，百見不如一行。須要腳踏實地，眞實做去，此之謂有常卽道也。

大凡人看書解書，是望象生義、望文生義。若能得抽象出義、抽文出義，更佳。

人之看書，多數僅得其皮毛，此通病也。能知望象生義、望文生義，已是略略用心之人。若欲抽象出義、抽文出義，非攻書不可。攻者，攻入骨子裏也。古詩云：「舊書不厭百回讀。」若果能百回不厭，不攻亦自破矣。

佛經上西方四聖：佛、菩薩、緣覺、聲聞是也。

「凝神入炁穴」一語，須要活活潑潑方好，否則氣結便是氣塊，血結便是血塊。

凡坐功出毛病，諸如此類，卽所謂盲修瞎練。「氣」與「炁」有別。氣，有形之氣也；炁，無形之炁也。有形、無形之義，已洞若觀火，然後可以下功。

二月二十七日癸未星期第三十四次講

立春以來，方寸靈臺之間，頗覺內有海闊天空之象，外有金城湯池之形。象成於效天，形成於法地，要在永貞，斯爲避塵珠，無所用具掃塵帚矣。

我師涵養功夫，已到純粹之地，故能有此現象，不必用其掃塵帚，則内外貞白可知矣。但未知能否大光明罩紫金蓮，惜當時未曾問師。

學者要知如何存理，方寸須效天行健，自彊不息，方有海闊天空之内象； 如何遏欲，方寸須法地蟄坤，厚德載福，方有金城湯池之外形。要在永貞，不作掃塵帚，當作避塵珠。

後天氣升，先天炁降； 後天氣降，則先天炁升。捨一分後天，則得一分先天。

功夫用在「捨得」二字上。

有道功的人，物質易捨，氣質難捨。九天。

無道功的人，物質難捨，氣質易捨。九淵。

格物性命，致知見性，誠意立命，正心内有性命爲主宰，自然一心不亂。

通了聖人的心法，便有聖胎。故曰胎息，是息息相通也。

鼻息出於中宮見聞可得，口氣出於臟肺非面受不可。

以上數則，理想入微，旨趣深奧，非言語所能形容，只在心領神會。

讀經文，不如觀卦象； 觀卦象，不如觀河圖； 觀河圖，不如觀太極煉神還虛； 觀太極，不如想無極即煉虛合道也。

此則亦然「神而明之，存乎其人」，所謂百貨百樣看也。

太公賜武王丹書：「敬勝惰陰陽氣也者吉，惰勝敬善惡事也者凶；義勝欲者從，欲勝義者滅。」

黃帝曰：「至陰肅肅，至陽赫赫。肅肅發乎地，赫赫出乎天。」甚哉，廣成子之謂大矣。

書經：「惟十有三祀，王訪於箕子。王乃言曰：『嗚呼！箕子，惟天陰騭下民，相協厥居符也，猶言分符領節、若合符節之意，我不知其彝倫攸敘美也。』」

箕子作洪範九疇。大而又大謂之洪範，猶法也。

（一）五行：水、火、木、金、土。

（二）五事：貌、言、視、聽、思。

（三）八政：食、貨、祀、司空、司徒、司寇、賓、師。

（四）五祀：歲、日、月、星辰、曆數。

（五）皇極：建中、立極。

（六）三德：正直、剛克、柔克。

（七）稽疑：立卜筮三人。

（八）庶徵：　雨、暘、燠、寒、風。
（九）五福：　壽、富、康甯、攸好德、考終命。
（九）六極：　凶短折、疾、憂、貧、惡、弱。　蒲團子按　序號「（九）」，原稿如此。

己卯三月初四日庚寅星期第三十五次講

以玄妙爲玄妙，非玄妙也。
求名於名，不得名也；　求名於實，名自得之。
　此是從實學中得來，養到功深，方得明白此理。
富貴人之於道也，流沙河難過；　文士之於道也，荊棘嶺難過。
　富貴之人，陷溺於聲色之中，則已成爲習慣，今語以道，欲除其積習，而達到彼岸，實難，故喻曰「流沙河難過」；　文士之所學，則已先入者爲主，而飽學之人尤甚，今語以道，格不相入，欲開通其胸次茅塞，實難，故喻曰「荊棘嶺難過」。
老子語孔子曰：　「去子之驕氣，與子之矜氣。」按：　孔子豈有尚矜驕之氣？　所謂驕氣與矜氣，乃從前所飽學者也。　以其從前所學，不入骨，不入裏，不與道通，故老子又語孔子曰「子之所讀者，其人與骨俱朽矣」，將向誰問個明白？　是非師傳面授不可。

天生人，天而人矣；　人順天，人而天矣。與天爲徒者，受天之祿也；　與人爲徒者，受人之祿也。

先天後天既明，三才之理亦得，然後讀此，始得恍然矣。

三月十一日丁酉星期第三十六次講

凡人的復，是死復；　至人的復，是活復。凡人的剝，是死剝；　至人的剝，是活剝。

復與剝，猶言否泰循環，自有一定，不能自主，不能挽回。惟至人則不然。故凡人與至人的剝復，有死活之分。

周易重卦卦象八卦皆有重卦爲人身全體比喻之謂，二五爲心二五即二爻、五爻也。豎看則天心在上，人心在下；　橫看則天心在內，人心在外。卦有内外，内外各三爻。

卦體爲身，二五爲心。豎看天心在五，人心在二；　橫看則天心在二，人心在五。天身、人身亦然。天身、人身，喻言至人、常人。

卦理爲性，卦氣爲命。豎看則天性在五，人性在二；　橫看則人性在五，天性在二。天命、人命亦然。此言至人之性命與常人之性命之分別。二爻、五爻即卦之上中、下中也。

法身爲天身，肉身爲人身。無形象爲天命，有形象爲人命。人人各有身、命，惟天身、天命不是人人所有。

凡人有三條性命，兩條假性命，一條眞性命。先天以色爲性命，後天以財爲性命。身內以色爲性命，身外以財爲性命。能斬財色兩關，則眞性命出焉。身是色造的，財養的，是故無人不愛財色。

「性命」二字，參得如此透盡，餘無剩義，的是至理名言，使讀者一目了然，澈悟性命之眞假，眞性命之所在焉。

虛中之謂仁，空中之謂仁，至公無私之謂仁，萬象皆空之謂仁，無所爲而爲之謂仁。

仁者，無所作爲，清明潔淨，從天性中流露出來。是故仁者源出乎道，謂「仁即道」，亦可也。不仁之人，必無道德。有道德者，存仁必溥。

誦易經，能以誦道經、佛經聲調出之，則有所得矣。再出以高、崑二腔，則游於藝矣。

讀書有讀法，不得其法，則書中旨趣讀不出來。無論讀何書皆然。師所云「再以高、崑二腔出之」，則描摹盡致矣。所云頗有精義，亦諧亦莊。

三月十八日甲辰星期第三十七次講

外功

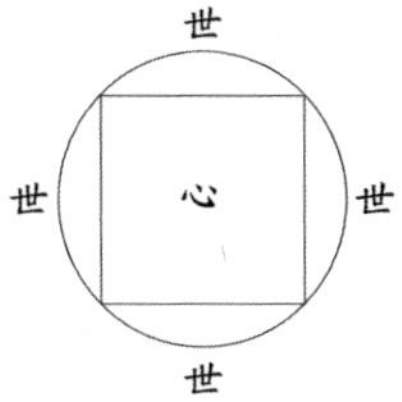

人身爲一小天地，對內要方，能制伏三尸六賊；對外要圓，自無窒滯之患。

內功

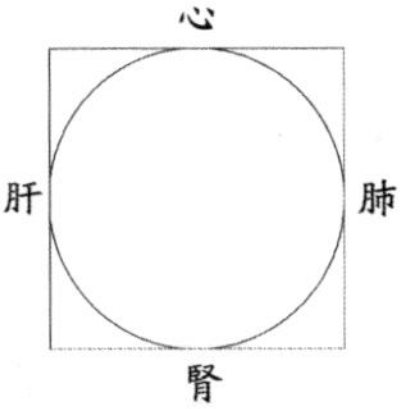

五行不着，四相不列，內而對付四相要方，則六賊無從入矣。制伏四相之法，則用圓。圓則五炁聚而朝元，四相六賊都制伏矣。

内修抽補卦象

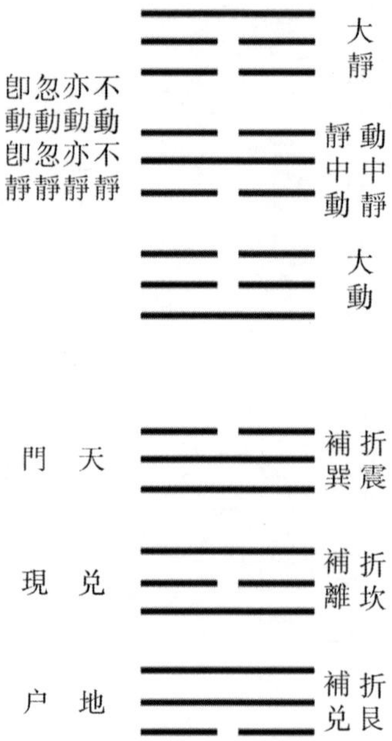

元神　識神　五官　意土

兄弟八人一人癡，惟有一個最伶俐，五個門外做買賣，一個在家出主意。

比喻確切，元神不動如癡；　識神伶俐變幻；　五官在外，與事物接觸；　爲善爲惡，全在意土作主意。我人學道，正心誠意，爲入道之基。

人身全體皆陰，惟置心一處，則陰虛散而陽實來。由是陽神生，則陽氣生，陽氣生，則陽精生。由是神作螺旋，氣作螺旋，精作螺旋，神氣精共作螺旋反復道也，一團眞造化，在吾身中，自然重振乾坤，再造胞胎，肉身中產生金剛不壞之眞身。

人身中，惟二目純陽。欲置心一處，須假二目之陽光。故陰符經曰：「機在目。」既知其機在目，而用目之法，亦貴活潑生動，不宜死守執着。經曰：「離種種邊，名爲妙道。」學者不可不明此義。

得千時萬刻中，揭其所得於一時一刻；從千言萬語中，聚其精華於一言一語。以數十年之結晶盡傾倒於一時。故所講，皆爲頓法。須出以至誠至虛至靈之心，極空極明極聰之耳，最幽最默最靜之態度，然後能以頓御漸，不至得頓忘漸。

此言師生授受，有法有則。

性命之學，儒、釋兩家失眞傳以後，既無文，又無獻。惜當時不曾問師何所據而云然。惟道家，雖無獻，而文則篇篇不斷也。又云：「文是筆口訣，獻是肉口訣。」

道藏已久失修，迄今三百餘年矣。中國釋、道二藏，亦是國粹，望當道注意及之。聞中國道藏，日本尚有搜藏者，而中國反碩果僅存矣。

欲知三天界，人爲何如人，卽於三人界人知之邪淫者除外，以其違人道也。清明在躬，志氣如神，知夫婦爲嗣續計，雖不能無欲，而能節欲，若此者，卽欲界人，而爲欲界天人矣；樂而不淫，目視耳聽，心意有精神之愛，無情欲之愛，得陰陽調和之歡，若此者，卽色界人，而爲色界天人矣；無男女相，視若無覩，聽若不聞，在塵出塵，對女人則心如死灰，身如槁木，若此者，卽爲無色欲界人，而爲無色欲界天人矣。

下三界人歿後，如上項之人，得生上三界爲天人。下此之人，歿後俱入幽冥界，卽地下黃泉九壘是也。有罪者，入地愈深，苦楚愈甚。

小乘教，以「有」爲義；大乘始教，以「空」爲義；大乘終教，以「不有不空」爲義；大乘頓教，以「卽有卽空」爲義；一乘圓教，以「空而不有，有而不空」爲義。此五教圓通，萬法莊嚴，方謂之大覺金仙。按：功夫由淺入深，及其成功則一也。

四月初三日戊午星期第三十八次講

是日午後，偕詣林師府上問疾。蒙示云：「皮包骨爲身，肉包血爲心。精華結實，金光聚寶，金氣凝珍。亦有亦空，不有不空，卽有卽空。空而不有，有而不空，莫可名狀。略可名狀，千秋不朽，萬古長存。此之謂性命。設使性命卽一切，一切卽性命，此性命雙亡也，衆人也，凡夫也；性命非一切，一切非性命，此性命雙修也，聖賢也，仙佛也。」

此言性命不要看輕，不要茫然不覺。衆人、凡夫與聖賢仙佛之性命同也，而其修爲則不同。學者果能深思細辨，自然能明白性命之旨。

四月二十日乙亥星期三第三十九次講

一團精血，化而爲身心；一團理氣，化而爲性命。還其一團精血，則了身了心；還其一團理氣，則了性了命。有一團精血，則有一團理氣寓於其中。身心性命一體也。十月懷胎，三年哺乳，十年教養，此化之時期也。還之時期，亦必與化之時期相等。時至化成，時至還成，功無二致也。能化能還，能還能化，隨時需要，隱顯莫測，此宇宙所以有賴於聖賢仙佛，聖賢仙佛所以有功於宇宙也。

常人知化而不知還，能化而不能還。惟有道者，能化能還，能還能化。了身了心於此，了性了命亦於此。

何以徵其人之有道與無道也？一徵於日用事物，其措置不同；再徵之於患難，其經過不同；三徵之於疾病，其感受不同。蓋性命與天地同體，身心與萬物同體，身心蒙垢，性命含光，事物、患難、疾病，所以刮垢磨光，故無魔不能成道。

道高一尺，魔高一丈。魔折愈多，道行亦愈進步。徵之有道之人，其事物之措置，患難之經過，疾病之感受，必與衆不同。蓋其身心，雖暫時蒙垢，而其性命，愈見其含光，魔亦無如之何也。

五月十二日丙申星期三第四十次講

面示云：「是禮則視，是禮則聽，是禮則言，是禮則動，是道也；非禮而視，非禮而聽，非禮而言，非禮而動，是魔也。身心有道，道驅魔，故經過疾病、患難，而性命永固；身心無道，魔驅道，故遭磨折困窮，而性命垂危。蓋身心有道，則道在身心中，魔亦在身心中。道進一步，魔退一步。進雖情願，退不甘心，安得不經過疾病、患難乎？身心無道，則道在身心外，魔在身心中。道顯一點，魔障一點。顯尚虛影，障則實形，安得不遭磨折困窮乎？故身心有道者，決不能使之無；身心無道者，決不能使之有。」

此言道之所以爲道，魔之所以爲魔，最爲明晰。故修道必不能無魔。但魔來，必須與力戰。不要氣餒，不可退悔，正盛自能勝邪也。不然，羣魔乘隙，內魔引動外魔，內外交攻，爲禍不可勝言矣。

道無名象，名象之以天道、地道、人道、賢道、聖道、仙道、佛道、身道、心道、性道、命道而已。庶幾以道之名，求道之實，以道之象，成道之形也。隨筆成文，眞是生花之筆。初則以人修道，如大海行舟，何謂涯岸，何處涯岸，茫然莫辨也；終乃以道修人，涯岸某樣，涯岸某處，確然有得也。雖僅得其名象，去實形尚遠，而知遠之近，知風之自，知微之顯，可與入德矣。至德凝道，成道必矣。

今之學道，大概僅知其形象而已，去道尚遠。中庸曰：「苟不至德，至道不凝焉。」惟能知遠之近，知風之自，知微之顯，可與入德，然後可謂知道者矣。

六月初六日庚申星期六第四十一次講

奉書示云：一日之間，對後天諸境，無時無處，不抱樂觀，卽爲先天長樂無疆之基礎。若後天抱悲觀，急欲舍後天而去之，以專修先天，卽爲敗壞先天之基礎。

第一種人修道，先後天之基俱無傷，當易成；第二種人修道，先後天之基俱損壞，必難成。

身世新陳代謝，其理一，其事亦無二也。乾坤戾氣出完畢時，世道自然立刻清平。如人身有一處敗壞出毒氣，全身毒氣皆往該處奔出，待其出完畢時，瘡口自然立刻結束，恢復原狀。

林師病愈，深慮世界戰禍蔓延，愈演愈烈，傷時憫世，感慨之餘，故有此論也。

愛惜天物之謂孝子，暴殄天物之謂逆子。劫數浩大，天之所以誅逆子也；能逃出劫數之外者，天之所以佑孝子也。夫天物豈有大於天命之性乎？而一切可食可衣可用者，雖極其輕微，亦皆天物也。故有道之士，從事於身心性命之學，總不忽於日用倫常。

道經曰：「日用倫常皆是道。」不但天物要愛惜，不可暴殄，凡是日用之物，倫常之事，一切的一切，無不是道。經曰：「順道則昌，背道則亡。」斯言盡之矣。

人類有上、中、下三等，分上等上級、上等中級、上等下級、中等上級、中等中級、中等下級、下等上級、下等中級、下等下級，凡九級焉。鬼神亦然。故論語載季路問事鬼神，子曰：「未能事人，焉能事鬼？」「敢問死？」曰：「未知生，焉知死？」幽明無二理，昭昭乎宇宙之間矣。

愚於所學，及經驗見聞之所得，早斷定天界、人界、幽冥界之情狀，三界一例也，毋猜疑焉。特中界卽人界從實，上下二界是虛。但虛者是實，恒古不變易也；實者反虛，轉眼變易莫測也。能明乎虛虛實實、實實虛虛之理，則天地鬼神之秘，覷破無遺矣。易曰：「仰以觀於天文，俯以察於地理，是故知幽明之故；精氣爲物，游魂爲變，是故知鬼神之情狀。」聖人已早言之。

宇宙事業，不需不成需者，待也。觀易需卦，爲水天需。其內容卽天天需、天人需、人我需也。自問果與天爲徒乎？則天天需也。自問果成其爲人乎？則天人需也。自問果盡其在我乎？則人我需也。而聖聖需、賢賢需、仙仙需、佛佛需，可類推而知也。孔子曰：「雲上於天，需君子以飲食宴樂。」卽曰氣通於天，君子以飲食宴樂此也。

妙筆成文，文思泉湧，如剝繭抽絲，取之不盡也。

泰山不讓土壤，故能成其高；河海不擇細流，故能成其深。

看穿古今往來事性，拿住陰陽造化機命。

六月二十四日戊寅星期三第四十二次講

讀心命歌感言

呂祖心命歌云：「心好命又好，富貴直到老。心好命不好，天地也須保。命好心不好，中途夭折了。心命俱不好，貧賤受煩惱。」竊心與命之好與不好，視其有道與無道而已。道可以造化心命，能使心有慧，而命有福。但人之於道也，有心有餘而力不足者，有力有餘而心不足者，有心力俱不足者，有心力俱足者。心力俱不足者除外，心力俱足者，固必成也。心有餘而力不足者，亦必自天佑之，吉無不利，終底於成。惟力有餘而心不足者，最可惜也，亦最可憐也。

心命好不好，道果成不成，皆可以自己作主，好不奮勉乎哉？

身中生身謂之命，身外生身亦謂之命；心中生心謂之性，心外生心亦謂之性。所謂身外、心外，非指身心以外別有所謂身心也。身爲命作梗，心爲性作梗，性命兩廢矣；身爲命作工，心爲性作工，性命雙全也。

欲涵養性命，必須煅煉身心，然後身心方能爲性命作工也。否則，必爲性命作梗無疑。

如我言，不如我行；　如我行，不如我心；　如我有心，不如我無心，又不如我有心。故曰：「天上地下，惟我獨尊。」然此乃眞我也。　人人皆有此眞我，特人人不願爲此眞我，而願爲彼假我，爲可惜也。

此言眞我、假我，各隨人自己有爲耳。

九月初一日癸未星期五第四十三次講

栽接必須清淨，非清淨而栽接者，皆是旁門小術，其禍不可勝言。　清淨而不栽接，可以成性功；　栽接而不清淨，可以傷命。　清淨、栽接合而爲一，方謂之性命雙修。　聖賢而不仙佛者有之，未有仙佛而不聖賢者也。　師又曰：「抱薪救火，火發於木，禍生必烈。」

道有上、中、下三元，天元、地元、人元也。　如上所云，則人元也。　然三元之名，不知始終何代，或見於上古乎？　中古乎？　抑後人杜撰乎？　惟黄帝以術延命，事誠有之，因此而可以得道成道，未之見亦未之聞也。　邇來好事者流，以此弄玄虛者，當有所聞，豈三峯之遺孽乎？

九月十二日甲午星期二第四十四次講

人類有組織，然後可以享安寧之福，成有志之功。　五倫爲人類形式上之組織身心，五常爲人類精神上之組織性命，此人道之組織也。至於士農工商、政治法律，皆爲機械之組織，去人道遠矣。五倫以外無行爲，五常以外無思想。

人類組織，不外五倫五常，卽政治法律，亦不外此。爲人之道，及一切行爲思想，一言以蔽之，倫常而已矣。我中國所以爲最古之文明國家，惟去古遠，世變風移，幾不知倫常爲何物。一班普通人，大抵如斯。此所以要遭此浩劫也。今者政府當局，早有「運動新生活，恢復舊道德」之口號，務望實踐履行。而舊道德中，尤爲切要者，無過於倫常之道。小學教師，家庭父兄，各負其開導曉諭之責，則回挽澆漓，易如反掌耳。

身上無病，則命礎固；心上無病，則性礎固。身上之病，能不移於心上，而無病之心，自然可以爲身心之醫王。龍門派以性爲先決問題者，此也。

我龍門派祖師，倡言三分命功，七分性學，先命而後性，性了而命復矣。故嘗言如來佛祖，亦只完得性學而已。如是謂之性命雙修。

己卯年十月初四日乙卯星期二第四十五次講

是日再授鄭承陽口訣。

道書云：「達觀往昔千千聖，呼吸分明卽是仙。初層工夫尚未純然。」又云：「了却呼吸卽是仙。又進一層，工夫已純熟了。」聖人內外只一個心天心，故內外只一個呼吸，純爲天理呼吸天理、天心合一，而無一毫人欲呼吸呼吸中濁氣。凡人内外則有兩個心一天心，一凡心，故有内外兩個呼吸一濁氣，一清氣，内呼吸無形爲天理，不絶如縷若有若無；外呼吸爲人欲有象，風起雲湧雜念紛馳，呼吸不清。人欲戰勝天理，則愈隔愈遠矣。天道與人道隔故。今欲超凡入聖，須遵兩訣而行。指分明、了却兩訣。分明之訣何也？以無極圈不著邊際圈先天精氣神自外而來，以太極圈中有一點朕兆圈後天精氣神凡精、凡氣、凡神，俾其聚作一團，無極爲體重在無極，太極爲用又不可舍太極，先天爲主主要，後天爲役次要，如斯而已矣。此卽是口訣。了却之訣何也？又點了却之訣。無極太極，圈成一圈合而爲一，先天後天，化而爲氣融成一團，無無無太不知有無極、太極之分，無先無後亦不存先天、後天之别，如斯而已矣。此卽是口訣。人身妙處在心，心之妙處在腔子裏，曰谷神，曰黄庭，皆指此等處而言也。無有形象，切戒執着。腔者，肉之空中也有形象心竅爲尤緊，諒早已面授，心肉、肝肉、脾肉、肺肉、腎肉之空中也。但不宜執着死守。此千古不傳之秘訣，愼之保之，修之成之，無負天地父母生我身心性命，而兼得傳授之恩也。

聚陽不揣冒昧，逐句添註，是耶非耶，望承陽老兄指正。

十二月二十三日癸酉星期三第四十六次講

不休則不息，不息則不生，故曰休息。「自」「心」合併爲「息」。息者，息自己之心也。自心不息則生氣不生。

自戊寅年四月初十日起，至此共講四十六次。此次於無意中，無端露出「休息」二字。當時亦不在意，後果無緣再講，從此竟永久休息不講矣。林師心與天通，所講無一不是天機，無一不有應驗也。再以「四十六」三字合併，爲兩個十數，亦滿數也。可見萬事皆有數定，皆有先機，特人不留心省察耳。明年庚辰，新正過後，二月初三日，與鈞堂親家，同遷至南市位中堂居住。南北往返不便，師生把晤絕少，是以所講，至此第四十六期卽終止矣。此次所講「休息」二字，竟成讖語，亦奇哉。

五炁朝元解

身不動則精固，而水朝元；心不動則氣固，而火朝元；眞心寂則魂藏，而木朝元；妄情忘則魄伏，而金朝元；四大安和則意定，而土朝元。

金、水、木、火、土五行說。儒家則云金、木、水、火、土一尅一生。道家用金、水、木、火、土順序相生，生生不已。金乃純陽，故居首。其水、木、火、土皆散金也。

乾元用九，乃見天則。乾爲天，純金也。以後六十三卦，皆散金也。從六十三卦卽萬事萬物中，一點一點收還，卽謂之還丹。

被動爲魂魄，自動是性命。

擬修眞功效表

大道散見於萬事萬物日用之間皆有道在，不可忽略，必料解萬事萬物必要料解清楚，不料解終是糊塗，而後能通過萬事萬物通不過是自己糊塗之故，須要用心。必通過萬事萬物事物之精蘊已無所不知，則大道已明，而後能擺脫萬事萬物人人不肯放棄萬事萬物，爲其不明道也。大道卽明，要擺脫卽刻就能擺脫。故由聞道而明道，由明道而修道，由修道而得道，由得道而成道，由成道而了道必經過一定之程序，還須精勤不懈，一無躭误，其功效不可以倖致也。

右表八十一字： 前料解、通過、擺脫三疊，合乾數； 後聞、明、修、得、成、了六疊，合坤數。重振乾坤，再造胞胎，超凡入聖，永免輪迴之功效也。

我師特製此表，勉勵我等，期望我等，何等深切！誨人不倦之意，溢於言表。我儕亟宜拿出剛毅之決心、勇敢之氣力以赴之，然後可以重振乾坤，再造胞胎，以副我師之勉勵與期望也。

時閱三月，語錄編成，惜我一師一友卽鈞堂費先生未克同觀厥成，不無遺憾。諒在天之靈或亦莞爾而笑也。我師著作弘富，此則猶乃餘緒土苴耳，未足表彰於萬一也。我師嘗自言「宗道不宗教」。然觀其所學，及其所行修養之法，料必不出全眞門下士所傳。又嘗知其拳拳服膺太乙菁華宗旨一書，聚陽初侍左右，卽蒙授賜一册。攜歸，記得金蓋山古書隱樓藏書，亦有搜入，檢對一無差異。攷菁華宗旨一書，清初時呂純陽太祖師憑乩降示於湖州金蓋山之龍嶠山房，所流傳於世者也。後經崑陽王律師鑑定，確是太上心法，與我北宗一貫淵源云。清乾隆嘉道咸間，金蓋山中，大闡玄風，接待雲水，祖道南行，英賢萃薈。不幸咸豐辛酉，毀於兵燹。亂平復興，而講求玄學，不復如前之盛。三四十年間，碩果僅存，不絕如縷。延至今日，則絕無僅有矣。今賴林師教外別傳，直接爲我儕指迷開悟，間接爲金蓋續火添油。林師之與金蓋，或冥冥中自有此因緣歟。林師之傳道師，係一俗家居士，陝西城固人，姓岳，印紹崑，號峻山，道號了眞，住牯嶺西街，開設得露堂藥號，曾受道於狗皮道人，姓氏不詳。林師又於癸亥年，北京遇金八爺，姓金，印承蔭，號少逸，安徽桐城人，亦師之。此師門授受之淵源，不可不知也，故併附刊於此。

中華民國三十六年歲在丁亥夏午月吉旦

門人鎭海鄭方正承陽、吳興陸淇園聚陽謹述

再門生上海武家福奇陽、定海費鶴年守陽、男豐年葆陽校刊

男賡年悠齡、調年久齡參校

附刊還返心語詩二十首

二十年來學返還，聰明誤用在玄關；誰知些子玄關竅，不在眉間與腎間。眉間、腎間乃身中之玄關。尚有非中非外之玄關。玄關之妙卽在此。

泥丸李仙十偈言，氣穴炁穴兩乾坤；乾坤顯出玄關竅，兩穴原來共一源。駐世神仙李泥丸，清乾嘉間，三游金蓋，遺下十偈言「氣穴不開，進火無門。炁穴不開，聖胎難結。是一非一，是二非二。忘而又忘，玄關斯闢。如雞孵卵，不說而說。」

天地絪緼物化醇，法天象地運心神；工夫次第分先後，著相泥文便失眞。有欲觀徼，無欲觀妙。始於有作終無爲。遵循先聖訓言，先後程序不可錯亂。

艮止背兮養谷神，工夫貴不獲其身；元來執象仍忘象，行在庭中不見人。易曰：「艮其背，不獲其身。行其庭，不見其人。」執象忘象是修道眞秘訣。

卦爻勅兩費思量，執象勞神空自忙；　未得先天眞種子，徒教水火煑空鐺。卦爻勅兩諸般譬喻，升降導引亦非眞功。

仙道何如人道難，人道克盡好求丹；　還須獲遇明師指，何用丹經萬卷看。天上無不忠不孝之神仙，倫常克盡可修仙道。

信書則不如無書，緣看書人學不如；　若是齊驅並駕者，讀諸疑竇盡消除。孟子：「盡信書則不如無書。」丹經云：「得訣歸來好看書，得訣歸來不看書。」

靜中有動一陽生，採入爐中慢慢烹；　此是歸根復命法，勤修性體自圓明。道德經「歸根曰靜，靜曰復命」，言人能歸根方好復命。丹經云：「鉛遇癸生須亟採。」癸生卽身中陽動也。不論行住坐臥，時來陽動，應卽採取烹煉，不可任其放縱。

既見圓明道乃眞，功夫到此定超塵；　內修外積成功德，靜待天書降紫宸。老君曰：「得了一，萬事畢。」無他道也。

無爲清靜舊家風，太上心傳惟守中；離種種邊名妙道，只求見性始爲功。長春邱眞人語錄謂：「如來佛祖只完得性學而已。」

性見猶防幻景生，是非眞僞兩忘情；毋求速效亦毋懈，行滿功圓道自成。劉海蟾帝君曰：「遇而不勤，終爲下鬼。」

修道全憑不漏身，積精煉氣養元神；玉經上藥稱三品，不識先天莫傚顰。玉皇心印經：「上藥三品，神與氣精。」上藥者，指元精、元氣、元神。若凡精、凡氣、凡神，只能保身而已。。

一呼一吸盜天機，元炁虛無任我揮；彷彿於今無線電，陰陽妙用顯而微。陰符經：「天地萬物之盜，萬物人之盜，人萬物之盜。」葛仙翁流珠歌有句云：「蒙師指點，元氣虛無；眞陰眞陽，一吸一呼。離火激海，坎水升虛；玉液灌溉，洞房流酥。」凡眞陰眞陽，只要用呼吸去盜。。

身內陰陽本不孤，夫妻相見兩歡娛；爲雲爲雨如膠漆，春滿洞房賽醉酥。眞水火交，儼若夫婦，其樂融融，百脈流暢。葛仙翁所謂「玉液灌溉，洞房流酥」，信不誣也。遇此情景，弗任放縱不收。

外景內景應時生，時來默默放光明；朝朝養就光明種，果熟功圓一旦成。斗母心經：「內景無漏於六根，外景不淪於萬有。湛然清靜，道在目前。」「道在目前」句妙。

靜坐常明不夜釭，心猿意馬最難降；性天如水徐徐淨，泰定安而智慧雙。道德經：「孰能濁以靜之徐清，孰能安以動之徐生。」言道如水，水雖濁，徐徐自清。人能安靜，靜極自動。動者，陽生也。玉樞經：「泰定安而聖智全，聖智全而慧光生。」

天罡妙訣少人知，欲滅三尸斗柄持；少食少言並少睡，祛除陰濁固靈基。天罡訣：「月月常加戌，時時見破軍。破軍前一位，誓願不傳人。若過中氣後，便把亥交掄。」不明天罡，三彭阻道，呂祖尚然。

北派南宗共一家，道承一本各抽芽；時人費解金丹義，平叔冤蒙白璧瑕。鍾呂再傳，派分南北二宗。南曰金丹，北稱全真，實一家也。後人歧而視之，緣以張紫陽悟眞篇取譬太繁，後人間有費解金丹字義，致蒙白圭之玷，我不能不爲之叫屈。

學仙需要學天仙，假術延年總是偏；若信旁門栽接法，此生造孽廣無邊。仙有五等，天仙爲最上乘，超乎欲界、色界、無色無欲界之上，謂之大羅金仙。三峯邪術切弗輕心嘗試，曾見有一人因此而喪身者，姑諱其名。

吟成心語語知音，托出壺盤傾腹心；此是師傳肉口訣，師銜金相分宜林。十年前，避難北市，戊寅歲，以同居故，獲遇林品三先生，金相其諱也，道號恒陽，江西知名士，道學兼優，尤精周易，著作弘富。癸未年七十，示疾僅一日而蛻，已得尸解之道，顏色如生。此予小子所目覩也。

西泠僊詠

圓嶠眞逸 譔

自敘

仙經云：「養生以不傷爲貴。」傷生之事非一，大約皆與精氣神相關。余生不幸，早年以才自見，雖無樊川狹邪之行，而錦瑟碧城，艷情綺思，皆足耗我元精。及官江表，治獄將二十年，讞牘數以萬計，論情較理，非言不明，舌敝唇焦，中夜不息，則傷氣矣。性躭著述，作爲詩文，四十年來，有集百卷，皆從方寸中抽引而出，則傷神矣。加以兩親棄養，先後遭兩弟之傷，抱西河之痛，傷心之事非一。心傷則精氣神無不傷。精氣神併傷而能長生久視者，未之有也。目昏髮白，食息如故，幸矣。

道光八年戊子，余年五十四矣。客居漢皋，始得性命圭旨讀之，行止念調息之法，略有所得。遇黃君穀原，謂余面有道氣。相與劇談，益讀道家之書。次年己丑，客邗上，寓熊氏華陽別墅，通元壇之外舍也，爲華陽眞人飛鸞駐鶴之所。憶官江都日，病中夢眞人贈藥服之而愈，仙緣所觸，道心益萌。具疏求皈。疏中以曾讀眞誥爲辭。蒙示：「眞誥非入道之門，知必兼行，始能有濟。」並謂：「一門才華外露，內無實德以充之，有表無裏，太和不足，內蘊何藏？後嗣弗昌，漸露寖衰之象。幸前生有一線因緣，尚可修爲。去日雖多，來日不少，急早回頭，無再棄覺岸而就迷途。」又云：「富貴天所予我，非害我。苟於金玉圍中將富貴作爲平庸，則一點眞心自然堅如鐵石。能堅心卽能求理，能求理則能養性節慾。久之，則增福益壽，而爲世之不老翁矣。」因名以「守道」。謂：「速依二字行持，利人濟物，足以補救將來，此外不必多求也。」

通元爲妙香分支。妙香者，飛祖顯化之地。飛祖者，麻姑也。潔誠往謁，蒙示偈云：「川嶽靈鍾，江淮秀毓，道脈淵源，金門草色。」「金門草色」，隱「碧城」二字，余舊號也。同人謂余當受道脈之寄，因益自勉。然苦未得口訣。歸吳門，遇同族女弟蘭雲，金蓋閔師弟子也。曾靜坐四十七日而開元關，傳西竺心宗。憫余衰朽，傳余以內視胎息之法。行之有效。先是嘉慶戊寅，余在吳門患病甚劇，閔師爲誦大洞玉章經而愈。因執弟子禮，而未遑問道也。至是師自山中來，余晉謁葆元堂。師與談陰陽雙修之理，余自維聞道苦晚，未能出色界天，恐道力不足以勝也，願聞清淨之法。師乃示以性命雙修仙家之正宗、佛家之上乘。仙佛合宗之秘旨，亦卽儒家之心傳。三教同源，至是始得一貫。

越二年，辛卯，自楚旋邗，重至通元。濟祖示以人元之法，命宗之捷徑，陰陽雙修之密諦也。次室管守性，先余學佛十年，曾註心經淺說，深悟色空之旨。學佛之後，繼以學仙，由性學而通命學，頗有所得。就駐鶴壇叩之沈祖太虛，示云：「修道貴在人元，乃人之本來元炁，非藉乎外求也。心正意誠，頭頭是道。守道靈根夙慧，惜乎外眩而不內求。守性夙具道能，能窺上乘，亦不昧靈根，慧心所致耳。」余至是乃專心清淨。是歲九月望，道姥臨雲淨壇，傳余頂珠普吉眞言。並云：「有弟子摩鉢尊者，爲汝持家，可無內顧。」謂守性也。先是余官雲閒郡，人於香壇問余前生，云爲玉局修書使者。前年陳師樵雲臨駐鶴，云守性與余前生同爲玉局校籍之人。今又得道姥所示，知夙慧遠勝於余。不但以伉儷目之，因易兄弟稱，若無著、天親也。

余與守性，既同志學道，益求道書讀之。道言所遺，廣成最古。其語黃帝曰：「至道之精，杳杳冥冥。至道之極，昏昏默默。無視無聽，抱神以靜。」玉皇心印經亦云：「上藥三品，神與氣精。恍恍惚惚，杳杳冥冥。存無守有，頃刻而成。迴風混合，百日功靈。」天人合一之旨也。太上清淨經云：「人神好清而心擾之，心好靜而慾牽之。常遣其慾而心自靜，澄其心而神自清。」日用經云：「一念不起謂之清，靈臺無物謂之淨。」道德經云：「視之不見名曰夷，聽之不聞名曰希，搏之不得名曰微。致虛極，守靜篤，萬物並作，吾以觀其復。」黃庭經云：「虛無自然道之固，子能守一萬事畢。獨食太和陰陽氣，清淨無爲神留止。」廣成子與太上一人，故語道相合。自金碧龍虎、靈寶畢法先後繼出，而命學始顯。參同、悟眞作，而鉛汞嬰姹，其名益多。然盜天地、竊陰陽，非性功不能得也；卦爻、火候、斤兩，非性功不能守也。唱道眞言以煉心爲仙家徹始徹終之要道，金華宗旨以回光爲煉魂制魄保神斷識之妙諦，皆言性也。與大學之格致誠正，中庸之中和位育，論語之克己復禮，孟子之勿忘勿助，語皆相合。與如來十二部經轉識爲智，亦無不合。蓋言性則三教同源爲上品，第言命則尚中品、下品也。陳致虛語白玉蟾以身鉛心汞定水慧火爲上品煉丹天仙之法，簡易易成，卽此義也。佛家以圓覺經爲頓教上乘，六祖慧能以頓悟得受衣缽。閔師天仙心傳亦以「萬緣放下」一語爲宗旨，李泥丸眞人以傳沈祖太虛也。

數年以來，余於諸經頗參究其義，然致知多而力行少，故家益累，境益困，道益不進，又作爲語言文字，輒以道自許。洪濟眞人誨余曰：「凡事起於因緣，而終以果報。前定者，因也；現在事，果也。和氣致祥。和者，炁也。欲求其和，則在中庸中道而已。和炁卽天地之炁，卽道炁，卽太極之眞、二五之精。中者，心之正也。中和則天地位、萬物育矣。況一家乎？修道要在萬難辛苦中打出，毋自暴自棄也。」蓋恐余因境墮道也。海眞官誨余曰：「欲挽天運，先挽人心。欲化人心，先化自心。自心尚不能化，徒言挽斡。天地之心寄於人。人心正，天心亦正；人氣和，天氣亦和。故致中和，天地位，萬物育。諸子且將自心刻刻省，時時察，人人和，事事寬，不管別人知我罪我，維搜己過，莫管他非。人人如是，則世界成爲上古，不難矣。守道庸庸一生，雖文章美冠天下，閻羅老子不因美文章而用情也。皈道而不眞誠，已入寒冰之獄，況沽道之名而未有一毫之實，恐入阿鼻而不赦。」語語警切，深中余病。蓋恐余以道自滿也。因竭誠悔罪，具疏以自懺焉。

閔師受西竺心宗及大梵斗咒於雞足山黃祖守中，於釋迦如來爲一百二世；受道法於高祖東籬，於邱祖長春龍門派爲十一世。余皈閔師，爲第十二世。世傳西游記爲邱祖所作，藉言丹法。攷邱祖西游記只二卷，載在道藏，所記自東至西程途、日月及與元太祖問答之語，其要言並未及載。觀邱祖本傳，則亦僅勸止殺、節慾數語而已。世傳西游記，則邱祖門下史眞人弟子所爲，所言多與性命圭旨相合。或卽作圭旨之史眞人弟子從而演其說也。閔師嘗言，黃祖守中，元末至中國，居雞足山，名野闥婆闍，順治中入京師，禮王崑陽律師，求受三大戒。崑陽辭以百三十年後當有人送至。崑陽，龍門第七世也。閔師乾隆中官雲南，相距正百三十年。嘗奉三大戒入滇，訪黃祖於雞足龍蹻山房，以易梵音斗咒、西竺心宗。黃祖始證果而去。

蒲團子按 兩處「史眞人」，疑爲「尹眞人」。

三大戒謂初眞、中極、天仙也。余叩閔師，辭以未錄副本，心恒悵悵。上年癸巳，同門趙君刻碧苑壇經於吴門，蓋崑陽於秣陵碧苑開壇說法之語，所言切近明顯，徹上徹下，所以鞭策性功者，甚至不言戒目而戒之大旨在其中，始知道之有眞而道門之不二也。崑陽承邱祖之傳，邱祖出吕祖之徒王祖重陽門下，吕祖距太上四傳，昔爲道宗，今爲道祖，嘉慶中，仁宗睿皇帝加「燮元贊運」四字於封號，列諸祀典。道脈相承，淵源有自，今而後益不敢妄自菲薄矣。

昔呂祖六十四歲遇正陽子鍾離先生，白玉蟾六十四歲遇陳泥丸，馬自然六十四歲遇劉海蟾，劉朗然亦六十四歲遇師。余今年六十四歲矣。計自五十七歲聞道，已閱八年。障雖空而魔未淨，愛緣雖澈而一家之眾生待度方殷也，既又自念下界蟪蛄。雲淨一壇，方丈地耳。始則道姥親臨示訓，繼則雷祖命海眞官臨壇，所以垂慈接引者，至深且厚。自問何修得此？及受道籙，有神霄、玉府兩宮校籙之銜。神霄屬雷部，玉府屬斗部。故慈訓殷殷也。

去年春，東游海上，遇朱君野鶴，年七十而有嬰兒之色，閔師友也。幼遇葛祖稚川，爲治膈症，並勸讀抱朴子。學道垂三十年。初修命功，同志四人，其三人皆不成，並膺異疾逝。己亦患口膠之症。遇僧圓通於淮陰，示以性功，疾乃愈，而功亦漸進，始知命功非性功不能守也。道家之書，煉精化氣，煉氣化神，煉神還虛，煉虛合道。精、氣、神，命也；還虛、合道，性也。不善體會，遂成兩事，性未明而命先失矣。先從煉虛合道入手，是爲頓學。性中有命，一超直入。本性既明，再循序漸進，以基命功。性命雙修，性全而命亦全，是爲上乘。朱君偏游名山，參方訪友，所遇多善知識，所得如此。喜余所見相合，稱莫逆焉。

白虎首經至寶，自來多以處女梅子首經當之。朱君云：「白虎喻腎也；經即金也，坎中一畫眞陽也。取坎中之眞陽，塡離中之眞陰，故曰至寶。」龍女獻珠成佛，自來以爲雙修之證。朱君曰：「龍，陽物也；龍女，則陽中之陰也；寶珠，龍女精氣神所結而成，即性命也；見佛而獻寶珠，喻盡性至命而見佛，即煉虛合道也；轉男身而成佛，則陰淨陽純矣。」

或問：「抱朴子、眞誥多言丹法，似求仙者必當煉丹。」余謂：「此秦漢方士相沿之舊說也。即有之，亦不可服。無金石之腑臟，而服金石之藥餌，何以勝之？草木之實，僅可治疾及培補後天耳。身外無丹法，一言以蔽之矣。」或問：「古書多言房中之術始於黃帝，及容城、彭祖之倫，似即男女雙修之所祖。」此閨丹之說，即俗傳三峯採戰，實與金石鑪鼎同爲旁門，皆不可學。雙修而體交者，亦旁門也。非體交而氣交，其法較善。氣交亦非大庭廣衆之事，故曰房中。玉女閉房，亦此意也。蓋天地之道，陰陽而已。男女則陰陽之至純者，陽中有陰，陰中有陽，互返其宅，兩國無傷，其效亦甚速。然非開元關不可。元關開則天地之氣悉皆歸，又無藉乎此矣。昔黃帝受道法於廣成，既明語以「毋勞爾形，毋搖爾精，神將守形，乃可長生矣」，斷無御女採戰之事。或即靜中氣交之法，貴爲天子，後宮繁多，以千二百女供其氣交，又得素女授以口訣，則其得益較之常人自倍，長生久視，或由於此。男女大欲，所存相近，無不感者。相近相感，而始防危慮險，其所失也大矣。又不若專言清淨，卽一身之陰陽，煉己待時，日進而有功也。鍾呂傳道錄諸書多言內丹、外丹，其實內丹、外丹皆就自己一身言之，非有他也。

呂祖恒自稱回道人，說者謂意取兩「口」，卽「呂」字隱語，似矣。不知以小口藏大口中，兼有收視返聽之意。故金華宗旨以回光爲金丹秘訣也。三寶心燈稱回春子，虬在灣石壁詩稱回回翁、回心子，皆是道家言。呂祖前世爲上古皇覃氏，距唐不知幾千百年，中間豈無出世歷劫之日？孔門顏子，獨得聖人性道之傳，惜以早卒，其學未顯，聖人屢呼名而歎息。意呂祖其卽復聖後身歟。

或以蘭雲授余道法爲疑，不知道家淵源，見於載籍者甚多。昔西王母語漢武帝曰：「夫欲修身，當營其氣。」太仙眞經所謂「行益易之道」。益者，益精；易者，易形；行益易者，常思靈寶。靈者，神也；寶者，精也。上元夫人曰：「汝胎性暴，胎性淫，胎性奢，胎性酷，胎性賊。暴則使氣奔而攻神，是故神擾而氣竭；淫則使精漏而魂疲，是故精竭而魂消；奢則使眞離而魄穢，是故命逝而靈失；酷則使喪仁而自攻，是故失仁而眼亂；賊則使心鬬而口乾，是故內戰而外絕。」魏元君以黃庭內景經授茆衷、茆固，紫微夫人以朮敘授楊羲，蕚綠華以氣穴圖授羊權，諶母以淨名宗教授許旌陽，驪山老母以陰符經授李筌，道之所在，自古有之，又何疑乎？

余家眷屬奉道者，守性外，女子爲多。受籙者九人，受籙而嗣法派者三人。余名陽頤，次室管守性名陽純，子婦汪心澈名來涵。未受籙者二人。趙姬雲姤名來和，通元壇命名婉貞，與心澈同皈依蘭雲也。守性爲余持家，歷盡艱苦，處事一依於理，持之以中。其言曰：「余家寒，素未嘗學問，女子身亦無閱歷，惟知『理』字起頭，『中』字立脚。大道無窮，覺太上『人能常清淨，天地悉皆歸』二語爲不虛耳。」心澈讀破萬卷，著書滿家，後乃屏謝語言文字。其言曰：「名士牢騷，美人幽怨，都非究竟，不如學道。悟一分道，是一分福。」恒閉關禮誦玉章經十萬八千卷，誠感洪濟眞人臨壇示訓也。雲姤年幼，恒慮余學道有開閤之舉，謂余曰：「女子以名節爲重。生是夢，死是覺。吾心已覺，君勿疑也。」誦大悲咒、彌陀經，上口輒成誦。大巫李媪，言其前生爲虎邱山寺花神，今生現優婆夷身也。未受籙而向道者二人。次女麗娵，通元命名芝石，樵雲師給名心恒，記名心院，玉册今皈依蘭雲，名來依，字曰馥雲。叔姬文湘霞，通元命名秀貞，皈依龍門，余命名曰來淨。心恒夫婦仳㒧，一心奉母，每日從摩鉢禮朝眞斗。來淨歸心十年，阻於不慈之母，從余受大洞玉章經、普古眞言，易師弟之稱，期以甲子日翦髮披緇入空門矣。嘗言污濁而生，不若清淨而死也。

余女弟子皈道者七人。吴飛卿名來恩，李宛卿名來慈，劉若卿名來惠，許定生名來淑，陸湘鬟名來瑩，黃蘭娵名來覺，段夢香名來智。守性另有傳。

道光乙未五月華胥子序於海上鬱洲宿城山中仙人石屋之玉女窗

原刻前敘

以仙爲有耶，何以廣成、偓佺之倫不再見於今也？以仙爲無有耶，何以黃庭、眞誥至今珍秘，而赤松、黃石間亦露端倪於世也？畫龍行雨，石燕拂雲，人或以爲靈也；神女獻泉，思婦化石，人或以爲誠也；寺鐘鬬虬，岸樹化特，人或以爲精也；木理成文，石言紀異，人或以爲憑也；湖鴉噪祠，海鳥棲舶，人或以爲神也；蠶蛹飛蛾，麥蠹化蜨，人或以爲蜕也；潛蛟魅人，老狐幻叟，人或以爲妖也。蹟其由定生慧，自蠢而靈，則與凡人之爲仙，又何異乎？屠可成佛，隸可成神，況於正直之人？傭可入道，吏可上昇，況於清虛之士？特多爲富貴所酣豢、愛欲所纏擾耳。廣成子曰：「無勞汝形，無搖汝精。」老子曰：「知足不辱，知止不殆。」道之精，仙之源也。

凡學仙者，必在山林之中。仙人托蹟又多在名勝之地。武林巖壑深窈，泉石清遠，眞靈之窟宅也。仙者樂於游焉。余生長武林，憶生平所見名山甚多，莫如武林之佳，所遇仙蹟亦莫多於武林。蓋自華信築塘以蓄西湖之水，靈氣聚焉。屈指武林之仙，得五十人，軼青城而邁岳陽矣。

武林之仙最著者，莫如葛稚川。抱朴子云：「求仙者，要當以忠孝和順仁信爲本。若德不修而但務方術，終不得長生也。」陶貞白曰：「爲仙者，以藥石鍊其形，以精靈瑩其神，以和氣濯其質，以善德解其纏。」唐若山語劉彦廣曰：「勿食珍羞，以增爾祿；勿衣綺繡，以增爾福。陰功及物，濟人之急，道之所重也。」王山人語牛知微曰：「子有道氣而無陰功，且更勤修也。」可知長生之要，不在蒸丹煮石之方、服霧餐霞之跡矣。

思於翠淥園營懷仙閣以待諸眞簫鸞笙鶴，必有翩然而來下者，既爲之詩，並論其事，以見超然塵壒者，首以修德爲要。丹臺石室，名籍可通，願與同志者共勉之爾。

道光丁亥九秋頤道居士序於武昌黃鶴樓

原刻後敘

道光丁亥，余在漢上刻西泠仙詠二卷，並爲之序，大意言神仙之說世所必有，而於神仙之門徑堂奧未之悉也。自是以來，十年於茲，參究於性命之理，推闡於陰陽之故，始恍然於神仙之有，眞不必求之深遠元渺難知也。皇古之世，無神仙之名，亦無煉丹之說。廣成子語黃帝，言道而已。修身以此，治天下亦以此。老子道家之祖，以清淨經爲綱，以道德五千言爲目，修齊治平，一以貫之。孔子問禮東歸，假年興歎。命既罕言，性亦難聞。而曾子、子思詳言之。學、庸所載，與十翼相爲表裏，可尋繹而知也。秦皇漢武，不明斯旨，惟慕長生，燕齊方士造爲迂怪之說以惑之。沿至六朝，其流未盡。故抱朴子、眞誥諸書，尚沿舊說，多言煉丹之法、房中之術，旁及服食、符籙、禱祀，皆非正宗。參同、悟眞作，而命學始明。然多以嬰姹、爐鼎爲喻，雖所言爲一身之陰陽，而好異之徒樂於附會，故理雖明而道轉晦。近代以來，眞人輩出，其書滿家，或出自證道之功，或出自臨沙所示。大約太乙之唱道眞言專言煉心，爲性學之極功；純陽之金華宗旨專言回光，爲命宗之密諦；趙緣督之仙佛同源、伍沖虛之仙佛合一之符券、白玉蟾修仙辨惑論、張三丰元譚錄、彭好古金丹四百字註，皆承道脈之淵源以接引後學。學道者得所指歸，如暗室之寶燈，重門之玉鑰矣。

或謂：道陵臨玉局而證盟威，旌陽鎮鐵柱而啟淨名，匡氏留蹤於廬阜，茆君受法於華陽，況乎稚川之傳載在東晉，貞白所錄紀在南齊，以爲多沿舊説，豈所言皆非歟？

曰：金函玉書，兩儀之秘寶也，懸諸象魏則玩；紫文瓊笈，二曜之珍籙也，陳諸列肆則褻。故軒皇之簡宛委，藏之文，命之書，龍威守之。兩師所作，亦妙其文字耳，機械或未顯焉。譬之儒林之外編、文苑之雜著，摛藻爲春，不必舉實爲秋也。

四子六經，家絃户誦。洙泗濂洛，未經親授，而宋儒以道統自任。淵源付託，若夜半前席親授口訣者，此可笑也。道如有統，則當歸之道家耳。

溯自伯陽闡化，是爲道祖。純陽承凝陽、正陽之緒，是爲道宗。純陽再傳，宗分南北。北則王祖重陽傳邱長春、劉長生、譚長眞、馬丹陽、郝太古、王玉陽、孫清淨，爲北宗七眞，下而王棲雲、尹清和、宋披雲、徐復陽承之；南則劉海蟾傳張紫陽，張傳石杏林，石傳薛道光，薛傳陳泥丸，陳傳白玉蟾，爲南宗五祖，下而彭鶴林、蕭紫霞承之：皆傳仙佛合一之道。

蓋仙佛同一工夫，同一景象，同一陽神證果。仙言煉精化氣，卽佛之出欲界也；言煉氣化神，卽佛之出色界也；言煉神還虛，卽佛之出無色界也。最上乘禪，佛同天仙；大乘禪，菩薩同神仙；小乘禪同地仙；凡夫禪同人仙；外道禪同鬼仙。故佛稱金仙。世尊在七佛中成佛，華嚴經不言「七佛」而曰「七仙」也。劉海蟾云：「眞個佛法便是道，一個孩兒兩個抱。」張紫陽云：「佛珠還與我珠同，我性還同佛性海。」仙之與佛，又何異乎？

至於儒之爲道，仲尼祖述堯舜，憲章文武，上律天時，下襲水土，其推尊也至矣。然而敬問伯陽，竊比老彭，猶龍之歎，與顏子高堅前後之言無以異也。南宋始振，儒宗皆承濂溪之緒。太極圖說，濂溪得之李之才，李之才得之穆修，穆修得之种放，种放得之陳希夷，希夷得易經心法於許堅，堅得之陸修靜，修靜得之楊羲、許穆諸書，蓋卽扶桑大帝君命暘谷神王傳魏希賢者，卽黃庭内景經也。扶桑大帝君卽木公也。外景經爲老子所傳，大旨相同，則固二而一者也。老子戒仲尼曰：「良賈深藏若虛，君子盛德如愚，去子之驕氣與多慾，態色與淫志，是無益於子之身。」非相契之深，能如是其切至乎？抱朴子曰：「仲尼，儒者之聖也；老子，得道之聖也。三皇以往，道治也；帝王以來，儒教也。」老子生於商武丁二十四年庚辰，前乎仲尼不知凡幾。後天之聖，莫不因父母以生，因師以教。學琴師襄，問官郯子，皆師也，何獨至於老子而靳之？豈玄之又玄不及七齡之項橐乎？如來師阿私陀，老子師元君，先聖後聖莫不有師，不第堯師務成伯子、舜師蒲衣綠圖矣。家語載，孔子謂南宮敬叔曰：「吾聞老聃博古知今，則吾師也。」因與敬叔至周問禮，則未見之先業已私淑自居。至於贈言奉教，自周返魯，道彌尊焉。弟子進者三千人，蓋若是深切著明也。而宋儒泥門户之見，以生知推孔子，似尼山墮地卽解，删訂纂修者，欲以尊聖人而反淺之乎測聖人矣。故必去其膠固之成見。

前後三教同源之理明，宗儒者不難入聖，悟禪者不難成佛，學道者不難成仙也。

或曰：如子之言，則長生久視不足爲重，所云拔宅飛昇者，何以稱焉？則又何事乎求仙，何樂於學道也？

曰：欲求神仙，在於寶精行炁。其大要者，胎息也。無極而太極，太極復歸於無極也。抱朴子曰：「防堅則水無漉棄之費，脂多則火無寢曜之患，隱雪以違暖經夏，藏冰以居深過暑。」物猶如此，況於至人？而曲學之士，動以未見爲疑，是習見黔婁、原憲之貧，而謂古者無陶朱、頓之富；習見無鹽、宿瘤之醜，而謂天壤無南威、西施之美也。死而不亡者壽，在於性長生，不必其炁長生也。拔宅者八千餘，所得仙者十萬餘人，載籍所傳，固未可爲典要耳。

仙經又謂：「諸得仙者皆其受命，偶值神仙之氣。故值壽宿則壽，值仙宿則仙。」似神仙爲前定。此未盡然。人生先受精神於天地，後受氣血於父母，天命之性，在聖不增，在凡不減，其昧者，大約多物欲所蔽耳。物欲所蔽，多在聰明之士。蔽者，障也。處富貴而求道者，百人中無一二焉，境障之也；藴才華而求道者，千人中無一二焉，名障之也；躭學問而求道者，萬人中無一二焉，理障之也。垢去而鏡始明，雲消而月始顯。去其障而後道可聞也，聞而後可見也，見而後可求也，求而後可得也，得而後可守也，守而後可成也。求道之功，以主靜爲入門，以止念爲初步，以心息相依爲功法，以胎息爲進境，所謂「固守虛無，以養神氣」也，所謂「無視無聽，抱神以靜」也，所謂「存無守有」也，所謂「心滅性現」也。由是而元關開，由是而眞種得，由是而法身成，由是而陽神現。道家之書，汗牛充棟，苟得其道，一以貫之可也。加以三千行滿、八百功完，棲神洞府之中，翱翔玉清之表，眞靈位業、墉城集仙所記，與天地久長、日月齊光可也。

重編西泠仙詠，復爲此篇。女仙一門，另爲之序。

嗟乎！百年瞬息，古今彈指。鐘鳴鼎食，夢幻也；金穴銅陵，泡影也；妻孥繫戀，骨肉牽纏，恩怨相循，冤親不息，浮雲也，逝水也，落花飛絮也，蜉蝣、蟪蛄也。歷觀二十一史，賢奸姓氏，今之存者何人？況灰飛煙滅，並姓氏不存者耶！

某聞道雖晚，幸有一隙之明，因抒所見，並明宗旨，以爲迷津之筏、暗室之燈。五千退席，八百龍沙，有夙緣者，於兹篇或有取焉。

道光甲午六月圓嶠眞逸書於海上鬱洲山館

西泠仙詠卷一

湖上頌軒皇

湖上諸山，發源黃山，爲黃帝鑄鼎鍊丹之所。武林省會是黃山南支結穴，南北兩峯，得三天子都靈氣焉。

軒皇鑄鼎鍊丹砂，一角天都太帝家；　山勢南來雲海遠，潮聲西上越江斜。龍飛鳳舞開都會，燕語鶯啼驗物華；　地脈由知得靈氣，春城兒女總如花。

江上頌虞舜

重華語蒼梧女道士王妙想曰：「吾昔於民間，年尚幼沖，感太上大道君降於曲室，示以道德眞經，教以修身之道、理國之要，使吾瞑目安坐，至南方之國，曰揚州，上直斗牛，下瞰淮澤。」又曰：「大道在內不在外，在身不在他人。玄經所謂『修之於身，其德乃眞』。古有言曰：『修道如初，得道有餘。』多是始勤終怠，前功併棄也。」命侍臣以道、德二經及駐景靈丸授之。後妙想白日昇天。茲山以舜修道之所，故曰道州、營道縣。見集仙錄。

會稽有虞舜巡狩臺，見圖經；亦爲地官，見神仙通鑑。

重華原是古神仙，側陋親承太上傳；東覲曾過登岱路，南巡正憶省方年。靈源九派流丹液，名嶽三宮隔紫煙；秘笈解參王妙想，幾人白日更昇天。

江上頌神禹

大禹治水，至巫山，爲上古鬼神龍蟒之宅，護其巢穴，杳冥晝晦，迷惑失道，與雲華夫人相值，拜而求助，敕侍女授以敕召鬼神之書，因命其臣狂章、虞余、黃魔、大翳、庚辰、童律爲之佐，斲石疏波，以循其流。禹詢於童律，知爲金母之女，西華少陰，凝氣成眞，與道合體，援禮瑤臺，拜而問道。示以天參玄玄、地參混黃、人參道德之要，命侍女陵雲華出丹玉之笈，開上清寶文以授之，遂能導波決川，以成其功。天錫玄圭，以爲紫庭眞人。見墉城集仙錄。

禹穴紀：「禹陵在會稽。」杭州以禹杭得名。亦爲水官。

瞿唐龍蟒阻通津，親向巫山禮上眞；少室誕靈忘癸甲，長淮息浪鎭庚辰。雲雷鼎上圖魑魅，嶽瀆經中奠鬼神；隔岸晴霞見祠廟，梅梁花放十分春。

江上詠范少伯

范蠡，字少伯，計然弟子，佐勾踐滅吴霸越，泛五湖而去，自稱陶朱公。蹟其生平，始則奉勾踐夫婦臣服於吴，以子胥之忠諫而不能害。大功甫成，脱屣遠去。知幾其神，蠡也有之。神仙通鑑謂爲岐伯後身，有以夫。

註到陰符第幾篇，還家壯士錦衣鮮；陶朱計定傾吴日，黄老功成霸越年。一舸載來人似玉，五湖歸去月如煙；三高祠宇今猶在，誰更將金鑄浪仙。

通仙觀詠張道陵

張道陵，留侯九世孫。父翳，客吴之天目山。母林氏夢神人自北斗魁星中降，以蘅薇香草授之，遂感而孕。生於沛。七歲遇河上公授道德經。及長，博綜五經，爲大儒，往來吴越，從學者千餘人。計功名無益於身心，乃鍊長生之道。居陽羨山中，訪曹洞玄於西洞庭。舉直言極諫科，拜巴郡江州令。詔舉賢良方正不起。居北邙，得丹書篆文。遇殷長生，識之。入吳，遇魏伯陽，丹道愈明。初居陽平山，娶雍氏，生二子三女。入蜀，治蛇虎，得王長、趙昇爲徒。太上降之，授以盟威正籙。治八部鬼神，與會盟於青城山黄帝壇下，妖癘衰息，乃立二十四治。使十二神女入陽山井中，教獵者以汲泉煮鹽之法。眞人召游閬苑，朝太上，使世世宣佈爲人間天師。後與眷屬居餘汗龍虎山，乘白鶴隨老君至成都，地湧玉局而坐，重演正乙盟威之旨，授「正乙眞人」之號。以籙劍册印授長子衡。與雍夫人乘黑龍紫車上昇。今臨安神山觀、餘杭通仙觀、陽羨張公洞，是其地也。

劒印森嚴統百靈，驅除妖癘掌雷霆；須知正乙盟威品，即是文昌大洞經。井偃魚龍千廩白，山環龍虎萬峯青；眞人位業天仙福，北斗光中第幾星。

靈隱詠鍾離雲房

南天竺寺，今下天竺寺也。晉僧慧理開山，方丈曰佛國山。「法堂」二字，乃雲房鍾離權書，甚奇古。見武林舊事。

神仙鍾離權，不知何時人，間出接物。五代之世，頻游人間，嘗草其所爲詩，字畫飄然，有凌雲之氣。又云生於漢，從周孝侯征齊萬年，兵敗入山，遇許堅及王元甫傳道，入崆峒，自稱「都散漢」。

善書。見列仙傳、宣和書譜、雲麓漫抄、夷堅志。著靈寶畢法、破迷歌以傳洞賓。靈隱山門榜曰：「絕勝覺場。」仙翁葛洪所書。見靈隱寺志。又云宋之問書。道藏言，即楚將鍾離昧，兵敗入南山，成中道，爲火龍眞人，後身爲季漢關公，再世爲雲房也。

山堂青積漢時煙，都尉泉亭合共傳；名將從來工翰墨，書家多半屬神仙。蒼龍東闕蕭何體，靈鷲西湖慧理禪；莫詡延清舊題字，雲房還在稚川前。

江山詠東方曼倩

東方朔，字曼倩，平原厭次人，仕漢武帝，至大中大夫，史記、漢書有傳，其靈蹟見漢武內傳、十洲記。列仙傳云：「東方朔，楚人也，武帝時拜爲郎，宣帝初棄郎去，以避亂政，後見會稽賣藥。」謝靈運會吟云：「范蠡出江湖，梅福入城市；東方就旅逸，梁鴻去桑梓。」正詠其事。旅，客也；逸，放也。樂府解題曰：「會吟其致，與吳趨同。會，謂會稽。」

執戟曾經侍武皇，茂陵回首感蒼茫；遠從徐福求三島，笑看侏儒飽一囊。謝客詩中懷旅逸，夏侯贊裏憶賢良；韓康賣藥誰親見，倘有神仙不死方。

江上詠梅子眞

子眞，名福，九江人，爲南昌尉，居家常以讀書養性爲事。元始中，王莽專政，上書言王氏太甚，不報。一朝棄妻子，去九江。至今傳以爲仙。其後，人有見福者，於會稽，變姓名，爲吳市門卒。

銅人淚溼故宮花，新室亡劉事可嗟；吳市尚傳門卒里，富春何處女兒家嚴子陵婦，福女也。朱翁樵徑迷春雨，伍相簫聲隔暮霞；倘過泉亭都尉治，粟山城郭感棲鴉。

江上詠嚴子陵

子陵釣富春江上，今桐廬也。光武願得相助爲理，往來洛陽，則江上有羊裘之跡矣。又雲笈七籤道教相承錄載，第十四代劉政授嚴光。又載，左元放授嚴光女李佗。神仙眷屬，猶使人緬想高致。

七里清瀧接富春，高臺終古鬱嶙峋；隱居自合偕仙女，天子居然重故人。江上科頭臥雲月，夜中伸足動星辰；扁舟賸有羊裘在，依舊煙波理釣綸。

仙姥墩詠王方平

王遠，字方平，東海人。博學五經，明天文圖讖、河洛之要。孝桓帝徵之不起。居太尉陳躭家三十餘年，一旦化去。仙姥墩在清波門外。姥善釀酒，方平嘗就沽飲，授藥一丸，以償酒價。姥後仙去，人於洞庭見之。方平又嘗降吴門蔡經家，見麻姑擲米成丹砂。方井在秦亭山下，相傳方平曾飲此泉也。

蘇臺曾見擲丹砂，更喜西湖酒可賒；方井泉清留舊蹟，洞庭人去渺天涯。書摹魯國仙壇記，春在餘杭阿姥家；我有金貂思貰醉，青山何處碧桃花。

臨平詠姚翁仲

姚俊，字翁仲，錢塘人。仕至交阯太守。漢末，入增城山學道，遇東郭幼平，教行九鍊精氣輔星在心之道。官東華宫中節度，苗裔至今在錢塘臨平，其墳壇歷然，時聞鼓角之響，皆知爲姚司命塚。幼平，秦時隱增城山得道者也。

當年訪道入增城，東郭先生一卷經；仙籙頭銜雲篆碧，墓門鼓角晚山青。金華宗旨參新訣，銅柱關山問舊銘；今日皋亭西畔過，夕陽衰草滿迴汀。

江上詠魏伯陽

魏伯陽，上虞人，號雲牙子。性好道術，師事陰徐二眞人。與弟子三人入山作神丹，丹成，與犬食，犬卽死。自食之，入口亦死。一弟子曰：「吾師非常人也，服此而死，得無意也。」取丹服之，亦死。餘二弟子相謂曰：「所以得丹者，欲求長生也，今焉用此？」乃共出山求棺，伯陽卽起，將所服丹納弟子及白犬口中，皆起，遂皆仙去。作參同契五行相類，假借爻象以論作丹之意，世儒多作陰陽註之，失其旨矣。

一卷參同萬古傳，盡將道妙洩先天；陰徐師表承前輩，鍾呂淵源啟後賢。消息潛通周易理，闡揚宜證悟眞篇；閨丹爐火都研究，我是金床馬自然。

集慶寺詠陳渾

漢熹平中，令玆邑，築南溪塘三十里，號曰南湖。民懷其德，立廟湖上。唐長慶中，封太平靈衛王，俗所祀天曹神是也。歐陽修唐書地理志記，歸珧開湖築甬道，因渾舊蹟。樊榭文集：「漢陳渾爲餘杭令，有功於民，民爲立祠曰『陳明府祠』，在集慶寺西。見明一統志。」

漢家賢宰餘杭令，賸此遺祠奠兩楹；山水中間留俎豆，循良傳裏有神明。後來蘇白多遺蹟，並世龔黃少盛名；我亦江南久浮宦，寒泉一盞酹宗盟。

龍泓洞詠葛孝先

葛元，字孝先，誦清淨經而得道，有道德經序，稱太極左仙公。以丹經付弟子鄭隱，隱以授元從孫洪，卽稚川也。見晉書葛洪傳。

葛翁鍊丹之所，今曰葛隝，在靈隱，吳方士葛孝先所居。見元豐九域志及輿地志。

孝先從左元放，授九丹金液仙經。吳大帝欲加榮位，意不欲住，腹痛而臥，須臾死，臭爛蟲生，不可復近，屍失所在。又去游會稽，號葛仙公，以其煉丹秘術授弟子鄭隱。洪就隱學，悉得其傳。

龍泓洞在飛來峯，一名巖石室，一名通天洞。晏殊類要云：「吳赤烏二年，葛仙翁於此得道。」以年代度之，在稚川前，當是元耳。

南屏山有幽居洞，相傳爲葛仙翁修煉之所，或亦元遺蹟也。

迴龍橋畔臥犀泉，青壁芙蓉好洞天；學道偶居靈鷲麓，登眞應憶赤烏年。蒼茫舊宅懷句曲，轉輾丹經付稚川；極目初陽臺畔路，神仙畢竟有家傳。

江上詠介元則

介象，字元則，會稽人。學通五經，後學道，入東山。善度世禁氣之術。吳王徵至武昌，稱爲介君，詔令立宅，從學隱形之術。後言病，賜以美梨，食之便死。晡時，至建業，以梨付苑吏，吏種之，以表聞，與立廟。祭時有白鶴來集座上。

夕陽何處介君祠，江水江雲我所思；黃鶴樓前曾立宅，赤烏碑上合題詩。前緣或者知于吉，同輩惟應數左慈；贏得梨香宮苑在，瀛洲玉雨賞花時。

鳳凰山郭公泉詠郭文舉

文舉，名文河，內軹人。洛陽陷，入餘杭大滌山中，倚木於樹，苫覆其上，居十餘年。猛獸害人，獨不害文。區種菽麥，採竹葉木實，貿鹽以自供。食有餘穀，輒恤窮匱。嘗有猛獸張口向文，視有橫骨，乃以手探去之。嘗使負鹽入市，縶之郵亭。日暮，虎饑而嗥。今之嗥亭，是其遺蹟。王導引置西園，朝士咸共觀之，頹然箕踞，旁若無人。温嶠嘗問曰：「饑而思食，壯而思室，人之情也。先生獨無情乎？」文曰：「思由憶生，不憶故無情。」又問曰：「先生獨處窮山，若疾病遭命，爲烏鳶所食，顧不酷乎？」文曰：「埋藏者亦爲螻蟻所食，亦何異乎？」又問曰：「猛獸害人，顧獨不畏耶？」文曰：「人無害獸之心，則獸亦不害人。」居西園七年，未嘗出入。一旦，忽求還山，不聽，逃歸臨安山中。及蘇峻反，破餘杭，而臨安獨全，人皆異之，以爲知機。見晉書隱逸傳。

泉出巖竇間，相傳文舉所鑿，多不盈掬，久旱不竭。明僧明秀更名許僧泉。方豪篆名鐫壁。見錢塘縣志。

秣陵曾訪讀書臺，又見清泉此地開；藴藻紋深橫舊石，葫蘆水泠浸寒苔。梵天古寺鰻何在，元蓋孤雲鶴未回；失笑文人輕篆壁，當年不爲許僧來。

葛嶺詠葛稚川

葛洪，字稚川，句容人。少時尋書問義，尤好神仙導養法。從祖元得仙，以丹術授弟子鄭隱，洪乃就隱學，悉得其法。後師鮑元，元以女妻洪。洪傳元業，兼綜醫術。見晉書本傳。

稚川隱西湖，山以仙著。初聞郭文舉在大滌，造請焉。修眞著書，號抱朴子。葛嶺在寶石山西，亦名葛隖，相傳是洪煉丹處。湖上諸山，多洪隱蹟。居靈隱山，丹竈猶存。見二寺記。天竺山下有葛洪煉丹井。見輿地記。定山慈惠院，太康間，葛稚川捨宅爲寺。見臨安志。太平廣記載三生石事，有葛洪川。許渾有題天竺寺葛洪井詩。雷峯小蓬萊，相傳洪棲煉於此。靈隱寺額相傳洪書。

曾從句漏乞丹砂，飽看羅浮萬樹花；是處深山堪避世，一車行具此移家。松陰古井澄寒水，雲裏高臺麗曉霞；我與神仙多夙契，靈樞也學種蘭芽。

葛隖詠葛三郎

會稽崔希眞冬日見負薪老叟立雪中，問之，云姓葛，第三。崔留食大麥湯餅，自促備饌。方張絹，欲召畫工爲圖，叟取几上筆，畫一枯松，一採藥道士，一鹿隨之，迅逸高古，非世所有。識者曰：「此稚川三子葛三郎畫也。」後遇之灞橋鬻蔬，就之，負蔬去。

蘭亭修竹積濃陰，偶渡江皋步水潯；雪裏飛鴻留隱蹟，畫中馴鹿見仙心。外家林屋包山古包山即鮑山，以鮑靚所居得名。三郎母鮑姑，靚女也，舊宅丹房葛隝深；隨處煙霞足棲飲，寒樵老圃是知音。

稽留峯詠許遠游

許邁，字叔元，小名映，改名遠游，東華署爲地仙。見眞靈位業圖。邁，句容人。少恬靜，不慕仕進。南海太守鮑靚隱跡潛遯，邁往候之，採其至要，謂餘杭懸霤山近延陵之茆山，是洞庭西門，潛通五嶽，陳安世、茆季偉常所游處。於是立精舍於懸霤而往來茅嶺之洞室。永和二年，移入臨安西山，登巖茹芝，有終焉之志。著詩十二首，論神仙之事。見晉書本傳。許邁建思眞堂於靈隱山。見陸羽二寺記。靈隱稽留峯，卽遠游嘉遯之所。邁自餘杭懸霤移入靈隱。見西湖游覽志。

潛通五嶽採眞回，懸霤深山精舍開；南海解尋高隱去，東華曾署地仙來。三生石上中秋月，千歲巖前太古苔；舊是先生嘉遯處，茹芝園綺共徘徊。

江上詠王逸少

逸少東歸會稽，誓墓不出。錢塘山水，精華未發，非止山陰道上千巖競秀、萬壑爭流也。神仙通鑑稱爲「書宗先生」。新齊諧言：「天上寫紫清煙語，品書以索幼安爲第一，逸少爲第十。」蹟其換鵞之作黃庭、道德，流傳人間，與道士管霄霞往還，煙霞之致深矣。

又上輕航渡浙西，雲門山寺入耶溪；黃庭書罷鵞爭浴，蘭渚花開鳥亂啼。巖壑肯將經濟換，煙霞許共室家攜；如何誓墓歸來日，不住錢塘住會稽。

萬松嶺郭公泉詠郭景純

景純，名璞，河東聞喜人。好經術，博學，有高才。慕古文奇字，從郭公受青囊，洞五行天文博筮之術，京房、管輅不能過也。惠懷之際，河東先擾，璞避地東南，王導引參軍事。於時陰陽錯謬，刑獄煩興。璞屢上書言事，又以才高位卑，乃著客傲。以母憂去職。未期起，爲王敦參軍。敦謀逆，爲所害，蓋兵解也。追贈宏農太守。璞譔洞林、新林、卜韻；註釋爾雅，別爲音義、圖譜；又註三蒼方言、穆天子傳、山海經及楚詞、子虛、上林賦數十萬言；又所作詩賦誄頌數萬言，並游仙詩，皆傳於世。見晉書本傳。

泉在嶺下，相傳景純所鑿。其時杭城濱江斥鹵，艱得甘泉，度地脈，非景純不識也。見游覽志。

白竈前世感精靈，古井空山話野亭；江賦書成銘彩筆，仙詩吟罷吸銅瓶。情深紅粉三升豆，名重青烏一卷經；我憶金山弔遺墓，清泉曾與味中泠。

錢塘詠許黃民

字元文。家有上清眞經，魏夫人授弟子楊羲，傳黃民祖穆、父翽，先後隱化。永興初，京畿亂，黃民奉經入剡，爲東闡馬朗所供養。元嘉六年，將移居錢塘，封其眞經一廚付朗，分持經傳及雜記自隨。及至錢塘杜道鞠家，少時而終。

穆，一名謐，字思亢，邁之弟也。婦陶科斗，女弟娥皇；中男聯，字元暉，小名虎牙；小男名翽，字道翔，小名玉斧，婦黃敬儀，卽娥皇女。黃民孫女道育、瓊輝並得度世。詳見眞誥。蓋其時佛法未盛，人多奉道，潤以文藻，有神仙眷屬之意。如許氏者，亦其著也。

香嬰深護篆煙浮，珍重經文奕世留；絳闕隱書傳世系，華陽眞誥溯靈修。牙箱軸富緗新籙，雲笈籤多下幾籌；玉珮金璫仙眷屬，攀星還擬禮辰樓。

瑪瑙寺詠杜子恭

晉書：「孫恩，父泰，字敬遠，師事錢塘杜子恭。子恭有秘術，嘗就人借瓜刀，其主求之，子恭曰：『當卽相還耳。』刀主行至嘉興，有魚躍入舟中，破魚得刀。其神效往往如此。子恭死，泰得其術。」及泰誅，衆惑之，皆謂蟬蛻登仙矣。南齊山陰孔靈產，過錢塘北郭，輒於舟中遙拜杜子恭墓。宋書沈約自序：「杜炅，字子恭，通靈有道術。約先世有沈警者，敬事子恭。」按：墓在錢塘縣北，南齊時所謂錢塘北郭，猶水經注「靈隱山下錢塘故縣，江經其南，則北郭亦近湖之地也」。舊志有「杜運，子恭之孫」。俗傳瑪瑙寺左有杜子恭墓。倪璠神州古史考曰：「杜子恭者，神方驗於晉史，冢墓載在齊書，蓋黃公道術之流、葛洪神仙之比也。」

黃公道術葛翁篇，魚腹瓜刀事偶然；何處鶴棲曾寄蹟，有人蟬蛻說登仙。暮雲樓閣西泠樹，落日帆檣北郭船；瑪瑙寺前埋骨處，紛紛遙拜墓門煙。

靈隱詠杜叔恭

叔恭，名昺，錢塘人。少孤，有名鄉郡，命仕不就。師餘杭陳文子，受治爲正一弟子。感神人張鎭南降授秘方。謝安見黃白光以問昺。昺曰：「君先世陰德及物，君當位極人臣也。」他若策謝元淝水之捷，料桓温枋頭之敗，燭盧竦之入宮，防孫泰之惑衆，前知之異，有靈徵焉。歿後弟子立碑，諡曰「明師」。見洞仙傳。謝奐以子寄養，當卽其人。

按宋書：「杜炅，字子恭，通靈有道術。」見沈約自序。名字相類，或是兄弟行也。

錢塘高士杜明師，靈隱山前有舊基；桓謝行軍機早定，孫盧惑眾數難移。親緘秘籙貽諸子，別起新亭待客兒；北郭墓門遙拜處，何人棠棣爲題碑。

錢塘北郭詠孔靈產

靈產，名默，會稽山陰人。泰始中，罷晉安太守，有隱遯之懷。於禹井立館，事道精篤。東出，過錢塘北郭，於舟中遙拜杜子恭墓，並從許黃民求楊許眞書，令郡吏王興繕寫。見眞誥及雲笈七籤。子稚圭，即譔北山移文諷周彥倫者。

晉安歸棹晚煙遲，北郭曾經禮導師；豈有丹經傳鄭隱，可無仙館立楊羲。陰陰桑柘尋遺宅，鬱鬱松楸訪舊碑；省識家風知慕道，兒曹解賦北山移。

錢塘詠徐鸞

徐鸞，吴郡海鹽人。少有道炁，能收束邪精。錢塘杜氏女患邪，鸞召魅叱之，成白龜。一旦與從兄弟登石碕山斫柴，日暮不返，明旦尋覓，見倚樹不動。抱之，惟有空殼。見洞仙傳。

城北徐公美若何，居然應器與降魔；一潭枯水浮朱鼈，三尺靈潭走白鼉。此日空林蟬共蛻，他年華表鶴應過；石碕山下留蹤處，絕似仙人爛斧柯。

孤山詠陸修靜

名修靜，烏程人。事母至孝。晉衰，不仕，奉母入金蓋山。故多梅，增植之。歲足代耕，榜所居曰梅花館。淩義渠謂：「和靖植梅有祖，其先生歟？」母病思鱸，釣於溪，獲二尾，烹其一，龍子也。翁乞其一，還之。後過鏡湖，舟覆，一少年負而出，蓋以報云。母没後，作道士裝，周游湓浦廬山，閒與淵明、慧遠結白蓮社。嘗至秣陵，居鍾山茱萸館。爲劉宋客而不臣，卒謚簡寂。廬山簡寂觀，是其遺阯。法籙稱靈寶天師。

種梅人去渺天涯，金蓋山前有舊家；香雪林中調鶴地，晚霞溪上釣龍槎。秣陵月落煙橫黛，廬嶽雲深瀑瀉花；誰是高蹤繼蓮社，虎溪三笑最風華。

曹橋詠潘尊師

杭州曹橋福業觀，有潘尊師，虛襟大度，行功濟人。有少年詣之，避難六十日，臨別，授正一九州社令籙階。自後靈官傳報，四海之內，無不知之。厭其喧聒，却之不可，乃食肉啗蒜以却之。一日，少年來曰：「汝犯眞靈，罪當冥考。別授一術，廣行陰功，用贖前過。」後來言諸天方外之事，歲餘尸解。

九天龍虎守雲都，金籙分明總玉樞；掌上觀紋千里見，耳根郵報萬靈趨。神君帳裏傳丹訣，力士壇前秉赤符；何處曹橋舊仙觀，春城煙樹夕陽孤。

山中詠陶貞白師

貞白先生，南史有傳。謝瀹先作陶先生小傳，甚簡。華陽隱居先生本起錄，則從子翊所譔也。云「庚午年，啟假東行浙越，尋求靈異。至會稽大洪山，謁居士婁慧明；至餘姚太平山，謁居士杜京產；至始寧兆山，謁法師鍾義山；至始豐天台山，謁諸僧標，及諸處宿舊道士，並得眞人遺蹟十餘卷。東陽長山，吳興天目，無不經歷。見雲笈七籤。則湖上諸山，當有先生游蹟矣。廣陵通元壇，余從問道，師所主也。

笑謝浮名署隱居，華陽彷彿似華胥； 松吹夜月鸞笙杳，碑墮空江鶴夢虛。曾與諸劉敦古誼，親承楊許有眞書； 名山都是經行處，石室金庭問舊廬。

吴山詠汪越公

汪華，字子華，小字興哥。父彥，饒於財，以鉅貲俾習賈，因至鄞之普陀，遇豪客劉琮，方困，悉以資之。隋亂，得琮力，保障六州。唐初歸命，封越國公。後與琮同爲徐張二眞所引，入潮音洞修道成眞。宋封靈惠公，明封廣濟靈惠王。海内汪氏富貴顯達者，皆公後人。保境息民，流澤遠矣。余子婦爲公四十七世女孫，與公同正月十八日生。謂新舊唐書不爲公立佳傳，當是公子孫有富名，宋初秉筆諸人有「陳承祚乞米」之意而未遂也。

杭爲保障六州之一，祠在吴山。

六州保障重勳名，早識眞人罷甲兵； 陌上看花錢武肅，中原採菽李長生。西來山勢雲無際，東下江潮月有聲； 何事魏收工乞米，不將佳傳表登瀛。

肅儀亭詠孫思邈

思邈，京兆華原人。七歲就學，日誦千言。及長，好談莊老百家之說。周宣帝時，隱太白山學道。洞曉天文推步，精究醫藥，務行陰德。嘗救小蛇，涇陽龍子也，得入水府，授龍宮禁方三十首，因著千金方三十卷，龍宮方散其内。又著脈經。唐太宗、高宗朝，授以侯爵，固辭。永徽三年尸解。見續仙錄。

肅儀亭，在上天竺，有無竭泉，一名孫公泉，相傳爲思邈洗藥處。

高臥空山不計年，肅儀亭畔甃苔圓；偶攜處士烹茶具，來試仙人洗藥泉。鷲嶺應留遺蹟在，龍宮曾有禁方傳；隱居絕似陶貞白，管領華陽好洞天。

武林詠司馬子微

子微，名承禎，河内人。博學能文，工篆隸，少事中嶽體元先生潘思正，傳其符籙及辟穀、導引、服餌之術。隱天台山玉霄峯，自號白雲子。則天、睿宗、元宗，屢加徵召，有賓琴花帔之賜。寫三體道德經，譔修眞秘旨、論五嶽眞人。因建眞君祠，詔於王屋山，自選形勝以居。弟子甚眾。女眞焦靜眞，靈識精思，至方丈山，遇二仙女謂曰：「子欲爲眞官，可謁東華青童道君。」請其姓名，謂子微也。蜀女眞謝自然，泛海將詣蓬萊求師。至一山，遇一道士言：「天台山司馬承禎，名在丹臺，身居赤城，眞良師也。」乃回求受度，白日上昇。見雲笈七籤。李太白大鵬遇希有鳥賦，爲子微作也。

赤城王屋總名山，都有仙居杳靄間；五嶽眞形留帝闕，九重前席謝天顏。悔橋終古寒飛瀑，捷徑當年泠閉關；玉女雙修俱絕世，寶琴霞帔禮星鬘。

江上詠賀季眞

季眞，名知章，四明人，官秘書監。李白游長安，知章遇之，呼爲「謫仙人」，解金龜換酒。晚乞歸四明，自號四明狂客，乞賜鑑湖一曲。又神仙傳：「知章以天寶末入四明山中，餌藥上昇。」見胡稚威懷仙堂記。

貰酒金貂尚有無，山公騎馬兩鬢扶；謫仙樂府新詩卷，狂客生涯舊酒徒。二頃水田謀鶴俸，十年歸計戀漁租；如何只放稽山棹，不乞西湖乞鑑湖。

天竺詠李太白

太白，謫仙人也。長庚英英，上匹歲星，與許宣平、司馬子微游安陵，遇蓋還，爲造仙籙。生爲人中之仙，没爲仙中之人。徵其靈蹟，屢見載録。

杭州天竺爲白游蹟所經，有與從姪刺史良同游詩云：「掛席凌蓬邱，觀濤憩樟樓；三山動逸興，五馬同遨游。天竺森在眼，松門鶩颼秋；覽雲測變化，弄水窮清幽。疊嶂隔遥響，當軒寫歸流；詩成傲雲月，佳趣滿吴洲。」又杭州送裴大澤時赴序州長史詩與肅宗二年虎邱夜讌詩序，皆爲確證。故余有西湖及虎邱建太白樓之議。近年賀耦耕、董琴南、萬浣雲諸君建慕李軒於虎邱白公祠，汪少海、屠琴隖諸君建李杜祠堂於西湖金沙港。從余議也。

觀濤風雨憩樟樓，逸興曾偕五馬游；放眼三山窮疊嶂，當軒衆壑寫歸流。酒杯緑泛金尊夜，花港紅銷畫舫秋；黄鶴倘來應有伴，月華寒照翠雲裘。

江上詠葉法善

法善，字道元，處州松陽人。父慧明，祖重，四世修道。七歲溺松陽江，三年復還。父母問故，曰：「青童引我朝太上。」師青城山趙元陽，受遁甲。入蒙山，神人授書。詣嵩高山，嶽神授劍。遂居卯酉山，投符起石。游括蒼山，遇三神人告曰：「子本太極左仙卿，以校錄不勤，謫人世，宜立功濟世佐國，當復舊任。」授以正一三五之法。自是四海六合，名山洞天，咸所周歷，誅蕩精怪，掃馘妖邪。叔靜能薦之，拜上卿，辭，乞爲道士。以黑符誅瓜州白魚，以丹符救東海龍。發蕃使凶函，知張果前生爲混沌時白蝙蝠精。攝李北海魂使書碑，與明皇涼州觀燈，入月宮聽紫雲迴曲。仙蹟不可勝紀。錢塘江有巨蜃爲害，淪溺舟檝，投符使神人斬之。除害殄凶，功德尤遐被也。明皇詩云：「清溪道士人不識，上天下天鶴一隻；洞門深鎖白雲閒，滴露研朱點周易。」賜法善也。卒年百有七歲，贈金紫光祿大夫，謚有道先生。

清溪道士葉尊師，身歷三朝作羽儀；東海清泉龍叟報，西園醇酒麴生知。涼州夜市金錢富，月殿新聲玉篴遲；滴露研朱點周易，九天雲鶴聽吟詩。

眞聖觀詠呂祖洞賓

萬曆錢塘縣志載：「觀中蕉花盛開，有道士趙肖先居之。一日，有羽客來訪，適趙他出。客題詩蕉葉曰：『午夜君山玩月回，西鄰小圃碧蓮開；天風香霧蒼花冷，名籍因由問汝來。』又曰：『白雪紅鉛立聖胎，美金花要十分開；好同子往瀛洲看，雲在青霄鶴未來。』相傳以爲呂祖寄託也。」揭徯斯有眞聖觀蕉花訪仙人題詩處詩。眞聖觀，今圓妙觀，在吳山麓。

蕉花原是美金花，有客來尋羽士家；仙蹟曾勞駐黃鶴，朗吟應復倚青蛇。春深瀛海看雲氣，夜靜君山玩月華；我欲西鄰營小圃，綠天菴畔種靈芽。

錢塘詠施肩吾

肩吾，字希聖，睦州人。唐元和中進士，隱洪州西山，矢志不仕。有詩曰：「氣本延年藥，心爲使氣神；能知行氣主，便是得仙人。」呂祖游睦，見其趨尚煙霞，授以還丹大道。見修眞傳道集序。有春日錢塘雜興詩。

西山高隱慕仙家，碧洞青蘿覽歲華；鶴夢泠棲松際月，猿聲寒嘯嶺邊霞。蠶娘門外籠桑葉，酒姥溪頭種藕花；採藥空林招野客，也同句漏乞丹砂。

六井詠李鄴侯

李泌，字長源，守杭州，以郡城泉水惡，開六井，引湖水以便民。曰相國井，曰西井，曰方井，曰小方井，曰白龜池，曰金牛井。白香山、陳述古、蘇軾、周淙、趙與籌皆重浚之。今雖遺阯不盡可考，而流澤沾溉已二千年於兹矣。

泌幼年能於屏風上立，空中嘗有天樂來迎。宿嵩山，遇僧嬾殘，煨芋食之，有「領取十年宰相」語。安史之後，再造唐室。廣平王贈詩有「夜抱九仙骨，朝披一品衣」句。既薨，中使林遠遇於逆旅，單騎常服，云往衡山。其爲仙也無疑矣。

遺愛長思李鄴侯，曾聞六井引湖流；銀床急雨千門足，茆屋炊煙萬户謳。芋火暖分枯衲夜，菊泉寒薦水仙秋；簫鸞笙鶴歸何處，擬築新宫起畫樓。

西湖詠張志和

志和，山陰人，號元眞子。擢進士，善畫，飲酒三斗不醉。肅宗嘗賜奴婢二人，志和配爲夫婦，曰漁童、樵青。守眞養氣，臥雪不寒，入水不濡。天下山水，皆所游覽。與顔魯公善。魯公守湖州。與陸鴻漸、徐士衡、李成矩，唱和漁父詞二十五首。魯公東游平望，志和酒酣，爲水戲，鋪席水上，獨坐飲酌嘯詠，有雲鶴隨覆其上，揮手以謝，上昇而去。見續仙傳。

圓波吹雪鮆魚肥，漠漠晴煙溼翠微；隱逸生涯新釣艇，神仙蹤蹟舊漁磯。晚山何處青鸞去，春水依然白鷺飛；我亦武陵源外住，桃花亂點綠蓑衣。

白公祠詠白香山

白居易，字樂天，太原人，晚號香山居士。嘗爲杭州刺史，三年建石函以通湖水，築隄捍田，人稱白公隄，自石函橋北至餘杭門者是也。遺愛孔多，民謳思之。嘗有人於海上見仙龕，云以待白侍郎。祠在孤山，爲阮琅嬛先生撫浙時所建。

一湖春水潤平沙，碧毯青蘿玩物華；歸去偶攜天竺石，重來應憶紫陽花。夢回翠黛雲長好，拍按霓裳月未斜；何處仙龕滄海上，醉吟應復憶蘇家。

天竺靈隱詠李公垂

公垂，名紳，亳州人，與李文饒、元微之齊名，號「元和三俊」。爲人短小，俗呼「短李」。少時與友同止西山舍，見一老叟，心知異人，拜之。曰：「子知唐若山乎？某是也。今夕南海羣仙會羅浮山，能隨我游乎？子合名紳，字公垂。」既至，眾曰：「異哉，公垂非名，係仙籍。何路得來，能我從乎？」曰：「紳未立室。」不獲辭，恐若黃初平貽憂於兄弟。羣士已知念歸，覓一物乘之，似在華山北，乃羅浮店也。後累官中書、侍郎、平章事。有憶杭州天竺、靈隱二寺詩。

高峯斜日暝煙收，一樣檀林擁石樓；佛國有緣今再到，仙山何事不重游。雲間鐘磬飄僧榻，江上旌旗送客舟；惆悵猿猱苦相憶，月華寒嘯洞門秋。

三生石詠牧童

唐李源與僧圓觀友善，相約游峨眉。至南浦，見婦人錦襠負甕而汲。觀曰：「此婦孕三歲矣。吾不來，故不得乳。今既見，無可逃者。後十三年中秋夜，當與公相見於杭州天竺寺。」遂亡。源後自洛適杭，中秋月夜，於葛洪井畔，見有牧童菱角騎牛而歌曰：「三生石上舊精魂，賞月臨風不要論；慚愧情人遠相訪，此身雖異性長存。」又歌曰：「身前身後事茫茫，欲話因緣空斷腸；吳越溪山尋已徧，恰迴煙棹上瞿唐。」歌竟，拂袖入煙霞而去。觀此，則牧童不味前因，抑已仙矣。石在蓮花峰下。

解從身後說身前，知爾今生已得仙；影踏疏林秋有蹟，路尋幽澗夜無煙。錦襠遠夢人千里，菱角長歌月一天；何處青山最堪憶，蓮花峯下葛洪川。

鶴林道院詠殷七七

七七，名文祥，又名道筌。周寶於長安識之，及寶移鎮浙西，七七忽至賣藥。寶驚，召之，師敬益甚。每醉歌曰：「解醞逡巡酒，能開頃刻花；琴彈碧玉調，爐養白硃砂。」試之，悉驗。嘗於鶴林寺感仙女九日開杜鵑花。後於甘露寺爲衆推落北涯，咸謂墮江死矣。後有人於江西見之。見續仙傳。

回首長安舊夢賒，春山採藥踏煙霞；壺中造化逡巡酒，世外春秋頃刻花。九日笙歌圍絳樹，一房爐火煉丹砂；鶴林女子知何處，倘是仙人萼綠華。

錢塘詠王賈

太原人，嘗與諸父至太行南泌河觀兩龍。爲婺州參軍，與杜暹過錢塘江，登羅刹山，觀浙江潮，謂暹曰：「大禹眞聖者，當理水時，所有金匱玉符以鎮川瀆。若此杭州城不鎮壓，尋當陷矣。」因與暹至水底觀之。

波恬羅刹息驚湍，中有風雷護法壇；林屋寶符深洞閟，禹陵窆石隔江看。鮫人弄杼冰綃薄，龍女簪花月鏡寒；不是仙翁親指點，誰知萬古慶安瀾。

武林詠夏侯隱者

不知何許人，游茆山、天台間，攜布囊竹杖而行，或露宿草間樹下。人窺覘之，但見雲氣，不見其身。登山渡水，閉目善睡而不差跌，人號睡仙。昔常熟蔣文肅得不寐之疾，夢隱者教以「未睡目，先睡心」，行之良驗，因於道觀塐像奉之。

睡鄉原是黑甜鄉，行止皆甜味更長；華頂當年曾寄蹟，琴河有客解焚香。布囊聊作游仙枕，竹杖權爲夢蝶床；我本希夷老孫子，華胥應許聽宮商。

杭州詠杜可雲

杜昇，字可雲，京兆杜陵人。好於水椀及盆内以沙書「龍」字，浮而左右，叱之則飛可丈餘，隱隱作小龍形，呼之復下水中。杜孺休，邠國公琮子也，爲蘇州牧，延入，呼爲道翁。云邠國鎮西川日，與翁處四十餘年，顏貌如當時也。咨以道術，勸以教化及人慈惠爲意。或與賓僚倡和，出口成章，多神仙旨趣。後軍亂，人見可雲被傷，頃之，但見舊衫破痕。後數日，人見過松江、浙江，經杭、越、衢、信，入江西市，醉吟、沙書如故，云將歸南嶽也。

隨意書龍便是龍，蜿蜒無際動虛空；有時得氣飛雲外，依舊聞呼入水中。蜀道夢回江樹碧，杜陵家近苑花紅；西江避蹟歸南嶽，回鴈峯前憶此翁。

龍泓洞詠丁翰之

唐丁飛擧，字翰之。隱居錢塘深山，有憩館在龍泓洞。善養生，能鼓琴，綸巾布裘，貌古而意澹。年八十六，齒髮不衰，升高望遠，不異平地。時時書細字，作文記事，皆有楷法意義。夜半山靜，取琴奏雅弄一二。少睡，寡言笑。與人相接，禮簡情至。人或問其養生之道，對曰：「治心修身之外，復有何物？」陸龜蒙嘗詣洞訪之，爲作丁隱君歌云：「華陽道士南游歸，手中半捲青蘿衣；自言逋客持贈我，乃是錢塘丁翰之。連江大抵多奇岫，獨話君家最奇秀；盤供天竺春筍肥，琴倚洞庭秋石瘦。草堂暗引龍泓溜，老樹根株若蹲獸；霜濃果熟未容收，往往兒童雜猿狖。去歲猖狂有黃寇，官軍駭散無人鬬；滿城奔迸翰之閒，只把枯松塞圭竇。前度相逢正賣文，一錢不值虚云云；今年利作採山斧，可以拋身麋鹿羣。丁隱君，丁隱君，昂然且莫別名氏，卽日更尋丁隱君。」見笠澤叢書。序云：「雷平山道士葛參寥話與翰之熟，至今齒髮不衰，氣力益壯。」當卽詩中所云「華陽道士」也。觀此，隱君其殆有道者歟。

何處錢塘丁隱君，散人麋鹿亦爲羣；盤中玉版登春早，壁上冰絃響夜分。龍湫溜聲喧急雨，猿啼清嘯落停雲；華陽道士如相遇，手捲青蘿話夕曛。

憩館懷葛參寥

事見前丁翰之傳。觀詩序，則參寥與翰之爲方外之友，均爲有道。味詩意，則參寥訪翰之於所居，翰之贈以青蘿衣，歸遇魯望，因作詩也。

衣捲青蘿染翠苔，相逢齒髮未全衰；記從甫里先生語，曾訪龍泓處士來。句曲洞天原福地，稚川家世本仙才；華陽我亦淵源在，松下吹笙日幾回。

青衣泉詠童子

泉在寶蓮山三茆觀内。唐開成中，道士韓道古見青衣童子於洞口，故名。泉上有唐人題名。

何處青衣此一童，當年靈蹟羽人宮；山花灼灼歌雙髻，秋水明明翦兩瞳。樓閣高寒金地外，澗泉深閟玉天中；當年親訪題名處，閒話淮南憶八公。

錢塘詠陳嵩伯 即藍采和

洪州處士陳陶，字嵩伯，聲、詩、曆、象無不精究。世居嶺表。嚴宇鎮豫章，以陶操行高潔，欲撓之，遣妓蓮花侍焉。陶賦詩云：「已向昇天得門户，錦衾深媿卓文君。」謝之。後人移其事爲圖南也。

昇元中，至南昌，築室西山。宋齊邱不爲薦辟，陶有句云：「中原莫道無麟鳳，自是皇家結網疏。」開寶中，嘗見一叟與老媼貨藥於市，獲錢則市酒對飲。既醉，行舞而歌曰：「藍采和，藍采和，塵世紛紛事更多；爭如賣藥沽酒飲，歸去深崖拍手歌。」或疑爲陶夫婦。

嘗有西湖對酒歌云：「風天雁悲西陵愁，使君紅旗弄濤頭；東海神魚騎未得，江天大笑閒悠悠；嵯峨吳山莫誇碧，阿陽經年一宵白；南朝彩鳳爲君生，古獄愁蛇待恩澤；三清羽書來何遲，十二玉樓胡蝗飛；炎荒翡翠九門去，遼東白鶴無歸期；鴟夷公子休悲悄，六鼇如鏡天始曉；尊前事去月團圓，琥珀無情憶蘇小。」蓋爲錢氏作也。

吾家仙侶世間多，又見當年藍采和；彩鳳南州招未下，神魚東海問如何。山中境靜簪花去，湖上春閒採藥過；太息生平晚聞道，雙修偕隱兩蹉跎。

東小江詠吳仁壁

仁壁，字廷寶，蘇州人，一曰秦人。少習星緯黃白家言。唐大順中，登進士第，已而入浙。家貧，常佯狂乞於市。錢武肅王聞其名，待以客禮，叩以天象，辭非所知；辟幕職，又以詩固辭。及秦國太夫人薨，具體幣，請爲墓銘，堅不肯屬草。王怒，投之江中。有詩一卷行世。先是仁壁學於廬山道士數年，道士曰：「能學仙耶。」仁壁固陳求名之志。道士曰：「一第猶拾芥耳，但他年勿干英雄。」至是遂驗。有女年十八，能詩，精天官之學。仁壁被繫，女泣曰：「文星失位，大人其不免乎？」未幾，王併沈之東小江。見十國春秋。

雅言雜載則云：「關右人，游羅浮洞，學老莊於張先生，得其大旨。武肅請譔羅城記，不從，怒沈於江。建隆初，廣南劉隱遣人就羅浮設醮，至山頂見石門。一叟曰：『此羅浮先生吳仁壁所居。』後有人於羅浮、句曲諸山見仁壁引十許歲女子，是其女也。」

碧波亭下水犀然，東小江頭浪拍天；愛士也知虛側席，負才聊復託沈淵。羅浮洞口花橫雪，句曲山中月上煙；原是蓬萊舊儔侶，郟公攜女共昇仙。

握髮殿詠閭邱方遠

方遠，字大方，舒州宿松人。精通詩書。學易於廬山陳元晤，問大丹於香林左元澤，師事仙都劉處靖，受法籙於天台葉藏質，詮太平經爲三十篇。景祐中，錢塘彭城王錢鏐深慕方遠道德，禮謁於餘杭大滌洞，築室宇以安之。昭宗屢徵不就，賜號元同先生。弟子二百餘人。天復二年坐化。後有人於仙都山、廬山見之，云歸隱潛山，天柱源也。見續仙傳。

握髮，錢王殿名。

偏訪名山禮導師，偶停元鶴採華芝；洞天只合神仙住，丹法惟應弟子知。何處西泠留異蹟，他年南嶽說歸期；君王親問空同道，春雨靈旗拂故祠。

西湖詠杜光庭

光庭，字賓至，縉雲人，或曰長安人。唐咸通中，應九經舉，不第，遂入天台山學道。潘尊師薦之，從唐僖宗幸興元，遂留蜀，事蜀王建，爲諫議大夫，封蔡國公，賜號廣成先生。後主立，受道籙於苑中，以光庭爲傳眞天師，崇眞館大學士。未幾，解官，隱青城山，號登瀛子。年八十一卒，顏貌如生，人以爲尸解。有文集三十卷，洞天福地記、錄異記、廣成義、東瀛子、青城山記、武夷山記、墉城集仙錄諸書，凡數十種。又譔西湖古蹟事實二卷。見續文獻通考及陳氏世善堂書目。

臣甫麻鞋入蜀行，晚辭紫閣隱青城；洞天福地繙新籙，碧水丹山理舊盟。孤嘯嶺猿磨墨去，梳翎澗鶴報書成；才人竟作神仙老，惆悵當年下第名。

西泠仙詠卷二

潘閬巷詠潘逍遥

潘閬，字逍遥，江都人。嘗居洛陽賣藥，騎驢看山，終日不返，好事者繪爲圖。宋初，以能詩薦召爲四門博士，坐盧多遜黨，變姓名入中條山。或云太谷人，秦王府記室參軍，秦王得罪，髡髮爲僧而逃。有逍遥集。劉攽謂其詩不減劉長卿。有登高峯塔詩、贈林處士詩。崇寧間，武夷黄靜得其詩，曰：「謫仙人也。」刻之石居。錢塘太學東巷名潘閬巷。寄園寄所寄稱有人遇仙者，卽閬也。

青楊小巷罥秋藤，仿佛東屯住少陵；避難趙岐曾匿跡，工詩賈島亦爲僧。孤山贈鶴梅千樹，高塔看雲月一稜；絕似青蓮逢賀監，謫仙佳詠在吴綾。

孤山詠林和靖

和靖，名逋，字君復。隱居孤山，種梅豢鶴自適，二十年不入城市。眞宗賜粟帛，詔長吏歲時勞問。既没，仁宗賜謚和靖先生。有詩集。墓在孤山後，爲楊璉眞伽所發，棺中惟一玉簪，蓋仙人羽化之流，身後若蟬蜕也。今祠墓爲林少穆、許玉年諸人所修。所居有放鶴亭、巢居閣，並補梅招鶴焉。

碧蘿幽徑古祠開，再拜咸平處士來；梅鶴偶然爲眷屬，湖山依舊起樓臺。寒巖霜老棲紅葉，春墅煙深罨緑苔；身後惟餘玉簪在，巢居高閣是蓬萊。

萬松嶺詠徐沖晦

徐復，字復之，建州人。學易，絕意進取。慶曆初召見，賜號沖晦處士。見宋史隱逸傳。錢塘兩處士，和靖居孤山，沖晦居萬松嶺，夾湖相望。嘗謂孫忉曰：「子孫世世不得離錢塘，以永無兵燹也。」見北窗炙輠。

徽宗朝有徐奭，亦賜號沖晦。

萬松山翠接平岡，高士當年有舊坊；康節吟窩虛夜月，君平卜肆冷斜陽。隔湖鶴影投孤嶼，繞屋鶯聲憶草堂；聞道西泠兩沖晦，隱居清節重錢塘。

蘇公祠詠蘇東坡

東坡，名軾，字子瞻，又字和仲，蜀眉州人。守杭州日，多惠政。民苦斥鹵，公浚茅山一河，專受江潮；浚鹽橋一河，專受湖水。復造堰牐以爲湖水蓄洩之限。且以餘力復完六井。又取湖中葑田積爲長隄，以通南北，杭人名之曰蘇公隄，家有畫像，飲食必祝。公前生爲五戒禪師，方士謂公爲天上奎宿，知夙根所在，來去均不在人間也。祠在孤山，嘉慶中秦小峴觀察建。

葑影横隄柳態柔，西湖從此湛清流；聽蟬寒碧尋前夢，換馬春紅感舊愁。白葛涼生枯衲社，玉箏聲遠美人舟；壽星巖畔神游處，水枕風船一樣秋。

後湖詠蘇養直

養直，名庠，楚北人，居後湖，號後湖居士。後湖左界白隄，右接西村，南挹巢居，北繞葛隖。以在孤山之後，故曰後湖也。嘗以屬玉雙飛水滿塘一詞，見賞於東坡。晚居廬山，遇羅浮黃眞人，與丹服之，髮再黑，一目復瞭。一日宴客，云：「黃眞人至。」遂立化。

六橋煙雨靄平蕪，更有詩翁說姓蘇；穲稏荒田徵鶴税，鸕鷀小艇問漁租。兩頭簫管開吟讌，四面樓臺入畫圖；我亦寶雲山下住，西湖今是美人湖。

月輪寺詠張君房

君房，字允方，安陸人。景德中進士，官度支員外。祥符中，自御史臺謫官海寧，適眞宗崇尚道教，盡以秘閣道書付杭州，俾戚綸、陳堯臣校正。綸等同王欽若薦君房主其事。編次得四千五百六十五卷進之。復攝其精要萬餘條，爲雲笈七籤。蓋道家之言，以天寶君說洞眞爲上乘，靈寶君說洞元爲中乘，神寶君說洞神爲下乘。又太元、太平、太清三部爲輔經。又正一法文，遍陳三乘，別爲一部。統稱三洞眞文，總爲七部，故君房取以爲名也。道藏精華，大略具於是矣。見四庫全書提要。

又著乘異記、麗情集、科名分定錄、潮說、脞說。知杭州錢塘，多刊作大字版，印行於世。仕至集賢校理，年八十餘卒。見默記。

月輪寺在月輪山，卽六和塔院。江月松風集云：「古錢塘令張君房，曾宿月輪寺。月中桂子下塔，如牽牛子，咀之無味。」

蓬萊小謫近東溟，岱嶽泥金正勒銘；誰薦陽冰書碧落，爭看逸少寫黃庭。葛洪自著神仙傳，尹喜親傳道德經；欲起高樓貯雲笈，麗情一集說媌娙。余欲於吳山道觀建雲笈樓。

吳山詠徐奭

奭，錢塘人。隱居吳山，以修眞終老。徽宗聞其名，賜號沖晦先生。

青帝長生涖玉除，紫微宣賜到山居；茅盈自有修眞訣，种放應無封禪書。蘿影翠深寒殿靜，松花香細石壇虛；姓名莫使韓翃誤，高士坊前識舊廬。

錢塘詠沈子舟

子舟，名若濟。遠祖當吳越錢氏時爲謀主，遂爲錢塘人。十許歲出家爲道士，道藏、釋典，無不該貫洽，尤長於醫。王漢之帥建康，館之洞陽館，俾鍊大藥。徽宗再召，賜號洞元大師。紹興初，服丹尸解。

節度開門亦自雄，軍諮曾有舊家風；道通雲笈珠林外，名在靈樞素問中。汴水承恩青瑣闥，攝山採藥紫芝翁；金丹先證長生訣，不待君王德壽宮。

廣陵侯廟詠陸圭

圭，官眞州兵馬都監，攻方臘死難。淳祐中，潮圮江岸，屢築不就，神率三女揚旗空中，浮石水面，岸賴以成。事聞建廟，封廣陵侯，三女皆封夫人。廟在江干石冢。圭有宿韜光菴詩。

仿佛旌旗颭上游，當年壁壘古眞州；丹心破敵同蘄國，青骨成神類蔣侯。兒女彩鸞隨舵尾，英雄白馬避潮頭；廣陵祠宇因遺愛，七發何勞證不休。圭封廣陵侯，以曾官眞州故也。竹垞引以證曲江爲錢塘者，誤。

宋故宮詠皇甫履道

履道，名坦。遇妙通眞人得丹秘。紹興中，治顯仁太后目疾，又爲仙韶甄娘治躄，布氣即釋踴而行。常相湖北帥李道女鳳娘爲天下母，後孝宗聘爲恭王妃，即光宗后也。將還廬山，留一扇於禁中，曰：「有發寒熱者，以此扇之。」未幾，宮中多患瘧，用之皆驗。還山築室，御書清虛菴額，道流咸集。苦水遠，使人荷鉏劚地，應手泉湧，德壽聞之，御書「神泉」二大字。見神仙通鑒、廬山志。

紫佩青囊出禁中，更留羅扇顯靈蹤；神方何似孫思邈，仙術眞如杜子恭。三殿月輪生欲滿，六宮花影散來重；相看拂袖還山去，鸞鶴飛翔到處從。

靈石寺詠顏寓、李甲、蕭耘

竹坡詩話云：「西湖諸寺，惟南山靈石猶是舊屋。僧言，頃時有數道人來丐食，拒而不與，乃題詩屋上而去，字畫頗類李北海。其詩云：『南隖數回泉石，西峯幾疊煙雲；登攜孰以爲侶，顏寓李甲蕭耘。』李甲，近世人，東坡以爲似郭忠恕，善畫而文，余當是神仙也。」范石湖集有詩紀此事，自註云：「顏寓、李甲、蕭耘題詩寺門，方運筆時，伸臂長丈餘。閽人驚報主僧，回顧已失。」「後好事者譯之，首句『呂』字，二句『洞』字，三句『賓』字。是洞賓與三人來耳。」按：李甲近世人，則顏寓、蕭耘亦近世人，所譯甚穿鑿，未必洞賓與三人偕來也。

蒲團子按　「李甲，近世人，東坡以爲似郭忠恕，善畫而文餘，當是神仙也」「後好事者譯之，首句『呂』字，二句『洞』字，三句『賓』字。是洞賓與三人來耳」，竹坡詩話原文爲「後好事者譯之，前一句乃『呂』字，第二句『洞』字，第三句『賓』字，是洞賓與三人者來耳。李甲近世人，東坡以比郭恕先，善畫而有文。余不知其爲何人，當是神仙也」。

羣仙蹤跡等雲蘋，靈石題詩說洞賓；野鶴飛來原有伴，戲鴻書罷更無人。姓名曾記東坡識，筆墨爭傳北海神；最是石湖老居士，賦詩堪補諸皋新。

鳳皇泉詠張紫薇

方家峪劉婕妤寺「鳳皇泉」三字，乃張于湖紫薇孝祥所書。夏執中爲后兄，以孝祥書未工，自書三字易之。孝宗幸寺中，詔以斧劈爲薪，止用孝祥書。孝祥精於翰墨，人稱紫府仙。見四朝聞見錄。

太廟前楹產芝，孝祥作原芝文推衍符瑞之說。見于湖居士集。劉龍洲有上張紫薇眞仙詩云：「眞仙原是昔于湖，今在高樓何處居；霏玉不容陪偉論，撥灰猶爲作行書。雲霞縹緲來旌節，瓊玖玲瓏聞珮琚；幽顯殊途人世隔，冷風吹雨送回車。」味其詩意，大約是仙後降乩也。

劉寺芙蓉向晚妍，銀鈎新寫鳳皇泉；鶯花尚弔紅霞帔，翰墨原稱紫府仙。白點曉霜楓葉溼，翠生寒雨蘚花圓；曲江居士題詩處，應憶于湖內外篇。

飛仙里詠李芟

乾道中，濟南李芟，字廷國，寓臨安。嘗詣淨慈寺，過長橋，於竹徑迷路，見青衣道士分與燒筍食之，身遂輕舉，不復飲食。後游茅山，尋又入蜀，隱青城山，仙去。後人慕之，名其里曰飛仙里。見列仙傳，又容齋隨筆、神仙通鑑。

南屏山畔竹林遥，一杵鐘聲客過橋；玉版禪師原有味，青衣道士偶相招。巖花露重紅欹笠，磵樹雲深翠溼瓢；句曲林巒大峩月，仙蹤何處問歸樵。

西林橋酒壚詠髽髻道人

齊東野語載：「端平間，周文璞、趙師秀數詩人春日游蕩湖山，飲西林橋酒壚，皆大醉熟睡。忽有髽髻道人過而睨之，哂曰：『詩仙醉耶，願酒家善看客，我當償酒錢。』以瓢中藥投水，噀之地上，成銀，道人忽失所在。」

髯髻雙髻髮垂肩，來與詩人送酒錢；笑爾梨花連甕飲，任他芳草枕琴眠。夕陽喚客鶯聲緩，佳釀酣春蝶夢圓；玉珮金貂等閒事，岳陽三醉是神仙。

棲霞嶺詠翦頭仙

紹興時，大理寺卿周三畏不肯勘岳武穆獄，掛冠去。後有人遇翦頭仙人於延安葭州山中，日惟飲水。與人論宋事，及咸陽冤死，輒大哭。忽不見。空中墮紙曰：「周三畏拜謝。」蓋仙矣。見樵書。

短髮鬖髿被兩肩，空山人識翦頭仙；掛冠神武悲身世，拂袖終南歷歲年。鐵佛淒淒常沐雨，金牌寂寂久沈煙；倘因鶴駕棲霞過，指點南枝一惘然。

靈隱詠蓑衣仙

秦檜遇行者於靈隱，有「家在東南第一山」句，令押衙何栗物色之。栗至宮殿，見僧坐決事曰：「地藏王決檜殺岳飛事。」數卒引檜至，身荷鐵枷。謂栗曰：「傳語夫人，東窗事發矣。」栗復命後遂出家，蘇州元妙觀肉身在焉，世所稱蓑衣眞人是也。見江湖雜記。

何處東南第一山，此行眞見相公還；紅塵莽莽空金穴，黑獄漫漫待玉顏。佛力自深華藏海，人心休忘鬼門關；蓑衣久已登眞去，何事皮囊尚世間。

錢塘詠錢一

錢一爲皂隸，因秦檜酷刑致人死，後少悔，以流血爲度，一乃汙豬血於板，如是九年。一旦，立班中，見足離地而起，檜呵其爲妖，隸以前情白曰：「某今日應上昇。」遂乘雲而去。見昨非菴日纂。

神仙自古無資格，伍伯功成亦上昇；孔目形骸留幻相，押衙蹤跡證高僧。簫鸞笙鶴邀同輩，月地雲階到幾層；放下屠刀便成佛，前因不昧續禪燈。

南園詠陸放翁

放翁，名游，字務觀，山陰人。官蜀，晚歸鑑湖，築快閣以居。韓侂胄當國，築南園於長橋，乞記於楊誠齋。誠齋拒之，乃乞放翁作記。記成，侂胄開讌以謝，出所愛妾四夫人號「滿頭花」者奉觴。侂胄敗，論者多議放翁之失。園亭記，何足輕重？文字罪人，此宋儒苛論也。進士鄭棫自作南園記，並礱石以獻。韓以陸記爲重，仆鄭石，瘞之地。韓敗，鄭竟免。見四朝聞見錄。

南園，本孝宗御前別園，光宗時慈福太后以賜侂胄，有許閒堂、西湖洞天、歸耕之莊、晚節香亭諸勝，後仍歸御前，改名慶樂。理宗以賜榮王，又改名勝景也。

放翁詩工且富，足稱大家。嘗夢故人相語曰：「我爲蓮花博士，鏡湖新置官也。君能暫爲之乎？月得酒千壺，亦不惡也。」遂以詩紀之曰：「白首歸修汗簡書，每因囊粟歎侏儒；不知月給千壺酒，得似蓮花博士無。」見詞統。

越中有懷仙堂，記祀梅福、賀知章及放翁也。見石笥山房集。

大好蓮花博士才，青山暫別鏡湖來；懸燈曲榭春觴滿，擘阮華堂夜讌開。紅綯錦裀人似玉，碧疏金井水生苔；如何晚節亭前菊，不記南園手自栽。

南園詠牧童

韓侂冑過南園山莊，趙師睪偕行。至東村別墅，宛然鄉井。林薄中一牧童歌曰：「朝出耕田暮飯牛，林泉風月共悠悠；九重雖竊阿衡貴，爭得功名到白頭。」趙呵曰：「平章在此，誰敢唐突？」蹟牧童至草廬，屏上有詩云：「玉津園內行天討，怨血空啼杜宇紅。」後侂冑爲史彌遠誅於玉津園。見昨非菴日纂。

此事與秦檜靈隱遇僧相似。彼主和議而害忠臣，此禁僞學而逐大賢，其罪皆不可赦，故仙佛示現點化，而無如其終不悟也。

朝出芸田暮放牛，一生只合老林邱；神仙幾輩邀青眼，富貴何人到白頭。虛有高文辱名士，苦將僞學逐清流；玉津何似南園好，屏上題詩杜宇愁。

黃犢嶺詠邱眞人

在臨平山前，相傳眞人乘黃犢採藥於此。生曲竹，人取爲杖。故老相傳，邱隱士羽化，棄杖於地，其竹皆曲。

何年高隱碧峯隈，黃犢隨人採藥回；雲外一襟披笠去，雨中雙髻荷鋤來。翠眠芳草横青嶂，紅謝疏花點綠苔；欲訪仙翁舊行跡，林香山翠儘徘徊。

瑞石山詠張紫陽

三洞羣仙錄載：「天台張伯端，字平叔，受道法於吕祖弟子劉海蟾，以傳石杏林，杏林傳薛道光，道光傳陳泥丸，泥丸傳白玉蟾，是爲南宗五祖。嘗於毘陵紅梅閣，著悟眞篇八十一首，又爲白玉蟾著金丹四百字。居瑞石山，是宋吳傑集慶堂遺阯。平叔號紫陽，故弟子徐宏道以『紫陽』名菴。後范應虛作玉虛、望江二樓，范淶譔紫陽仙蹟記。」世宗憲皇帝謂紫陽悟眞篇不著宗門一語，外集不雜元門一語，深入理域，究明宗旨。雍正十三年，敕封大慈圓通禪仙紫陽眞人。

求仙容易悟禪難，集慶虛堂積翠盤；靈蹟長留三洞籙，新詩妙證九還丹。禮星元鶴窺寒殿，檄雨蒼龍下古壇；瑞石亭前碑石在，軒皇輦路指層巒。

大德觀詠王重陽

名嘉，號害風，南宋人，北宗七派邱、劉、譚、馬、郝、王、孫皆其弟子。元世祖時，敕封重陽眞人開化輔極帝君。大德觀有斬妖臺、洗劍池諸蹟。

一角高臺面列墉，琳宮寒壓翠芙蓉；山形依舊翔靈鳳，仙派應知出火龍。洗劍池荒秋水涸，煉丹竈冷暮雲封；金蓮七葉同時放，我亦淵源溯北宗。

三一閣詠白玉蟾

白玉蟾，本姓葛，名長庚，號海瓊子，又號蠙菴、武夷散人、神霄散吏、紫清眞人。博洽儒書，工書畫，善畫梅。嘗於黎母山得洞元雷法，祈禳輒有異應。晚事陳泥丸，得聞天仙之道，作修仙辨惑論，以明天仙、水仙、地仙之次第。又因張紫陽爲著金丹四百字，作書以謝。深明三教同源、性命雙修之旨。嘉定中，召對稱旨，命主太乙宮，遂結精舍於此。有辟劍池、得月樓諸蹟。菴在包家山下，山川壇右。

黎母山中禮導師，洞元雷法護蛟螭；葛元家學能傳道，李白仙才解賦詩。搗藥禽歸寒夜碓，掃花人去冷春祠；只今三一菴前路，月裏新蜍話桂枝。

紫陽菴詠丁野鶴

元丁野鶴，錢塘人。棄家爲全眞道人，居吳山之紫陽菴，師徐洞陽，有觀燈化鶴之異。一日，召妻王守素入山，付偈云「嬾散六十三，妙用無人識；順逆兩俱忘，虛堂眞長寂」，抱膝而逝。守素亦束髮爲女冠。明道士范致虛，建亭祀其遺蛻。見武林紀事、紫陽道院志、輟耕錄、瑞石山志。

斜日明霞接畫闌，隔江山色翠千盤；夢中華表歸仙驥，悟後塵緣謝采鸞。青嶂雲深芒屩溼，碧天風峭羽衣寒；荒菴終古留遺蛻，瑤草松花滿石壇。

金溪草堂詠虞伯生

伯生，名集，字邵菴，臨川人。允文五世孫，累官奎章閣學士，封仁壽郡公，謚文靖，有道園集。

少游錢塘，居金溪草堂。金沙港，一名金溪也。伯生和全眞馮尊師蘇武慢詞二十闋，仙游山彭致中取而刻之爲鳴鶴餘音，伯生自序之。馮，燕趙書生，游汴，遇異人，得仙學，賦蘇武慢二十篇，前十篇道遺世之樂，後十篇論修仙之事。伯生得其傳，故以七十二家符篆授張伯雨也。

合澗春淙下夕陽，兩峯雲影聚溪光；松風碧捲鄰家閣，杏雨紅低隔苑牆。港漾金沙秋水靜，橋橫玉帶暮煙涼；商量羅帕塡詞日，應憶西泠舊草堂。

浴鵠灣詠張伯雨

張雨，一名天雨，字伯雨，錢塘黃冠，號眞居，九成之裔，後入華陽洞，自號句曲外史。初見虞伯生，伯生問：「能作幾家符篆？」曰：「不能。」伯生連書七十二家。伯雨下拜曰：「眞吾師也。」

初居西馬塍，建菌閣，詩所云「歸錦橋邊停舫子，散花灘上築樓居」是也。又嘗居葛嶺，有神光樓、井西丹房、隱眞館。後居浴鵠灣，有玉鈎橋，賣玉鈎所建也。所居名登善菴，有黃篾樓。自營墓於靈石隖，卒遂葬焉。

伯雨工詩，精繪事，善鼓琴，與趙松雪、倪雲林、楊鐵崖、薩鴈門、鮮虞伯機相友善，而高致靈蹟復如此。蓋稚川之後一人而已。

何處瓊樓聽紫簫，散花灘外雨瀟瀟；　醉中寫石奇雲立，松下論琴細雪飄。金菌舊山閒小閣，玉鈎幽澗影長橋；　昨從浴鵠灣頭過，蒞佩癯仙若可招。

虎跑泉詠黃大癡

黃公望，字子久。本姓陸，世家常熟，繼永嘉黃氏，遂徙富春。善畫工詩，有大癡山人集。居西湖赤山之筲箕泉，後於虎跑石上乘雲仙去。按紫桃軒雜綴載，黃子久年九十餘，碧瞳丹頰，一日過虎跑泉，與數客立石上，忽四山雲霧湧溢，遂不見，咸以爲仙去。初疑躭畫者飾之，今繙道藏金文玉笈，經子久編錄非一。以金蓬頭爲師，莫日鼎、冷啟敬、張三丰爲友，生有夙慧，其仙去也宜哉。

蒲團子按　「莫日鼎」，當爲「莫月鼎」。

扁舟載酒傍花還，畫派荊關伯仲間；　舊隱煙波尚湖水，卜居巖壑富春山。秋林霜染紅千樹，夜澗寒澄碧一灣；　眞個乘雲竟仙去，筲箕泉上草堂閒。

井西丹房詠張思廉

思廉，名憲，號玉笥生，吳人，鐵崖弟子也。仕張吳，吳亡，避跡以終。有井西丹房詩云：「葛井西頭更向西，丹房高與白雲齊；鉛田虎下飛紅電，汞海龍沈結紫泥。山鬼俯闌窺火候，鑪神伏地丐刀圭；飲餘一盞松黃酒，坐聽鵑聲松上啼。」蓋滄桑之感，遯跡黃冠，煉姹調嬰，深明丹旨矣。夔州府舊志云：「卽三丰。」

也同句漏乞丹砂，來訪當年抱朴家；何處故宮黃菜葉，此間仙館碧桃花。光生石匣巡檐蝠，聲墮銀床噪嶺鴉；誰似鐵崖老居士，黃冠長侍絳帷紗。

三仙閣詠張三丰

三丰，名君寶，字全一，一名玄玄，遼人。神仙通鑑云：「丁令威後身。」當與張思廉同是分光也。生有異質，嘗與人議論三教等書，若決江河。初寓安陸縣太平宮，後入武當山修煉，往來天柱、紫霄諸峯，世稱張邋遢。洪武、永樂先後訪求，皆不出，特飭正一張碧雲於武當建宮以俟。天順中，贈爲通微顯化眞人。嘗於廣陵賦瓊花詩云：「瓊枝玉樹屬仙家，未識人間有此花；清致不沾凡雨露，高標猶帶古煙霞。歷年既久何嘗老，舉世無雙莫浪誇；便欲載回天上去，擬從博望借靈槎。」蓋自況也。所著玄譚集，合釋氏外景、道家内景而一之，尤以任督二脈爲命功之綱領，大旨主於先修性後修命，而闢爐鼎閨丹之說。或以旌陽、道光、翠虛、玉蟾諸眞所闢採戰之張三峯當之。不知彼年代既前，名字又異，另是一人，世人多誤爲一也。雖所作無根樹詩屢言花酒神仙，意主接樹添油，仍是雙修氣交之法，特沿參同、悟眞之習，爲旁門藉口耳。

三仙閣在吳山三茆觀側，内雕三像，一坐，一立，一臥。相傳三丰避永樂徵召，隱蹟於此。尚有御札存閣中。

省識三仙是一仙，尚餘高閣此山巓；遠辭玉闕羅公遠，高臥金床馬自然。龍去滇池雲漠漠，鵑啼鐘阜月娟娟；當年御札空相訪，寂寞長陵蔓草煙。

吳山詠冷啟敬

冷謙，字啟敬，號龍陽子，武陵人。元中統初，與劉秉忠從沙門海雲游。無書不讀，精易，尤深邵學。及百家方術，靡不洞習。畫學趙子昂、李思訓，以善繪名。後遇異人於淮陽，授中黃大丹、平叔悟眞之旨，年百餘歲隱居。曉音律，善鼓琴。洪武初，授協律郎。仙蹟甚著，有入藏取金、畫壁登舟之異。劉基爲賦泉石歌。

精通樂律按紅牙，游戲仙山踏落花；官庫有錢聊貰醉，畫舟在壁便攜家。臥苔蒼石鏘寒雪，隔竹流泉響翠霞；太息橫琴人不見，碧雲無際月生華。

南屏詠高青邱

高啟，字季迪，長洲人，與張羽諸人稱「北郭十友」，又與楊基等稱「吳中四傑」，張吳時避地吳淞之青邱，因以自號。明初徵修元史，擢户部侍郎，辭，乞歸。後以爲魏觀作上梁文爲讒人譖死，非其罪也。曾至武林，有岳王墓、南宋故宮諸詩。其送錢塘守云：「休沐南屏煩一到，松間尋我舊題名。」則南屏固游屐所經也。公之逝也，尸解也。既離塵世，卽登上眞，掌法南宮，輔相北帝。道光辛卯，顯蹟於吳郡駐鶴壇，因弟子汪心澈誦大洞玉章經十萬卷，擢九天洪濟明德眞圓眞人。又於邗上通元壇以洛書九宮法禱雨立降。今於妙香天室主雲淨壇，弟子輩於葆元堂斗姥閣塑供奉焉。

萬松陰裏舊題名，翠壁莓苔雨後生；猿踏落花香有跡，鶴棲疏影靜無聲。林端鐘靜殘陽墮，臺上琴閒夜月明；留取當年仙蹟在，瑶潭香火接瑤京。

高士隖詠孫太初

太初，名一元，秦人。嘗棲太白之巔，故稱太白山人。以鐵笛鶴瓢自隨，居南屏，名所居曰掛瓢堂。嘗與友人張寰泛西湖，舉李白改沔川南湖爲郎官湖例，欲改西湖爲高士湖，人因稱所居爲高士隖，在蓮花洞西。有鶴渚，在雷峯，乃九杞山人置田爲太初飼鶴者，有鶴田券。後入湖州，隱苕溪歸雲菴，相傳以爲仙去。

太白山人隱興長，掛瓢遺韻響松篁；司空池館王官谷，摩詰園林華子岡。鶴去前塵秋水澹，雲歸何處月華涼；只今高士湖邊過，誰識盧鴻舊草堂。

西湖詠徐霞客

霞客，名宏祖，字振之，江陰人，霞客其別字也，黃石齋爲更號霞逸，而世以陳眉公所號霞客行。偏游海內名山，著游記數百篇。曾登空同訪廣成子所居。遠至塞外，知江河同發源崑崙。辨三龍大勢，謂江大於河，著泝江紀源一篇，以訂桑經酈注之誤。文震孟稱爲地行仙人。

蓋東方曼倩、禽夏、向子平之流矣。陳木叔所譔墓志言繫纜西子湖匝月，則湖上蹤蹟亦多，惜游記佚此篇也。

愛作盧敖汗漫游，一生仙骨不知秋；希夷蹤蹟留諸嶽，曼倩文章紀十洲。服霧餐霞應有訣，驂鸞控鶴更無儔；笑余偃臥空山裏，去壑惟從枕障求。

江上詠伍沖虛

名守陽，字端陽，吉安人。宗師守虛之兄。入廬山，事曹老師、李泥丸，煉外丹，垂成而飛者五十七次。得五雷法，丹成，將服之，泥丸曰：「五臟未堅，服恐不利。」乃點石濟世。吉王師事之，恐禍及，遯至天台，遇趙復陽，命至王屋。訪王崑陽，受三大戒，返服還丹，質凡咸化。自號沖虛子。著仙佛合宗、天仙正理。

仙佛何人識合宗，沖虛妙理最圓融；煉丹未是登眞訣，點石方成濟世功。王屋松雲瑶島近，匡廬雪瀑石梁空；豫章帝子譚經處，回首斜陽有故宮。

西湖詠陸麗京

麗京，名圻，字講山，「西泠十子」之一。著威鳳堂集、冥報錄。以莊史案被累，旣免，棄家遠游不歸。游嶺南，禮天然禪師於丹霞，法名德龍，字誰菴。有人見之武當山。洪昉思答人問講山蹤蹟詩云：「君問西泠陸講山，飄然瓶鉢竟忘還；乘雲恰似孤飛鶴，來往天台雁宕間。」或云仙去。

君問西泠陸講山，朱霞天半杳難攀；逸情自與冥鴻遠，孤影眞如瘦鶴閒。桐隖墓前傷逝去弟鯤庭以行人殉國難於桐隖，楓江劫後幸生還；煙雲何處神仙蹟，只在天台雁宕間。

煙霞仙舍詠心月道人

陳元英，字叔寧，明末人。好道，受禮斗修煉之術於尚元子，洞澈元妙，言未來事多驗，皈依者衆。諸弟子爲營小閣於清平山，曰寂寧道院。順治丙戌上昇。康熙丁亥，徐釚爲記立碑。屢於乩壇降筆，書法似褚河南，署款或曰心月道人，或曰陳道人。張君仲雅有題先生小像詩云：「仙壇筆墨正縱橫，喜見圖中道貌清；百八十年容識面，分明我亦似長生。」張叔未題云：「荔支峯陳處士小像。」

雲房書法洞賓詩，又見吾宗逸世姿； 應與玉蟾吟桂樹，也同黃鶴畫榴皮。蘿陰夜月三生石，松影斜陽一局棊； 間向華山參睡譜，寂寧何必遜希夷。

百步塘詠水月老人

百步塘在艮山門外，寒水相繞，漁煙遠生。塘上有水月菴，卽水月老人故居。老人姓孫，名文，字文石，號水月，會稽諸生，隱於杭，榜所居爲「梅園」。性恬靜，一介不取。間爲長短歌詞。問其年，嘗稱九十。髮盡禿，人多以僧呼之。范忠貞公撫浙，老人曾從忠貞大父游。忠貞幼時，老人撫其背曰：「是兒當建節吾土，吾猶及見之。」至是，忠貞聞太夫人言，物色得之，屏騶從往謁，捐俸爲建百步塘，勒石記之。時西溪多虎患，老人謂忠貞曰：「山中大蟲任打，門內大蟲休惹。」忠貞遷閩，老人曰：「耳後火發，須要有主意。」其後忠貞竟死耿難。老人素不喜世事，及是，人以爲前知，爭就問之。老人厭惡避世，不知所終，士人改其居曰水月菴，肖老人若僧像，召緇徒奉之，池北偶談稱爲水月和尚。有正味齋集，中有詩。

一徑沙河百步塘，只今遺阯賸茆堂； 分明處士郭文舉，何似仙人費長房。劫外烽煙春寂寂，望中雲樹月蒼蒼； 紅螺行者曾相識，何處梅園發古香。

宗陽宮詠王崑陽

原名平，山西潞安人。幼有道士顧之曰：「樵陽再生矣。」至王屋山，遇趙復陽，命名常月，授以三大戒。常說戒於京師白雲觀、秣陵碧苑及杭之宗陽宮。弟子千餘人，成道者不可屈指。道家有戒始邱祖，以三大戒授世則始崑陽。所傳碧苑壇經與六祖壇經相伯仲，洵仙佛之梯航也。爲龍門第七代律師，住世一百五十九歲。

七代單傳衍北宗，眞詮賴有闡揚功；龍門共仰靈光殿，鶴駕曾棲德壽宮。命學端須參性學，元風原不異儒風；一編碧苑壇經在，三戒明明日正中。

武林詠沈太和

名常敬，字一齋，桐鄉人。常習靈盋於金蓋，揣六韜壬奇於武林，習長生久視於元蓋洞天。從平陽子得太上宗旨，遂隱茆山。爲龍門第七代宗師，住世一百三十一歲。

偶將壬遁習韜鈐，賣卦橋亭市隱兼；康節行窩閒掃地，君平卜肆靜垂簾。思從元蓋求丹訣，曾爲靈匼下玉籤；終向華陽遂高躅，一樽何必遜陶潛。

大德觀詠黃隱眞

名守圓，易名守元，自號赤陽子，原名珏，號隱眞，烏程人，世居震澤，明諸生。幼孤，傭工自給。出游，得書法於董香光。至武林，日賣字以沽飲。訪上陽子於大德觀，得筆籙壬奇諸書，潛習於天目。甲申，易羽衣出。至茆山，太和宗師書「守圓」二字以待之。返湖，隱於碧巖。偕陶靖菴入梅花島，偕入京，受大戒於崑陽。至杭，居大德，周太朗來求戒。越十四年，靖菴以如意芝杖寄，以付太朗，留讖而逝。爲龍門第八代律師。葬天官山。

滄桑劫後事全非，焚却儒衣換羽衣；大德觀中留隱蹟，上陽子後悟眞機。林中仙鶴翔華表，島上梅花入翠微；宗律何人承一貫，棲霞嶺畔白雲飛。

西湖詠姚耕煙

名太寧，石門人。年十三，見賞於沖虛子。從征狪猺，陪宴土司，飛矢入營，斃侍卒，危坐如常。隱西湖，自號耕煙子。會沖虛子來浙師事之，盡得其傳。謝凝素造問長生訣，爲書令訪沖虛，送至江千，立逝，七日不仆，居民爲葬之六和塔。凝素至楚，遇之龜山，示與沖虛相見期，忽不見。

河魁玉帳坐談兵，飛矢當筵了不驚；蘋葉微波浮曉艇，桃花細雨約春耕。郎官湖畔疑重見，羅刹江頭記送行；曾向月輪山下過，墓門長聽夜潮聲。

孤山詠謝凝素

名太易，武進人。嘗寓毘陵紅梅閣，月夜聞羣仙環佩聲。得白玉蟾註道德經，伍沖虛爲之解釋。嘗居孤山，謁王崑陽於宗陽宮。後返金蓋梅花島，陶靖菴比之白鶴，黃赤陽稱爲「梅仙」。嘗著金仙證論、慧命經二書，今爲僧柳華陽所刻。

紅梅閣畔棲元處，金蓋山中種樹年；放鶴有亭來偶爾，冥鴻無蹟去翩然。訣從道德眞經得，書任華陽釋子傳；欲向巢居問和靖，生前生後總神仙。相傳爲和靖後身。

金鼓洞詠周太朗

名明陽，字元眞，震澤人，明諸生。隨父官京師，謁白雲觀，禮七眞，願出家。黃崑陽曰：「師在江南，宗教將於汝一貫。」至茆山，事孫玉陽，從事宗教。遇黃赤陽於大德觀，受大戒。至金鼓，掛瓢三日，洞主僧慧登，以山施之，始結茆，今鶴林道院也。爲龍門第九代律師。弟子千餘人，得宗旨者，高東籬、戴停雲、方凝陽、金靜靈、孟逸陽。東籬，則沈太虛之師也。**蒲團子按**：「黃崑陽」，疑爲「王崑陽」。

鶴林道院開山處，此地青山合姓周；金闕選仙如選佛，玉天同證亦同修。掛瓢洞口雲初曉，倚仗巖前月始秋；我媿龍門演宗派，年年笻笠想從游。

金鼓洞詠高東籬

東籬，名清昱，漢軍，任臺灣觀察。年八十，入山，師周太朗，爲龍門第十代弟子。在天台桐柏宮，主講金鼓洞鶴林道院講席。年百四十歲羽化。沈太虛、閔小艮，其弟子也。

八十還丹未覺遲，先生纔是入山時；曾從梅島師修靜，亦似桃源問羲熙。桐柏雲深龍聽瀑，蓬萊晝靜鶴窺棊；磻溪宗派淵源在，一角雲窩我所思。

鶴林道院詠沈太虛

太虛，名一炳，吴興諸生。生而有文在手，曰「太虛主宰」。事高東籬爲弟子，得太上李泥丸之傳。泥丸爲太虛七至金蓋，或云卽李八百，卽李筌也。以誦玉章經證清淨果，深契天仙心傳混化之旨。祈雨禳疫，不事科儀，惟以誠感。嘗言修眞之士，一以道德爲主，有道德者有神通，無道德者無神通也。生化皆於吴興開化院，没時紅光燭霄漢。先期分形，偏別所知，並降靈於蜀，示至眞經。逸事甚多，詳見金蓋心燈。

金蓋雲巢有舊壇，親承丹訣李泥丸；太虛主宰文長在，道德神通論不刊。桐柏宫中曾駐鶴，梅花島上記驂鸞；天仙自有心傳訣，玉女前頭羽帔寒。胡剛剛，君於雲間所度女仙也，卽至眞經中太虛玉女胡眞人。

金鼓洞詠陳樵雲

名陽復，原名去非，字翼庭，歸安人，世居荻岡。從巘巖受紫光梵斗，遂休雲巢，日夜虔禮，甘露降庭樹，朱蘭歲放，么鳳羣翔。輕雲律師授以律宗。出游楚豫，與李赤脚、張蓬頭、金懷懷龍門道士輩多所印證。主餘杭三元宮，禱雨立應。没葬天柱金築坪，塑像三元宮。邑大水，湖隄將決，像忽躍出浮水面而水退，邑令張君吉安爲堂以祠。

一陽來復見天眞，同派如君有幾人；和氣能令甘露降，潛心長契歲華春。蓬萊宮闕留蹤蹟，苜蓿盤餐記主賓閔艮甫先生秉鐸餘杭，與君相善，即小艮師之尊人也；頻向葆元堂畔禮，分明金築證前身。

金鼓洞詠飛來野鶴

乾隆中，有道士於金鼓洞鶴林道院壁上大書「飛來野鶴」四字，體類飛白勢，甚奇偉，殆仙筆也。余年尚幼，先府君攜余往觀，曾爲一詩紀之云：「道人本是青天鶴，仙翮淩虛入寥廓；有時游戲下人間，醉攬秋煙踏雲壑。鶴林道院鶴所居，仙人樓閣橫空虛；興來題名向祠壁，傾城走看仙人書。棲霞嶺上深雲樹，舊是仙人題壁處；豈是當年丁野鶴，乘興飛來復飛去。君不見，鍾離書榜佛國開，靈石亦見蕭耘來；此間殘墨尚留蹟，煙雲黯澹生莓苔。鶴性宜仙更宜野，鶴壽不知其紀也；北山靈鷲亦飛來，洞中我是呼猿者。」詩載種藥齋集中。

按：金鼓洞爲吴興金蓋山下院，鶴林道院爲龍門第九輩弟子周太朗開山，陶東籬、沈太虛諸眞咸修道於此，宜有仙眞往來也。**蒲團子按**　「陶東籬」當爲「高東籬」。

滿地松陰滿徑苔，何年野鶴此飛來；榴皮作字雲生壁，蕉葉題詩月上臺。梅嶼迴翔共寥廓，芝田游戲隔蓬萊；擘窠大筆淋漓甚，始信仙人有別才。

松吹堂詠杭堇浦

堇浦，名世駿，博學，工文章，舉乾隆丙辰鴻博，入翰林，以言事放歸，自號秦亭老民，有松吹堂詩文集。前世觀音座前寄靈童子也。見新齊諧。

放膽文章館閣推，書堂歸傍亂松開；龍鱗瘦入新詩卷，鶴蓋香飄濁酒杯。微月光留清影在，長風聲捲怒濤來；寄靈畢竟歸眞否，蓮座花前禮善才。

樊榭山房詠厲太鴻

名鶚，錢塘孝廉，乾隆丙辰以鴻博徵。詩品幽潔，世稱浙派，杭州至今重之。無子，郡中詩人爲卜葬西溪花隖，粟主奉交蘆菴。琅環節相撫浙，飭縣防護。所作游仙詩三百首，極淩雲御風之致。常於邗上降乩。

分明生後與生前，浙派詩成萬口傳；邗上題襟新著錄，苕溪打槳舊因緣。言從跨鶴驂鸞日，回憶餐霞服霧年；留得高吟三百首，曹唐解賦小游仙。

紫竹山房詠家句山先生

先生名兆崙，以進士舉乾隆丙辰鴻博，入翰林，官太僕卿，有紫竹山房詩文集。前世爲文昌宮中人，没後仍歸性桂宮。見新齊諧。

家住城西近翠寰，早年壇坫重湖山；大科聲望華林貴，小學津梁弟子嫺。紫籜春深香冉冉，碧筠日暮影斑斑；一編曾校宗英集，仙苑琳琅在世間。先生詩文集，余曾校一過，議另付梓，未果。

葛林園詠梁山舟先生

先生名同書，字元穎，得貫酸齋所書「山舟」二字，因以爲號，又自號頻羅居士。相國文莊公子，早年入翰林，卽乞病歸。書法見重海內。生平未嘗宿內室。彭祖經所云「上士異床，中士異被。服藥百裹，不如獨臥」者，先生有焉。年九十餘，病中有人語云：「西方缺一羅漢，本以相待，今主雲先至得之，君可歸矣。」又數年，卒。

葛林園在西湖葛嶺下，隔湖卽和靖故居。先生嘗獨居於此，湖淥山翠，得於仙者深矣。

虞褚書名一代尊，逸情高致見清門；證來羅漢非初果，修到神仙有夙根。和靖巢居梅樹老，稚川丹井藥爐温；生平最感喬公語，葛隝西頭問謝墩。

余幼年謁公於里，第座客譽之，先生曰：「此君風骨英異，胸襟高曠，神仙中人，狀元宰相不足多也，勿徒以才人目之。」唵嗞景迫，學道無成，車過腹痛之言，思之彌深耿結。

沈莊詠鮑淥飲

名廷博，字以文，新安人，寄居烏鎮，刊知不足齋叢書，流傳海外。高宗、仁宗兩朝，咸加褒賞。君立心純粹，以道通儒，以儒通道。謂金蓋爲呂祖選仙道場、九百年勝地，呂祖儒者，宜改梅花觀爲梅花書院，當奉欽賜圖書集成尊藏。惜歸道山，未竟其志。然勸朱春陽居雲巢，而呂祖始有專殿；勸小艮先生復齊假菴，而梅花館之規模復振。桂宮玉局，定有前緣矣。沈莊在西湖，君常寓此。

鮑照才名海外傳，能通儒理卽神仙；期將鹿洞譚經席，永作龍門護法船。梅觀詠花空有約，羽陵曝蠹惜無緣；夕陽何處頻相見君有夕陽詩，人稱鮑夕陽，湖水湖煙四十年。

西園詠朱文正公

公名珪，字石君，大興人，官大學士。自知前生爲文昌宮中座前盤石，故字石君，晚號盤陀老人。嘗設讌以享前世眷屬。所爲古詩多參同、悟眞之旨，讀者每多未信。然證文偉於楚北，表曇陽於婁東。嘗爲呂祖請加封號，入祀典。其爲仙也無疑矣。曾視浙學。西園，學使者署園也。

富貴能將福慧修，談禪太傅最優游；聽松心蹟陶貞白，煨芋功名李鄴侯。五嶽眞形芝館靜，一峯靈蹟桂宮秋；蟠桃仙李門牆樹，紫府眞人第一流謂阮琅嬛師。

阮公墩詠阮琅嬛師

師名元，字伯元，又字雲臺，儀徵人。博綜經籍，尤深漢學，著述以表章經術爲主，海内奉爲圭臬。初視浙學，後爲浙撫。禮士恤民，賑荒籌海，崇功惠政，美不勝書。以協辦大學士總督雲貴，去浙二十餘年，浙人思之，猶若朝夕，家有畫像，飲食必祝，不減昔人之思東坡也。座主朱文正公嘗謂人曰：「吾門下士，前生多文昌宮中人，惟阮某爲紫府眞人後身，故福慧最勝。」公初不信二氏，近以述從事元門，萬里書來，常問空同、函關之事，夙根固不同也。

阮公墩在湖中三潭東南，乃浚湖積葑所成，若蘇隄矣。

百年青史定無儔，經濟文章第一流；位業前生原紫府，煙霞此地更瀛舟瀛舟本在節署，後移白公祠池上，爲避喧籌海之地。太平宰相多功業，上界神仙有唱酬；金馬碧雞天萬里一作「留得一墩終古在」，月華長照望湖樓。

冷香亭詠宋茗香

茗香，名大樽，仁和人。官助教，謝病歸。好爲山澤之游，往來湖上，夜游不及歸，輒枕石臥松陰中。詩境超妙似太白。嘗言詩人身後一邱一壑可得散仙。歿之日，人見其偕一客飲近村酒肆中。蹟之已渺，人咸以爲仙去。

客兒亭畔易黃昏，何處堪招宋玉魂；詩骨高寒棲瘦鶴，嘯聲清越答孤猿。林間梵響流雲氣，水上松陰畫月痕；兩澗春淙一靈鷲，酒壚有約待君論。

白蓮堂詠吳澹川

澹川，名文溥，嘉興人。胸次高曠。壯游海外，客楚戎幕，喜論兵事，善長嘯，逌然有鸞鳳之音。又嘗夢身化爲鶴，翩翻而舞，若莊生之夢爲胡蜨也。所著南野堂詩集，瑯嬛先生稱爲「兩浙詩人第一」。没二十餘年，近有人見於黃鶴樓題詩，有「姓名好問黃仙鶴，蹤蹟休疑白玉蟾」句，殆已仙耶。

白蓮堂在西湖昭慶寺，君嘗下榻於此。

南野詩壇有舊盟，西泠禪榻證三生；靜依蕭寺聽鐘坐，閒向蘇隄策杖行。蘿葉當階秋雨細，松陰滿地夜雲輕；問君長嘯歸何處，黃鶴樓頭月自明。

金粟菴詠錢東生

名林，仁和人，官翰林學士，余庚申同年也。習養生家言，嘗判陰曹，事多前知。死期前數日，料量家事儲備，井井有條。既逝，滿屋作丹砂氣。初慮作閻羅，既曰「免矣」。臨終，人見山西監察燈在門。

可容名姓注丹臺，應有靈光燭斗魁；陽世玉堂新典籍，陰曹鐵案大輪迴。須知泉路通雲路，莫以仙才作鬼才；高位儘多成道少，蓬萊宮闕幾人來。

天潛小隱詠汪季懷

季懷，名瑜，錢塘人，余子婦端之尊人也。性寬厚，多長者行。善鼓琴，工詩，通醫理，所居曰天潛小隱，即以自號，若陶貞白之華陽隱居也。道光癸未冬，余歸錢塘，寓西湖黃葉樓，夢君過余言：「前生本紫宮侍書，以生平無過，得歸舊地，甚清暇，當從君至吳門一視端也。」次日，顧君西梅過余湖樓，手一卷曰：「此君親家汪君季懷天女散花小像也，存余家二十餘年，久欲歸其後人，檢之不得，昨忽得之案頭，而君適至，豈非數耶？故攜以奉君也。」語以昨夢，互相歎詫，因攜歸付端供奉之。

琴囊詩卷悟聞根，仿佛天潛老閉門；水榭鶴歸秋雨細，山樓猿嘯嶺煙昏。畫船客至談仙蹟，紫府人來記夢痕；是處芥瓶留丈室，左家嬌女解招魂。

翠淥園詠閔小艮師

師名苕旉，字補之，吳興諸生。九歲慕道，與沈太虛同事高東籬爲弟子，而實受道法於太虛，兄事實師事也。嘗官滇，至雞足山，以崑陽三大戒易梵音斗咒、西竺心宗於黃守中。守中，名野闍闥婆，中印度人，元時入中國者也。

師於陰陽爐鼎之道，靡不宣究，晚乃一歸清淨，性命雙修，尤以性功爲主。所刊書隱樓叢書以三尼醫世說述、天仙心傳爲最勝。所至禽獸互乳，草樹交芬，善氣所敷，動植胥化，得中和位育之道焉。

金蓋分明演一燈，三尼醫世說三乘；身爲爐鼎心爲藥，佛即神仙道即僧。命蒂固於花蕚斂，性光定到月華澄；年來親侍瑤壇席，雲笈眞詮手自謄。

湖上詠陳春谷

名陽眞，字太樸，原名樸生，又號棲雲子。辭婚不娶，遇李蓬頭偕至杭，遇有道即師之，通内外典，十八丹頭無不洞悉。父母夢神謂其已得元宗，後當證果金蓋，父母藉以東昇。五朝九華，七朝南海，三至五臺，往還桐柏、委羽間，專事煉命，父母由是還少證果。羣叩其故，曰：「上昇之道，全憑乎神。神則藉氣，氣則藉精，積精纍氣，纍氣足神，神之用大矣。」懶雲子授以三戒。

妙蘊能參精氣神，解談元理見天眞；自明宗旨承三戒，能以誠心格二親。露處不妨花作幄，雲游到處羽爲輪；至今金蓋山頭寺，嗣律矜嚴少替人。

閒地菴詠朱野鶴

野鶴，名照，字古愚，海州人。中年從事元門，後見同學者三人皆不成，乃徧游名山，得性學於金山慧大師。一意性功，深得合一之旨。定中見市肆所封羊豕皆爲人身，因斷葷血。道光甲午與華胥子相遇鬱洲山下，劇譚三日，相得若無著、天親也。嘗至西湖閒地菴，遇同堂七僧，皆明性功，爲他處名刹所未有。云將辭家寄菴終老也。有野鶴詩八十一首，多言性功，若紫陽悟眞焉。

名山到處禮高僧，歸臥雲臺最上層；赤足屢逢仙採藥，白頭親遇佛傳燈。眼光清淨明於月，心境高寒冷似冰；畢竟西湖好煙水，一菴閒地待紅藤。

野鷗莊詠錢叔美

名杜，字松壺，東生弟也。工詩善畫。幼年隨宦滇南，患瘵疾，飲夜交藤汁始瘳。中年卜居秣陵之陶谷。余夢中與君前世同爲西湖壑菴僧。往來中州、袁浦，近卜居湖上，修餐霞服霧之術，以絳州道士十六字訣易余一字金言。

鬼被誰貽柿蒂綾君入蜀舟，被竊，失其襆被，有興國州徐姓貽以被，僅寬尺許，類棺中物，後亦失之，仙漿曾飲夜交藤；雪中騎象詩雙管，琴外飛鴻畫一燈。老屋尚餘陶谷樹，前身同證壑菴僧；絳州丹訣嵩陽隱，閒話湖天夜月燈。

懷仙閣詠盧子鶴

子鶴，不知何許人，曰圓嶠眞逸，道名也；曰香苑覺民，釋名也；曰鬱洲旅逸，世名也。與摩鉢前生同玉局校錄，今爲神霄、玉府兩宮掌籍簽書紫薇內翰。受人元秘旨於呼猿洞主，受天仙心法於金蓋先生。嘗誦頂珠普吉眞言，道姥臨雲淨壇所傳也。於龍門爲第十二輩。著三教眞詮、人元秘旨、法苑卮言、青郭內經、西泠五集、華胥七編。全家奉道，受籙者九人。

懷仙閣在西湖翠淥園。

或云此其前世姓名，或云託名，若李北海之伏靈芝、黃仙鶴，月泉吟社之連文鳳也。

前世應爲無是公，今生且作信天翁；　家居東萊西魚地，人在南花北夢中。山翠破雲浮枕簟，月華澄水漾簾櫳；　全家道氣濃如許，各有靈光炳太空。

西泠仙詠卷三

自敘

太初沕穆，元黃剖判，乾藏坤顯，萬物化生，故老子成道於母腹，玉清神姥實誕元始，摩利支天爰產九皇，諶母爲日中孝弟，王母以大洞玉章雲篆授許旌陽，上元夫人爲上古天皇之姥。西王母傳道於漢武帝、茆君，必招與偕；魏夫人授黃庭內景經於楊羲，女眞降者十有五人。其他眞誥、墉城所載，眞靈位業所書，不可悉數。蓋大道不分男女，而女秉坤體，純陰之中，至陽生焉，則女子之修道成眞也，又何疑乎？

余重編西泠仙詠，既列男仙百人，復輯女仙得六十人。案頭適有女弟蘭雲舊刊孫不二元君所定西王母女修正宗及李泥丸女宗雙修寶筏，又值許君石華以回春子三寶心鐙見貽。回春子，呂祖也。後有西池度楫一卷，爲王母小女玉巵夫人、吳采鸞、崔少玄、樊雲翹、唐廣眞、周圓靜、孫清靜七眞之書，及坤訣一卷，其言多男眞所未及。維摩丈室中舍利弗不能不見屈於散花天女矣。特囿於西湖一隅，其蹤跡無涉者，未能闌入。惟女眞成道，皆具苦功，其所受皆有眞訣，其所傳皆有至言。嘗與摩鉢約，於道藏中輯女眞嘉言懿訓，彙爲一書，如華陽洞天含眞、易遷兩宮趙素臺、韓太華、竇瓊英輩八十餘人片言緒綸，皆可大顯於世。他日者，懷仙閣成，潔一室以待羣眞之降，知青鸞彩鳳必有翩然而來下者。羣仙高會，亦瑶池光碧後一重公案也。

某學道未成，采眞有志，奉飛祖於邗上，禮曇陽於婁東，晤騰空於夢游，竇羅郁之丹訣，道姥獬臨，神姑鶴降。蘭雲篤宗盟之誼，則子晉之觀香也；摩鉢尋玉局之盟，則義和之鬱嬪也；停雲、靈芸之懺悔，則阿難之摩登、曼倩之宛若也；香輪散花，宛卿、若卿之皈依，則貞白之錢妙眞，杜契之孫寒華，司馬子微之謝自然、焦眞靜也。嗟乎，蜉蝣身世，只有匆匆；螻蟻功名，無非擾擾。男既牽於世網，女亦墮於塵緣。冤親因果，著甚來由；恩愛牽纏，都非究竟。不明慧炬，誰尋暗室之燈；不示眞筌，孰識迷津之楫。爰蒐香苑，並證靈壇，以六十輩之蘭熏玉潔，懺千百劫之孽海情天，庶幾芙蓉城闕，益增玉女之名，桐柏宮庭，更入金仙之界云爾。

道光甲午六月圓嶠眞逸序於雪瀑雲松館

陳義敘

族兄頤道先生，年二十爲才子，三十爲名士，四十爲循吏，五十爲儒者。生平著作，若詩文內外集、秣陵集、西泠五集、華胥七編、西溪漁話、道苑卮言，自天文、地理，至蟲魚草木，巨細兼賅，本末畢貫。五十以後，以禮去官，又抱西河之戚，不復出山，潛心歸道，又得佳耦摩鉢夫人以爲之助。雖羈棲塵俗，奔走江湖，未嘗少閒。飛祖謂當膺道脈淵源之寄，小艮師亦謂闡揚道要，非君莫任。蓋世儒多不信道，君獨企儒宗而探道要，故其汲引儒林爲多。仙詠爲西泠五集之一，女仙一門則閨詠之外，兼多補遺。湖山之美，人物之盛，花月之艷，煙霞之幽，空靈曠逸，蔑以加茲。非前生從桂宮玉局來，未易臻此。義未嘗學問，不解聲詩，而於兄之居心行事，道力淺深，則既見而知之矣。茲集既成，塵世應無遺憾，所願從此懺除結習，乃至無有語言文字，煉神還虛，出無色界天，庶不負前世夙根、今生苦行云爾。

同門族女弟義謹敘

摩鉢敘

君前生玉局修書耶？吾不知也。吾前生與君同玉局校籍耶？吾不知也。君作詩萬首，盡付棗梨，吾意存數十篇可也；君刊文十六卷，吾意存數篇可也。河渠當議，食人之食，忠其事也；海運鹽筴之事不當議，肉食者謀之越俎也。賈讓耶？邱濬耶？桓寬耶？劉晏耶？吾不得而知也。茲卷因仙詠而及女仙，大半取之閨詠，皆仙耶？修仙有三品，天仙、水仙、地仙也。仙有五等，天仙、神仙、地仙、人仙、鬼仙也。將相無種，神仙亦無種。人者，仙之種也。人仙世尤多，抱仙之質，處仙之境，在聖不增，在凡不減，而氣質所拘，物欲所蔽，甘於墮落而不知悔，是可悲矣。男既有之，女亦何獨不然？心澈曰：「名士牢愁，美人幽怨，皆非究竟，不如學道。」旨哉斯言，迷津之智楫、暗室之慧鐙矣。久謝子墨不辭，綴以數言，以爲天下女子有志學道者勸。

摩鉢敘於妙香天室

山中詠越處女

杭州，古越地，猿公試劍，或即在湖上諸山。處女，即元女，劍仙之祖也。

非有師承自得之，術經天授始稱奇；但看虹影浮蓮蕊，已聽猿聲嘯竹枝。貫斗芒寒飛練急，處囊光斂刜鐘遲；分明佳俠嬋娟子，紅綫歸來夜月知。

江上詠武陵娘子

楚有武陵娘子祠，相傳范蠡女也。一舸浮家，應亦自南而北。祠祀二千年不廢，意者其有道術歟。

前生應是婉淩華，一舸先浮去國槎；劒術早應師越女，舞衣終竟薄吳娃。種蘭芳渚酬佳節，採葛春山憶舊家；合與瑶姬共祠廟，武陵谿畔有桃花。

妙庭觀詠董雙成

雙成爲西王母十六侍眞之一。妙庭觀在富春觀山，雙成修道上昇處。

雙成遺蹟舊金庭，門外煙巒晚更青；月底修簫秦弄玉，波間鼓瑟楚湘靈。夢回翠水應相識，奏到雲璈或解聽；如此仙山好樓閣，商量只合住媌娙。

江上詠樊雲翹

雲翹，劉綱妻也。鄞四明山爲雲翹所居，故曰樊榭。夫婦皆有仙術。綱官彭城，與雲翹游戲較術，綱常不勝。唐太和中，泛舟鄂渚，秀才裴航遇之，賦詩答航。航至藍橋，遂偕雲英仙眷焉。貞元中，於君山斬白黿，救人無算。嘗於駐鶴壇降乩，稱君山神姑。西池度楫中有詩六首。

雲英未必勝雲翹，樊榭金庭隔綵橋；仙侶荷鉏同採藥，侍兒捧硯正垂髫有婢曰裊煙。彭城游戲衙齋靜，鄂渚煙波驛路遥；我誦金經思學道，願隨鸞鶴上丹霄。

葛嶺詠鮑姑

姑名潛光，鮑元女，葛洪妻。洪所至移家，曾居葛嶺，則錦隖雲菴，當有鴻案鹿車遺蹟。

神仙眷屬屢移居，葛嶺何人紀鮑姑；石屋應留家具在，碧奩曾照曉粧無。金庭窗牖開樊樹，甲帳樓臺話繡襦；飛徧羅浮綠胡蜨，玉梅花下點春蕪。

稽留峯詠許遠游妻

遠游好道，遣妻孫氏還家，爲書以謝絕之。孫氏爲書答遠游曰：「昔梁生絕嶺，孟光是攜；蕭史登臺，秦女不舍；衛人修義，夫妻同行；老萊逃名，伉儷俱逝。豈非古人嘉遯之舉？」遠游不納。見金蟬脱殼。

許邁妻孫氏，彥達之女，秀之孫女。既離好無子，歸宗。見眞誥。

稽留峯在靈隱邁隱處。覩於孫氏之書，詞意兼美，非深於道念者不能也。

地仙容易署東華，懸霤深山石徑斜；何事竇滔棄蘇蕙，虛勞徐淑答秦嘉。繡襦甲帳自明月，樊榭金庭空暮霞；寂寞稽留峯下路，風吹寒瀑謝蘿花。

仙姥墩詠裴仙姥

姥，餘杭人，嫁西湖農家。善採百花釀酒。王方平嘗就沽飲，授藥一丸以償酒價。姥服，化去。後有人經洞庭，見賣百花酒者，即姥也。見列仙傳。

東晉初，裴氏姥採眾花醞酒，仙去。見方輿勝覽。墩在清波門外，舊傳基阯高數十尺，故名墩也。

提壺聲裏路三叉，重訪餘杭阿姥家；欲就麻姑買滄海，偶邀仙客酌流霞。一尊酹月金波湧，雙髻穿雲柳浪斜；我願西湖作春酒，年年來醉碧桃花。

江上詠嚴李佗

雲笈七籤載道教相承錄：「左元放授嚴光女李佗。」

嚴家少婦梅家女子陵婦，梅福女也，家世神仙女亦仙；仙又傳仙眞慧業，女還生女小嬋娟。一肩荷鍤樵雲路，雙髻簪花採藥年；七里桐江春水碧，畫眉啼斷竹林煙。

吴山詠孫寒華

吴人孫奚女也。師杜契，受元白之要，顏容日少，周旋吴越諸山十餘年，乃得仙道而去。見墉城集仙錄。

真誥云：「孫賁女於茆山得道沖舉，因名其山曰華姥山。或云吳大帝女孫也。」

紫髯帝女字寒華，華姥峯頭問舊家；微子殷勤求服霧，真妃宛轉授餐霞。赤烏碑圮埋青石，朱鳥窗深掩絳紗；留得閉房遺錄在，碧城誰與論黃芽。

杭州詠陶科斗、許娥皇、道育、瓊輝

許穆，一名謐，字思亢，邁之弟也。婦陶科斗，女弟娥皇。家有上清真經，是魏夫人授弟子楊羲，羲以傳穆，故全家奉道也。孫黃民，女道育、瓊輝並得度世。詳見真誥。

黃民避亂，奉經入剡，復由剡至杭，則科斗諸人於武林有仙蹟矣。

許掾全家道氣濃，一編真誥易遷宮；越中避地如梅福，湖上移居似葛洪。四壁煙霞環枕簟，幾房兒女話簾櫳；他年化鶴歸華表，儘喚曾孫識此翁。

龍華寺詠傅大士妻

傅大士，故漁人，遇嵩頭陀，指令臨水觀影，見圓光寶蓋，便悟前因，夫婦雙修，頓通佛法。龍華寺，梁武帝所立，舊有傅大士像、拍板、門椎、藕絲燈。

應是西方善女人，龍華會上有前因；修來煙水漁家傲，散罷天花佛國春。菱鏡鴛鸞留舊影，藕絲龍象證微塵；不須更建雙飛寺，寶蓋圓光各悟眞。

飛來峯禮隋神尼劉智仙舍利塔

智仙，河東蒲阪劉氏女。少出家，有戒行。隋文帝始生於寺，逆知爲帝，代爲撫育。皇妣來抱，見兒成龍形，驚墮地。智仙曰：「驚吾兒致令晚得天下。」帝長，謂之曰：「佛法暫廢，賴汝而興。」屬周武廢教，智仙隱帝家，卒。后帝卽位，令天下造佛舍利塔。仁壽二年，杭州造塔於飛來峯，發土得石函，置舍利函，不差分寸，人咸異之。

神尼塔畔禮神尼，象教興衰此導師；幻出神通仙佛母，撫來禨祳帝王兒。潛龍宮圮金瓶古，靈鷲峯高石匣奇；記向飯猿臺下過，夕陽花雨讀殘碑。

江上詠謝自然

蜀女眞謝自然，泛海將詣蓬萊求師，至一山遇一道士，言天台山司馬子微名在丹臺，身居赤城，眞良師也，乃回求受度，白日上昇。見雲笈七籤。昌黎詩謗爲「童騃」，口孽哉！

蜀道修眞謝自然，當年寒女此神仙；終歸桐柏昇香地，曾上蓬萊採藥船。白帝綵雲原縹緲，金庭明月最嬋娟；昌黎謗道回心否，雪擁藍關馬不前。

江上詠焦靜眞

女眞焦靜眞靈識精思，至方丈遇二女仙謂曰：「子欲爲眞官，可謁東華青童道君。」請其名字，謂司馬子微也。見雲笈七籤。

唐劉禹錫有送焦鍊師詩，似以宮人入道者，當卽靜眞也。

東華宮闕禮眞君，更有蛾眉焦靜眞；天上一宮應待汝，山中二女定何人。可無服霧張微子，或有餐霞安鬱嬪；石室丹臺終證果，隨州詩格最清新。

杭州詠夏山姑

杭州有黃三姑者，窮理盡性。時徑山有盛名，常倦應接，訴於三姑。姑曰：「皆自作也。試取魚子來咬著，寧有許鬧事？」徑山心服。或曰夏山姑。見唐國史補。

分明一語振宗風，不證三摩證六通；紫竹觀音原幻相，黃花般若是眞空。笊籬自賣龐靈照，梵夾親書邵道沖；會得禪機魚子在，青山如水月當中。

靈隱詠顏待月

待月，名初元，瀟湘人。母夢絳雪而生。年十九，白樂天納爲簉室。聰慧能詩。嘗偕春草，二人至潯陽，後爲蠻素所譖，失寵。有病中感懷詩云：「月瘦花殘不似前，淚珠零落枕函邊；可憐惟有金條脫，臂上依然伴妾眠。」後樂天召還京師，以病不復隨，寄居西湖靈隱山女眞菴。會昌六年七月初九日，忽語人曰：「白尚書已爲海山院主，先吾五日逝矣。今來相召，吾當赴也。」端坐而化。事見匡廬小志。

夢中絳雪艷煙鬟，青壁丹崖待玉顏；修竹竟留寒女住，羣花爭擁使君還。雲龕對户峯雙影，雪澗當門水一灣；如此蛾眉尚遭妒，多情空說白香山。

江上詠吳仁璧女

仁璧以不譔秦國太夫人墓銘，爲武肅沈之江中。女年十八，亦能詩，精天文。仁璧被繫，女泣曰：「文星失位，大人其不免乎？」聞父死，自沈見江。見十國春秋。有閒居詩云：「爲惜苔錢妨換砌，因憐山色旋開尊。」仁璧仙去，有人見女從父於羅浮。見雅言雜載。

沈湘往事最堪悲，小海歌中玉一枝；漢代緹縈原孝女，楚江擊絮是貞姬。白蓮洲上嬌留影，新月沙頭澹掃眉；合與曹娥同廟食，惜無過客解題碑。

湖嶺詠黃靈微

花姑者，女道士黃靈微也。年八十而有少容。自唐初往來江浙湖嶺間，名山靈洞無所不造。至南嶽訪魏夫人壇，葺而親之。嘗爲野象拔箭，齋輒銜蓮藕以獻。景雲中，睿宗爲建洞靈觀。開元中上昇，有仙蛾集壇上，白鹿出入塚間。明皇詔道士蔡偉編入後仙傳。顏眞卿刺撫州，以女道士黎瓊仙七人居仙壇院，書碑以紀其事。見墉城集仙錄。

靈蹤彷彿比麻姑，尚有平原片石無；野象銜花珠殿静，仙蛾集樹石壇孤。閉來丹室珍三寶，禮罷黄庭颺五銖；何處湖干舊行蹟，美人湖似玉娘湖。

杭州詠王奉仙

當塗民家女也。年十三四，恒有女伴與之游戲，多著靈蹟。及長，貌若天人，智辨明悟，江左之人謂之觀音。杜審權鎮金陵，令狐綯鎮維揚，延請供養。高士主父懷杲疑以爲邪，就而問之，話道累日，爲所折服。後與二女弟俱入道，居洞庭山。光啟初，遷餘杭界，居千頃山，山下之人爲棣華宇以居之。見墉城集仙錄。

何處香壇著棣華，仙人家是美人家；緑鬟侍女青綾帔，白髮門生絳帳紗。牛渚煙深宵浣月，馬塍雨過曉栽花；藐姑冰雪麻姑髻，元蓋山前禮碧霞。

水雲亭詠周瑶英

王迥，字子高，錢塘人，嘗逢仙女周瑶英攜之游芙蓉城，作歌以記其事。胡微之王子高芙蓉城傳：「瑶英偕子高過一嶺，及門，佳木清流，殿閣金碧，女流道裝者百餘人，遂登東厢之樓，題曰：『碧雲』。一女郎年可十五，容色嬌媚，曰此芳卿也。明日，王問其地，曰：『芙蓉城也』。」水雲亭在錢塘尉廨，子高故居也。見夢粱録，亦見東坡芙蓉城詩序。

冥冥花國隔千盤，一路芙蓉送羽翰；閬苑書來應附鶴，緱山人去定驂鸞。笙簫縹緲雲中聽，樓閣空明月下看；今日眞仙亭畔過，煙波何處倚闌干。

廣陵侯廟詠陸氏三女

宋眞州兵馬都監陸圭攻方臘死難，淳祐中，潮圮江岸，神率三女揚旗空中，浮石水面，岸賴以成。聞於朝，建廟封廣陵侯，並封三女爲顯濟、通濟、永濟夫人。見游覽志。三女，一主護岸，一主起水，一主交澤。見錢塘遺事。

廟在江干石冢。

翠羽名璫列畫裙，金燈香樹薦蘭薰；晚奩鏡展開江月，曉閣環多擁海雲。遠舶長瞻青鳥使，靈旗應從碧霞君；女貞花發忠臣廟，有客觀濤詠夕曛。

此君堂詠西湖水仙

宋有邢鳳者，字君瑞，寓居西湖，有堂曰「此君」，水竹幽雅。一日獨坐，見美人度竹而來，吟詩曰：「娉婷少女踏春陽，無處春陽不斷腸；舞袖弓彎渾忘却，羅衣虛度五秋霜。」鳳口占挑之曰：「意態精神畫亦難，不知何事出仙壇；此君堂上雲深處，應與蕭郎駕綵鸞。」女期以五年相會於見鳳皇山下。言訖不見。後五年，邢隨兄鎮杭，乃思前約，具舟泛湖，遥見美人舉手招之曰：「妾西湖水仙也。千里踐約，君情厚矣。」鳳喜躍過舟，蕩入湖心，人舟俱沒。後人嘗見鳳與採蓮女游蕩於清風明月之下。見西湖志餘。

小姑居處本無郎，舞袖羅衣感斷腸；儀鳳書生唐柳毅，驂鸞仙子杜蘭香。松陰滿地靈壇遠，菱唱横波畫舫涼；惆悵雙投橋下水，弓彎回首此君堂。

皋亭山詠撒沙夫人

夫人，皋亭山下倪氏女。金兵至，沈水死。見夢韓蘄王，臨陣有神鴉蔽天，鼓翼飛沙，敵騎目迷而敗。韓表其異，因加敕封，建祠崇奉。廟在皋亭山。見湖壖雜記。

皋亭亭畔舊兒家，白雁横江噪晚鴉；嘯夜悲懷同漆室，沈淵心事托懷沙。宮嬪題壁憐隨月，天女淩空解散花；今日青山有祠廟，金燈香樹擁明霞。

前洋街詠玉真娘子

紹興中，程迥居前洋街，一日，有物如燕，自外飛入，乃一美婦，長五六寸，自言玉眞娘子。迥就壁爲小龕居之，香火供奉。頗言休咎，期年飛去。見睽車志。

少鶩何處問前生，瓔珞香龕有舊盟；掌上輕盈趙飛燕，花前睍睆囀春鶯。神君帳底中宵語，妙子林間靜夜聲；何事經年便歸去，驚鴻小影最傾城。

酒肆詠烏衣女子

紹興間，都下酒肆有道人攜烏衣椎髻女子買斗酒獨飲，女子歌詞以侑云：「朝元路，朝元路，同駕玉華君。千乘載花紅一色，人間遥指是祥靈。回望海光新。」又歌云：「煙漠漠，煙漠漠，天澹一簾秋。自洗玉舟斟白醴，月華微映是空舟。歌罷海西流。」凡九闋，皆非人世語。或記之以問一道人，曰：「此赤城韓夫人所製水府蔡眞君法駕導引曲也。烏衣女子，疑龍云。」見林下詞選。

保留仙蹟駐湖濆，一曲新歌四座聞；黃鶴酒香宜醉月，青虵劍氣欲淩雲。珠宮貝闕紅霞帔，霧鬢風鬟白練裠；誰識吳城小龍女，捧花長侍玉晨君。

映壁菴詠唐廣眞

廣眞，嚴州人。既嫁，得血疾，夢道人與藥，服之而愈，因辭家入道。至平江，謁蓑衣何先生，稱爲仙姑，號無思道人。淳熙中，夢呂純陽、曹混成、猷道僧偕渡海，游名山。純陽令往元靜吳眞人洞習書，以有母，願留形住世。高宗召入德壽宮，宣問符水靈驗，書「寂靜先生」四字賜之，累封寂靜凝神眞人。三寶心鐙云：「廣眞好道，虔奉何仙姑。一日，親授元妙，有三仙引至海邊，跨大蝦蟇渡海，隨游名山。」映壁菴在鳳皇山，南宋粧臺在焉，下有洗粉池。

符水靈徵感玉京，曾邀天語署先生；雲間問道何中立，夢裏游仙曹混成。羽帔幾經三島去，黃絁頻向六宮行；留形住世因慈母，寂靜凝神自有名。

梅莊詠武元照

元照，蕭山民家女。幼不茹葷，夢神令其休糧，因剖腹滌胃，受靈寶大洞法及混合眞人印，以符水濟世。二僕肩輿，呵桃與食，終日不饑。錢塘陳氏女病瞶，蘸襪不效，元照至，立愈。爲張俊妾治腹疾，服符產巨蛇。韓蘄王姪子宸深敬之，延之家。侍女夜窺之，見青雲起鼻端，一碧色嬰兒盤旋腹上。後歸蕭然山，端坐逝。

蕭然山下舊人家，絕似當年萼綠華；呵氣曾聞咒桃實，休糧應不飯胡麻。腹中毒蠱消丹篆，鼻上香嬰燦碧霞；聞道梅莊留舊蹟，西湖佳處共看花。

神仙宮詠魏無瑕

神仙宮在西溪，宋御書額，黃冠千指。至端平間，有女眞魏無瑕築室退居於此，系以詩云：「年來青鳥碧桃花，築室安前卽是家；玉貌星冠隨絳節，雙成不及魏無瑕。」見西湖百詠。

今惟菴名存焉。

安前，西溪地名。

萬橫香雪暮雲重，笙鶴歸來弔落紅；蕊榜才人林幼玉，廬山道士李騰空。白鷗蘆葉涼煙外，青鳥桃花澹月中；應是水仙祠宇近，清溪一曲傍幽宮。

煥彩樓詠孫不二

孫清靜，馬丹陽室。夫婦同事呂祖弟子王重陽，修道成眞，爲北宗七眞之一，位不二元君。岱陰有清靜石室，其修眞處也。嘉慶中，降武林煥彩樓，傳西王母女大金丹，爲女修正途，金蓋弟子陳蘭雲刻於吴門葆元堂。

翠微深處禮元君，修到元君更不羣；遠與劉樊媲佳耦，近從葛鮑誦清芬。東華玉笈多靈篆，西姥丹經有秘文；煥彩樓頭親降筆，青鸞長侍鬱金裙。

梯雲樓詠徐元娘

正節先生應鑣女。元師迫諸生北行，從父兄投井死。

銀床清冷照娥眉，媿煞宮車北去時；高妹殉親宜作志，曹娥死孝合題碑。芳魂應返青鸞羽，古水休牽玉虎絲；好爲湖山留正氣，一門忠孝禮叢祠。

韓蘄王池詠徐君寶妻

徐君寶妻，岳州人，至元丙子，伯顏偏師破岳州，被擄來杭，居韓蘄王府。前主者欲犯，屢以計脱度，終不免，乃題滿庭芳一闋於壁云：「漢上繁華，江南人物，尚遺宣政風流。綠窗朱户，十里爛銀鉤。一旦兵戈舉，旌旗擁，百萬貔貅。長驅入，歌樓舞榭，風捲落花愁。清平，三百載，典章文物，掃地俱休。幸此身未北，猶客南州。破鏡徐郎何在，空惆悵，相見無由。從今後，斷魂千里，夜夜岳陽樓。」投池水死。見輟耕錄。

韓宅後爲景靈宮，當在今錢塘門斑衣園，梅岡園當是別墅也。

一池畢竟湛清流，玉碎珠沈古渡頭；烽火可憐驅北客，湖山猶幸對南州。蝸涎墨澹煙窺暝，鷗夢香銷月浸秋；故國招魂何處是，斷雲千里岳陽樓。

城西詠織登科記女子

夷堅志：「建炎春，一士人步城西，有虹自地出，圓影若水晶，老木椏槎，有茆舍機杼之聲。

女子四五，綰烏絲丫髻，玉肌雲質，衣輕綃，揎腕組織，視之錦文，重花交葉之下，有字數行。首曰：『李易。』問之，曰：『登科記也。』」

銀浦流虹抱月生，蕊珠仙榜見分明；支磯石畔窺眉黛，及第花間問姓名。舉首偶然逢李易，此中或者有梁清；成都卜肆今誰在，我欲乘槎犯斗行。

長春菴詠蔡沖靜

延祐間，有姚眞人者，錢塘人，妻蔡氏，脱俗修眞，建菴於洪福橋西相安巷，曰「長春」。姚亦建菴於妙心寺北，曰「長生」。夫妻皆證道妙，人稱雙修。見西湖游覽志。楊維楨、趙孟頫、聶大年皆有詩。

流水溪橋浸紫霞，瑶房晝靜轉丹砂；别營桂隱金仙閣，深鎖蘭修玉女家。滿甕曉雲烹雪茗，一犁春雨種瓊花；羣眞有約驂鸞去，中夜歸來月未斜。

紫陽菴詠王守素

丁野鶴妻也。野鶴既寂，守素亦束髮爲女冠。途中拾小樹，栽之曰：「我成道，汝成林。」後二十年，樹林成，守素化去，卽山前成道樹也。薩雁門有詩贈之。

玉簫聲裏翠雲閒，霧鬢風鬟隱翠巒；種樹陰成山館靜，掃花人去洞門寒。集靈臺上遲青鳥，寫韻軒中問采鸞；何處蒼苔補衣石，月華如雪滿瑤壇。

南山第一橋詠曹妙清

妙清，字比玉，號雪齋，錢塘女士。善鼓琴，工詩。三十不嫁，而風操可尚。嘗持所著詩文，偕乳媪訪楊鐵崖於洞庭、太湖間，爲鼓琴歌詩以寫山川荒落之悲，引關雎、雉朝、琴操以和白雪之章。鐵崖大賞，嘗敍爲曹氏弦歌集。見女世說。

和鐵崖西湖竹枝詞云：「美人絕似董嬌嬈，家在南山第一橋；不肯隨人過橋去，月明夜夜自吹簫。」師事鐵崖，鐵崖答以詩云：「紅芽管蒂紫貍毫，雪水初融玉帶袍；寫得薛濤萱草帖，西湖紙價頓能高。」玉帶袍者，曹之名硯；萱草帖，狀其孝也。居在湖灣朱青湖，擬於第一橋建明月吹簫樓。

何處南山第一橋，湖波如鏡綠迢迢；玲瓏白石依粧閣，曲折紅闌近畫橈。花氣留香春捧硯，月明和影夜吹簫；小姑獨處眞清絕，不共蘇娘鬬舞腰。

孝義菴詠湯祩錦

蓮池大師繼室湯氏，後師祝髮，名祩錦，建孝義菴，爲女叢林主，先一年化，塔於雲棲寺外右山。

虛庭花影悟優曇，七筆勾中五蘊參； 林外舊栽成道樹，橋邊新築出家菴。蒲團香定風迴幔，玉磬聲遲月滿函； 前世應知善天女，春山結伴禮雲龕。

湖隄詠葉小鸞

小鸞，名瓊章，一字瑶期，吴江人。父紹袁，母沈宛君，生三女，長紈紈，次蕙綢，小鸞其季也。幼慧，工詩，兼善寫生。宛君謂：「比梅花，覺梅花太瘦； 比海棠，覺海棠少香。」年甫十七，未婚而没。紹袁刻其遺詩，名返生香。後相傳從天台泐大師受戒。前生爲月府侍書寒簧也。有游西湖詩云：「隄邊飛絮起，一望暮山青； 畫楫笙歌去，悠然水色泠。」

櫻湖照影曉波寒，第一仙人葉小鸞； 略解春情嬌乳燕，微吹花氣靜芳蘭。晚霞魚尾横粧閣，新月蛾眉起畫闌； 依舊隄邊飛絮起，招魂容易返生難。

湖上詠屠湘靈

湘靈，名瑤琴，鄞縣屠長卿女，士人黃振古妻。能詩。卒年二十有七。長卿子金樞娶沈君典女，字七襄，亦能詩。均早卒。兩家彙刻其詩曰留香草。長卿故好採眞，譚空覈元，自詭出世，有化女湘靈爲祥雲洞侍香童子詩。湘靈有湖上採蓮曲。

疑採明珠淥水濱，嬋娟前世本湘君；花間照影雙鬟重，柳外迴波兩槳分。結伴戲鷗牽翠袖，避人裹鴨解羅裙；六橋東去三潭路，西子湖頭日暮雲。

梅花嶼詠馮小青

小青，名元元，容態妙麗，通文翰，解聲律，精諸技，家廣陵。年十六歸武林馮生千秋，以同姓故諱之。見嫉正室，徙居孤山別墅。馮姻楊夫人憐之，勸之歸。小青答書有云：「去則弱絮風中，住則幽蘭霜裏。」蓋志節素定矣。卒以抑鬱病卒。有焚餘草，讀者憐之。見支如增小傳。

虞山蒙叟託河東君之言，謂無其人，人多信之。按張潮虞初新志所載，小青有女弟紫雲，歸會稽馬髦伯。姚靜增修游覽志載，入西湖，路孤山，相傳有小青廬。

支傳外，有馮猶龍所作一傳，更詳。虞山謬論不足破矣。余嘗謂，女子有才爲妾，不得志以死者，皆小青之類。留此零膏冷翠，爲天下後世傷心人寫照耳。道光甲申，爲修墓於孤山，建蘭因館並譔墓志，賦詩紀事，女士和者三十餘人。余家舊藏小青降乩詩刻本一卷。

遠笛哀秋聽雨天，綠陰西閣弔嬋娟；桃花命薄難留影，紫玉情深易化煙。梨汁豈能消鬱結，藕絲從此解纏緜；傷心紅粉知多少，不似斯人最可憐。

西湖詠柳依依

依依，名靈和，揚州人。年十六，歸方氏翁，官浙東。年十八，夫死，守貞。越三載，揚州城破，被擄，不食，七日卒。順治乙酉年也。乾隆乙巳年，降乩海門，不言休咎，云：「未來之事，有未來之天主之。言之太顯，洩機招譴；言之太幽，設渡藏舟。且人生禍福，履之自明，縱預燭前知，亦毫不能趨避。士君子惟當寡過以遠咎，强善以迎祥。木筆沙盤，不必多爲從事。」所言甚精。有降壇詩云：「歸去虛空踏月行，冰綃衣重白雲輕；三秋曾飲銀河水，吐向長江一色清。」並書舊詞六闋。如：「擬剷愁根，反長愁枝葉；濬月鋪窗，亂寫飛花影。夜靜花枝嬌欲睡，可憐人醒東風醉；水底月輪冰樣脆，柳條敲著連波碎。」眞仙才、鬼才也。乞傍佛屋女祠建屋棲止。道光乙酉，吳人爲建祠山塘清節堂側。

玉潔蘭薰絕代才，紅顏何處掩蒼苔；潮平小海驂鸞去，煙瞑重湖跨鶴來。花影窗虛黃月上，冰綃衣冷白雲迴；蘇隄萬樹嬋娟杳，細雨東風遠夢哀。

江上詠沈雲英

雲英，蕭山人，道州守備沈志緒女。流賊犯道州，志緒戰死，雲英匹馬入賊陣，奪父屍還。詔以雲英爲游擊將軍，代領父眾。會夫賈萬策戰死荆門，雲英辭官，扶柩歸葬。通春秋學，設帳授徒。卒葬龕山，毛西河爲譔墓志。董洹巖作芝龕記樂府，以雲英爲樊雲英後身，與秦良玉爲秦弄玉後身，極意表章。雖小說家言，然文武忠孝，兒女英雄，三生位業，定不從人間來。

芝龕記裏兩娉婷，天女華鬘玉女星；荀灌早年曾救父，宣文老去尚橫經。淒涼湘水和煙瞑，激盪江潮帶雨聽；指點海門青一角，西河太史舊書銘。

小蓬萊詠黃智生

智生，名埈兒，顧若璞孫女。生而端麗，能詩歌小令。性喜學佛。病甚，父母痛之。女曰：「金鎗馬麥，定業難逃。兒身痛耳，心無所苦。」年十九卒。見婦人集。受同邑陸文學鈁聘，未婚病篤，皈依於雲棲石上人大璸，若璞母弟也，剃髮而逝。若璞爲作往生紀實。

小蓬萊在回峯，黃氏別業也。

天風吹過小蓬萊，家有徐陵舊玉臺；貝葉香中參佛果，曇花影裏悟詩才。隔湖空翠粧樓見，捲幔閒雲病榻來；馬麥金鎗皆定業，此心安處不須哀。

西子湖詠何澹玉

尤西堂春風舞歌弔何澹玉云：「余客江上，交毘陵莊芑燕，言乩仙何澹玉，武陵人，才色雙麗，亡年十八。有歌云：『春風舞，春風舞，吴姬紫玉飛作煙，越艷西施化爲土。』」西堂賦詩弔之云：「君不見，蘇娘家住錢塘滸，犀簪唱徹黃金縷。又不見，青娘墓築孤山墅，春山血點紅顏簿。

風流宜與何娘伍，三生一笑相爾汝。他年載酒賦招魂，舉杯澆徧西陵浦。」所言皆西泠，則武陵者，武林之誤也。

情絲應不斷紅蠶，瓔珞香𦈸護碧龕；紫玉成煙花十八，冰綃留影月初三。雙成環佩霓裳彈，六尺氍毹翠袖憨；惆悵西堂新樂府，蘭陵江上記靈譚。

西湖詠姚娟娟

尤西堂木瀆仙姬傳云：「木瀆仙姬，自稱慈雲侍者，降乩敘生平云武林人姚氏，小字娟娟，年十五爲某太守妾，雜置下陳中，羣妾妒其能，誣以他罪，遂罹害。華山破雲仙師憐其冤死，教以眞訣，遂召隸仙籍，令主木瀆，爲水神。」降壇詩云：「經年憔悴到梅花，木瀆寒風石徑斜；記得相思明月下，煙鑪縹緲認兒家。」有欲爲姬寫照者，問其結束。答云：「幅巾深衣，手拈竹枝。」蓋道裝也。

石徑荒寒掩綠苔，靈蘭何處降乩來；梨花月冷驂鸞去，梅蕊香深跨鶴回。梵字聞呼雲縹緲，仙粧看寫影徘徊；採眞更有春風舞，玉碎珠沈一樣哀。

涵青精舍詠綠天仙子

沈潤芳嘗與友人泛湖，座有請乩者至，書一絕云：「才散笙歌罷六么，冷風疏雨上輕舠；問余名字眞消息，曾向王維雪裏描。」自云綠天仙子，賈秋壑半閒堂後植蕉百本，乃其中得靈氣者，現美人身，書於巾峯洞天。翼日蹟之，果有巨蕉。遂構精舍其側，卽涵青精舍也。見香祖筆記。

潤芳，名蓀，武林人。

碧窗清晝弄依依，留蹟仙壇舊夢非；處子素心閒翠袖，美人秋影瘦羅衣。盈盈珠露香生座，寂寂瑤華月滿扉；惆悵空廊紅蝙蝠，夜深猶繞畫檐飛。

西湖詠柳慧珠

慧珠，不知何許人。嘉慶庚申，齊梅麓在金陵與王竹嶼、陳秋麓輯乩壇詩數卷，將付梓，人請仙序之。慧珠降壇，筆不停機，文不加點，空靈窈渺，眞合仙才、鬼才爲一手也。序云：「春蠶縱死，寧無未盡之絲；秋樹將枯，尚有能鳴之葉。況乎玉樓催促，學士英年；金谷飄零，佳人薄命。恨緜緜其無已，魂怳怳而外淫。無如碧落難通，黃泉易隔，遂使王郎佳句唱徧秋墳，屈子離騷咽殘湘水。珠沈淵而有淚，花落地以無聲。千古寸心，寂焉滅矣，所以多情佛子發無限慈悲，好事神仙作絕大游戲，欲證盟於今古，爰撮合夫幽明。返魂之香一燒，補天之石重煉。珠璣錯落，滿盤皆夢篆之沙；錦綺繽紛，寸木即生花之筆。於是花間月下，酒半茶初，偶有遐思，遂成幽契。燕斜飛而似織，月直入以無猜。喚出眞眞，書來咄咄。於是名流閨彥，羽士高僧，世有未名之人，人有未傳之作，咸得留姓名於身後，寄心曲於人間。如是我聞，得未曾有。且夫菩薩出世，肉眼難知；居士談經，塵耳不入。故境緣虛而造實，心以幻而生誠。我佛於時隨感而至，蓮生舌底，禪在指頭，一喝而三日耳聾，半偈而萬緣心寂。雞園密諦，無非覺路金繩；鷲嶺清辭，總是迷津寶筏。神通廣大，功德無量。弟子默齋，聞諸語言，皆大歡喜，欲付剞劂，以公同人。乞序，辭不獲命。慧珠章臺弱絮，南國夭枝，歌舞爲生，煙花入劫，誦白傅琵琶之什，腸斷如絲；聆西湖鐘梵之音，心枯似木。趺坐馬纓樹下，長齋燕子樓中，得遇慈航，脱離苦海。嗟乎！蠅頭蝸角，著甚匆忙；蟲臂鼠肝，都非究竟。落花爲美人小影，芳草乃斜陽斷魂。若求無漏之因，莫作有情之物。覩兹逝者，能無憬然？是用抽黃配白之詞，以爲作佛生天之證。塵心未了，毋登四大禪床；綺語紛來，又是一重公案。」梅麓云：「味其詞意，當是早上歌場，飲香白下，晚躭禪悦，終老西湖者。」潘榕皋云：「數百年來，閨閣中無此手筆，豈卽河東君後身耶？」雖屬戲言，不爲無見也。

前生應住有情天，筆底香開座下蓮；唱罷秋墳詩世界，喚回春夢佛因緣。西湖鐘梵雲間月，南國鶯花劫外煙；證取靈光參慧業，玉臺一序有人傳。

六橋詠吳蕊仙

蕊仙，名琪，字佛眉，長洲人，挺菴方伯女孫。工詩，精繪事。有女中七子集行世，蕊仙其一也。蔡含師之，適管宇嘉。宇嘉從洪承疇軍，卒於官。蕊仙以一女子支離困頓於豺虎之交，不作兒女態。慕錢塘山水之勝，與才女周羽步爲六橋三竺之游。羽步贈詩云：「嶺上白雲朝入畫，尊前紅燭夜譚兵。」紀實也。晤慧燈禪師，爲故大夫若青公季女。蕊仙洗心皈命薙髮，名上鑒，自是不問人間事矣。

瓊瑤珍閟麝蘭薰，閨閣聲華重左芬；女子有懷偏作客，秀才何事遠從軍。香車禮佛青山雨，紅燭談兵紫塞雲；太息辭家長入道，黃絁身世換羅裙。

段橋詠黃皆令

皆令，名媛介，嘉興人。能詩善畫，文學象山之妹。適楊世功元勛，偕游江湖，爲閨塾師。初元功久客不歸，張西銘求之，父兄勸改適，皆令不可，卒歸元功。女兄名媛貞，字皆德，有臥雲齋詩集。皆令有離隱詩，自序云：「古有朝隱、市隱、漁隱、樵隱，余殆以離索之懷成其肥遯之志云。」梅村鴛湖閨詠，爲皆令作也。陳迦陵婦人集云：「嘗見其僦居西泠段橋頭，憑一小閣賣詩畫自活，稍給便不肯作。有湖上草、如石閣漫草，遺詩千餘篇，自序有『饑不食邪蒿之菜，倦不息惡木之陰』，蓋志節女子也。」施愚山爲作傳。

天涯寒女此蛾眉，來向西泠借一枝；花落蘇隄閒鏡檻，蘿陰茆屋話機絲。零脂斷粉湖邊閣，賸水殘山畫裏詩；閉蹟牆東署離隱，年年春雨種將離。

湖上詠朱桂英

田藝蘅閨閣窮元敘曰：「朱氏，名桂英，仁和人，故陝西副使陳洪範室也。清心契法，銳意修眞，金籙標名，有『養誠道人』之號。璚章闡旨，有閨閣窮元之書。秘寶夙探於鴻濛，元珠竟索於象罔。許邁別婦，先駕素麋；裴靜降兒，遠驂白鳳。檢以瓊音之印信，方外之寶書；封以金英之函藏，山中之石室。升座演法，將迎少女於華山；蓮幘霓裳，又送三清於金岳。便欲發淩霄之想，豈徒紀步虛之詞。嗣有奇聞，徵諸靈響云爾。」蓋女子之學道者。

易還宮裏舊媌娙，莫誤湘靈與洛靈；駕去素麌繾解角，驂來白鳳愛梳翎。百篇瓊笈長生籙，一卷金璫玉女經；閒向丹臺誦眞誥，琴心三疊在黃庭。

鳳林詠徐若冰

名暎玉，崑山人，適孔青崖，沈大成女弟子也。著有南樓吟稿，從良人僑居西泠鳳林。春秋佳日，煙蓬雨櫂，延緣游覽。生時，母夢寒梅一枝。生平愛梅，没之日，庭梅盡落。臨没說偈云：「來從梅花來，去向蓮花去；去來本無心，無相亦無住。」

前生應是玉梅花，小字分明萼綠華；孤嶼煙霞聽唳鶴，隔溪香雪散啼鴉。絳紗問字詩人宅，翠袖聯吟處士家；一夜江城吹鈿笛，空枝留得影橫斜。

南山詠孫秀姑

秀姑，小家女。幼卽童養於姑。及長，顏色殊麗。鄰有惡少，曰閻四虎，艷秀姑色。秀姑浴，四虎登屋窺之。秀姑怒詈，四虎以穢語汙秀姑。秀姑訴之姑，姑訴之鄰，畏四虎强橫，不敢較。秀姑乃紉衣裾，飲滷死。貧無以斂，忽異香發越盈數里。會達官過，聞香異之，廉得狀，立置四虎重典祭秀姑。葬之南山，立綽楔表墓並請旌焉。

烈女貞姬似爾無，姓名留重美人湖；冰心如月輝茆屋，玉骨生香被廣衢。春晚墓門翔語燕，夜深華表上啼烏；拂衣來讀韓陵石，紅葉彫霜碧蘚枯。

西湖詠郎花仙

花仙，杭州人。工詩。許字某氏，未嫁而卒。歿有靈徵，若吳江葉小鸞也。

七修著錄舊名家，如此仙姿合字花；未見子登婚北燭，曾聞寶懿署西華。甄兄借筆貽彤管，鮑妹留銘護碧紗；絕似返生香一縷，芳魂何處碧天霞。

萬松嶺詠崔府君妻

嘉慶中，有崔姓夫婦，因貧同縊萬松嶺松樹上，錢塘令卽於縊處葬之，頗著靈異，土人立廟祀之。蓋婦之正氣所徵也。余及門方稚韋孝廉譔文紀之。

何來節士偕貞婦，此地從容畢此生； 明月照心兼照影，青山埋骨不埋名。斷魂化鶴家千里，枯樹啼烏夜五更； 解向叢祠勒佳傳，方干才筆最縱橫。

孔雀園詠施曼仙

錢塘人。幼秉靈質，善治閨閤錮疾。對坐竟日，默視患處，頗見神效，若秘閣閒談所載張仙姑者。所至偕其祖母同行，姻黨中稱曰「神仙姑娘」。

梨頰桃鬟艷曉霞，雲英仙藥沁芳芽； 蕊淵夢醒邀明月，朮敘抄成對落花。終見眞靈歸北燭，虛傳寶懿署西華； 觀香小妹曾親見，孔雀園前第幾家。

生香館詠李晨蘭

晨蘭，名佩金，長洲人，滄雲府丞孫女，虎觀司馬女，山陰何公子仙帆室。玉潔蘭薰，閨房之秀，有生香館詩詞集，余爲作序。以秋雁詩得名，稱「秋雁詩人」。在都門，與梁溪楊蕊淵女史齊名。蕊淵若上元夫人，晨蘭則九華玉眞安靈簫也。歿於武林。其昆弟於琴河設乩牒請臨壇，云：

「已歸玉局，不復至矣。」

春山凝黛葬羅裙，賸有蘅蕪散夕曛； 銀漢無聲遲織女，玉波何處弔湘君。 畫闌紅溼深宵雨，小閣寒停薄暮雲； 我是嬋娟舊書記，遺編珍重護靈芸。 余有「蕊蘭書記」小印。

漪園詠辛瑟嬋

瑟嬋，名絲，太原人。遺世獨立，渺焉寡儔，肌膚若冰雪，比之藐姑射仙人，殆梅花之精也。博覽，工詩，選列朝詩品，以余爲國朝第一。曾以從官之甌閩，道出武林，小住西湖。余女弟子二十餘人，茲爲翹楚。嘗夢偕廬山女仙李騰空謝余，因來問字。没後降妙香壇，云騰空度入詠眞洞天。證以前夢，當於文女黎仙外增靈蹟矣。

此才眞合織回文，一曲湘靈奏夜分； 芳渚靜臨新婦石，畫樓寒倚美人雲。 梅林花謝香沾袖，茶隖煙深翠掃裙； 明月吹簫涼似水，西湖高格最憐君。

西溪詠雪君

卽綰雲樓主人，寒香瘦玉，萼綠華後身也。殁後降林蘭館仙壇，言已爲西溪水仙，管領梅花三萬樹，屬爲建祠。余因賦西溪水仙詞。秣陵王春波、錢塘顧西梅均爲畫像。

萬梅花裏拜叢祠，手折寒香供一枝；　鄴下感甄還作賦，湘中弔屈獨陳詞。暝煙斂袂春歸晚，疏影窺妝月到遲；　會乞烏絲鐫白石，瓊姬墓上更題碑。

珠潭詠滑蘭芳

瘦鶴少府女。年十四，未嫁夫而夭。趺坐合掌，白氣滿室，作妙蓮花香，殆有夙根者。

吹簫芳氣麗娟年，日午槐陰解簸錢；　嬌勝綺羅花戚里，慧參香雪佛因緣。煙霞靜玩三生石，水月閒裁九品蓮；　應是垂髫小龍女，乘風歸去四禪天。

懷仙閣詠陳蘭雲

蘭雲，名義，越籍吳產，余族妹也。適長山袁司馬。袁閔世姻，司馬嘗延小艮師至袁浦問道。君竊聞緒論，一意修眞，四十七日而元關開。幼未讀書，因定生慧，經典無不通曉。兼受西竺心宗，解鐵礶祭煉。方伯某公女遇祟，巫醫不效，君至，應手而除，因於瑶潭贊化宮建葆元堂也。於龍門爲第十二輩，派名陽萊。金蓋女眞向未入派，入派自君始。前身爲太虛玉女胡剛剛也。中年以後，益修性功，以「無極而太極」一語爲主，於佛道兩家直提宗旨，於儒則守大學「在明明德」、「在止於至善」二語，可謂三教同源者矣。

知是靈蘭是妙蓮，幾番譚道更譚禪；太虛玉女前身是，竺國金仙密諦傳。樊榭樓臺自清靜，魏壇弟子總嬋娟君女弟二十餘人，多節媛貞女；宗盟恩誼人間少，一瓣心香禮月圓太白女弟名月圓。

妙香天室詠摩鉢

余次室管筠，字靜初，生平處事多士君子行，深有造於余家。詳見先後事略。初躭禪悅，閱釋藏，註心經淺說。自蘭雲來敘宗盟之誼，與君相契，謂君性功不可及，因以命功授君，即君之居心行事以爲性功之助，兄事之若無著、天親也。

余抱西河之戚，境益困，終歲奔走。君爲余奉老母，事病嫡，撫孤孫，主家政，一以眞誠。自言未嘗學問，處事別無他法，惟以「理」字起頭，「中」字立脚。定中有得，因自名守性。頻年歲歉人灾，立願爲衆生禮懺，不爲一身一家也。樵雲子臨駐鶴壇，謂與余前生同爲玉局掌籍，太虛命名心貞。道姥臨雲淨，示余云：「有我弟子摩鉢尊者爲汝持家，可無內顧。」謂君也。受大黃經籙，先爲散花素女，後爲輔眞元女。龍門派名陽純。

靈簫墨會話前塵，月地雲階見此人；　天上眞靈交以烝，仙家夫婦敬如賓。　瑤壇受籙今生果，玉局修書夙世因；　他日青冥兩黃鶴，蓬萊宮闕記歸眞。

涵眞閣詠心澈

余子裴之婦汪端，字允莊，又字小韞，錢塘處士天潛先生季女。婉淑賢孝，博學工詩，選明詩三十家，去取精當，能正牧齋、歸愚之失，有自然好學齋詩。自蘭雲敘宗盟之誼，摩鉢禮雲淨之壇，自知前生爲高青邱先生弟子，悲先生生前屈抑，發心誦大洞玉章經十萬八千卷。於贊化宮具疏上叩，而先生降示「位證九天洪濟明德眞圓」，道念益堅。師事蘭雲，母呼摩鉢，懺悔文字，焚其所著元明逸史數十卷，閉關動輒數月。壇名心澈，派名來涵，龍門第十三輩也。所居曰涵眞閣。受籙授北斗中天宮侍香靈女同校先天秘書事，法名心和。近精星命之學。

原是青邱弟子行，身前身後事蒼茫；　能將智慧通三教，更以精誠格九閶。靈苑朝眞宵禮斗，黌宮謁聖曉焚香；　他生願證盟威品，龍虎山高易夕陽。

跋

郭景純始剏游仙之名，曹堯賓因廣游仙之體。後世論詩，以太白爲仙才。人抱仙骨，詩雜仙心，非獨男子爲然，女子亦指不勝屈。流觀載籍，若配瑛、萼綠華、安鬱嬪、樊雲翹，其所賦詩，飄飄有淩雲之氣，不從人間來。

我夫子頤道先生，於西泠懷仙，百詠之外，復詠女仙，得六十人，可謂煙霞宗伯、花月主人矣。如「滿甕曉雲烹雪茗，一犂春雨種瓊花」、「梅林花謝香沾袖，茶隖煙深翠掃裙」，則仙心之閒寂也；如「雲龕對户峯雙影，雪礀當門水一灣」、「種樹陰成山館靜，掃花人去洞門寒」，則仙居之幽靜也；「白蓮洲上嬌留影，新月沙頭澹掃眉」、「處子素心閒翠袖，美人秋影瘦羅衣」，則仙子之綽約也；如「荀灌早年曾救父，宣文老去尚橫經」、「高妹殉親宜作志，曹娥死孝合題碑」，則仙姝之貞節也；如「微子殷勤求服霧，眞妃宛轉授餐霞」、「越中避地如梅福，湖上移居似葛洪」，則仙侣之同心也；如「駕去素麋纔解角，驂來白鳳愛梳翎」、「野象銜花珠殿靜，仙蛾集樹石壇孤」，則仙苑之莊嚴也；如「一尊酹酒金波湧，雙髻穿雲柳浪斜」、「一肩荷鍤樵雲路，雙髻簪花採藥年」，則仙蹤之疏遠也；如「白鷗蘆葉涼煙外，青鳥桃花澹月中」、「月明小海驂鸞去，煙暝重湖跨鶴來」，則仙游之靈異也。

野鶴道人謂君已證聲聞乘，他日養眞館開，左仙賓雲，右仙賓霞，五百華鬘仙人，一齊合掌來聽說法，知維摩丈室有人來散天花也。

碧城舊侍性尼來淨敬跋於覺華菴

常遵先　註

黃鶴賦眞本註解

黃鶴賦眞本註解序

曩者讀書家塾中，年纔一紀。業師危公，高年好道，案頭長置呂祖書。余嘗竊讀，師即以黃鶴賦解授於余。當時但只知有神仙樂趣，初不知中含有乾坤大道之源也。及長，肆力於詩詞歌賦之學，每訝此賦無韻，乃搜購於坊間，亦無大異。

光復後，隨諸同志奔走於西南半壁間，每逢名山寺觀，必入訪道行良師，從未遇一通達眞一者。恒檢閱其道藏中此賦，亦不過數字不同。民八客汕頭，春仲公余，閒步於濱海南岸，見一老者紅顏白髮，精神矍鑠，沿堤防健步遨游。余素喜與老人談，遂晉而揖之，詢係清季孝廉，隱而樂道者也。據言林姓，道號沱江子，年九十三已。因與言修養事，樂而忘倦，邀赴其庭，剪韭爲黍而食之。因余談呂祖詩，乃出黃鶴賦示余。覽之，爲趙子昂親筆書，字畫秀麗，表工精緻，一見而知爲希世寶。讀之，係分三段，即以題名「黃」「鶴」「賦」三字爲韻者，與坊間俗本，大分涇渭。余始歎讀此賦二十餘年，方見此眞本，豈亦敬誦之緣所致乎？因乞筆錄之。

至今又十餘年。凡家居行旅，無不隨奉而展讀之耳。茲有張君竹銘，至交道友也。

其善書局翼化堂，本積善之餘慶者。現以大小叢書出版，皆古本珍藏道書。余註呂祖詩，業經出版矣。此賦惟道書十七種内濟一子註之，因其辭偏南派，故人多茨矣。余是以折衷解註，送翼化堂，付之剞劂，以公世界同好，豈非一明道因緣之盛事歟？迺敘之以誌其顛末云。

時中華民國二十四年乙亥歲孟春月湘陰常遵先敘於滬上之弘道軒

黃鶴賦眞本註解

以「黃」、「鶴」、「賦」三字爲韻　瀟湘漁父常遵先　註

第一段

粵稽大道一原，本無爲而無作；　還丹七返，亦俾壽而俾昌。

古今來談天地之大道者，不出乎眞一之原理也。所謂一者，一畫開天，由無極而太極，由太極而兩儀，由兩儀而後三才定位，此即天地大道生生之原理，係出於陰陽之自然鼓盪以成，毫無一點作爲參預其間也。老子所以倡無爲之治，孔子所以述而不作者，其亦體天地自然之道歟。

天地交泰，萬物化生，男女媾精，人道始立。人秉天地之正氣而生，男爲陽而陰爲女。男子二八則陽極，精氣充溢，而通人事；女子二七則陰極，血氣盈餘，而經行有孕。故男女弱冠，無不爲人事所擾，而精血喪失者也。所謂七返者，即地二生火，天七成之，在卦氣則屬離，在人身則屬心，是以黃帝內經謂心爲火也。人能誠意正心，不爲物欲所搖撼，則精血不散，自然可以運坎塡離，以還我乾元之眞體。如年長

精血衰耗者，若得眞師口授秘法，通此賦中眞諦，達南五祖一脈之眞傳，亦可攝取元陽，補還精氣，延年益壽，得道還丹，以昌九世而作天仙也。諺云：「男女個個有仙緣，只在意誠與心堅。」余訪道侶數十年，見意誠者頗不乏人，而心堅者則萬中難得一二。此世之所以有仙師，而苦無人可授者。切莫謂世無良師，人皆當面錯過耳。

上德以道全形，純乾未破；下德藉術延命，撅坎成行。

道德經云：「上德不德，是以有德；下德不失德，是以無德。」言有德性之最上者，其一言一行，無不與德合體，而相混不離，故外似不德，而內實與德無須臾離間，乃能守天地之正道，以保全其故有形骸不爲物欲紛華所觸動，是以終身能全眞不破，克完其純粹乾陽之精華。此上德之所以達道耳。

若下士則德業不純，每藉術法以求延命之道也。鍾離正陽祖師云：「修持之人，止於小成，行法雖有功，但終身不能改移，四時不能變換。如絕五味者，豈知有六氣？忘七情者，豈知有十戒？行漱咽者，哈吐納之爲錯。著採補者，笑清淨之爲愚。好即物以奪天地之氣者，不肯休糧。好存想而採日月之精者，不肯導引。孤坐閉息，安知有自然？屈體勞形，不識於無爲。採陰取婦人之氣，與縮金龜者不同。

養陽食女子之乳，與煉丹者不合。此止得一法內之一術，顧成功安樂延年而已。」即此義也。故下德者雖時思守德不失，而德終不在其身者，徒以其術，而不能遵天地自然之大道耳。此上德所以全形，而下德止能延命者也。

蒲團子按 「鍾離正陽」，原稿作「鍾離上陽」。考此處引語出自鍾呂傳道集，故改。

道本陰陽，依世法而求出世之秘； 丹成離坎，借天機而傳洩天之方。

易經云：「一陰一陽之謂道。」夫道本陰陽變化之玄理，陰陽交感，而生萬物。此世間法也。聖人本此理以體天地造化之元，順陰陽感通之義，取之於身心之外，求之於身心之中。人見其入世之深，其實得出世之秘也。此世人日求出世，而愈陷於入世法中不能自醒。若聖人日談入世，而愈超乎出世法上，乃不自覺者，是在能順乎天地陰陽之道與否也。

坎離本後天之樞紐，爲人道之指歸。其靈機萬象，總會於玄牝之門。玄之又玄，天機之蘊； 不玄之玄，人道之源。由玄中以求不玄，掛天地陰陽之妙竅； 人不玄以求其玄，爲人物變化之常情。故就天地以探索人物，原屬天機； 仰人物以取法地天，是爲丹訣。得其秘者藏之名山，君子重道； 傳其法者編爲詩賦，達人洩天。重道者，尊道而不敢妄授；洩天者，洩天之蘊，傳諸有緣。此古今來仙聖之諄諄善誘而不吝者，其本自淑以淑世之心耳。

欲求性命雙修，結同心之輔佐；須仗法財兩用，覓巨室以匡襄。

孔子正心修身，安命之學；佛氏明心見性，修性之方。蓋性無命無所寄，命無性何能保？故求保命，須先修性；欲求寄性，尤當修命。性命雙修，諸書所以一再言之者，因保命方能存性，不修命則性無所寄也。但修性必借他山同心之助，若修命尤須得道侶輔佐之功，然而非有緣亦不易得也。

法者，本修道之要素；財者，亦事實之當然。縱求法而得法，無財不足以濟其施；求財而得財，無法不能以神其用。此徒法不能以自行，徒財不能以自悟，亦事實之必然，非故爲而僞託也。然則修眞之士，非法財雙得，不能以窺大道之門，窮困之人，不將望洋而興歎耶？此祖師所以教人覓巨室以匡襄者，亦變通之一法耳。若並巨室而難求，則北七眞茹苦含辛，保精氣以運元神者，亦一救濟之一法。雖年歲長遠，及其成功則一也。今日之誠心求道者，多窮極不通，貧而無濟，飽經棘刺，灰心人事，始拚棄一切以求出世之法者，比比然也。此吾人所以與一二三飽道之眞，不懼洩天之咎，註書解經，竭精費神，以發古人不言之竅者，實大有感於此耳，豈真嘵舌哉？

妙道本希世之奇，擇善地必愼事機秘；　玄關爲養胎之主，置丹房宜器皿相當。

大道微妙之法，本爲希世之珍奇，非尋常可得，非隨便可行。必須擇定幽靜避囂之處，然不必在山深林密。古人大隱於市朝，不過機秘雅善，不使人常來擾我靜修之功用。所以宜愼重其事也。

玄關者，乃腹臍之後，氣海之上，本虛空玄渺之鄉，爲十月養胎主腦之地。修士置備丹房，凡琴劍鼎爐諸項器皿，須要揀取精華靈巧，光澤鋒利，能與我運用之需相當者，則安爐立鼎，方能攝取華光，以照玄關而全胎養也。夫器皿者，雖屬譬喻之詞，然亦重要之實。書云：「工欲善其事，必先利其器。」亦同此義耳。

立鼎安爐，配陰陽於內外；　築基煉己，固彼我之家邦。

從古丹經，言爐鼎者重見叠出，聚訟紛紛。祖師所以指出內外，配以陰陽者，外卽乾陽坤陰，內則神室氣穴也。然而安爐者外事之玄機，立鼎者內功之奧妙，非通達天地陰陽之竅，定難明内外運用之神。知此玄微者，方解余言之未隱也。

築基煉己者，如建築房屋，必先培植基地。故修道者必先煉息已念。若邪念不生，則基礎已立。然而煉己又分入手之初與臨爐之際。在南派，巧託陰陽爲作用；在北派，直取坎離爲權衡。是以南法捷而北法遲。究之用法雖歧，而成功則一也。亦視乎法財地侶，便與不便耳。固彼我者，取法純正，兩處都獲益也。

對景忘情，銳氣須憑乎通猛；　煨爐鑄劍，金水全備於柔剛。

見景生情，人之常理。對面相望而忘其爲景者，非具勇猛剛毅之性，如子路敝袍與衣狐貉立而不恥，學深純靜之姿，如柳下惠入懷不亂者，必不能也。惟聖人爲能物我渾忘，心如玉潔，雖對無邊風景，視同過眼浮雲，所謂道味隆而世味淡者也。爐既煨而劍在鑄，正值行功之時。然劍爲五金之器，金在爐鼎之中，鎔化爲水。而水之性有剛有柔，太剛則過，太柔不及。須順其自然之性，辨其剛柔之原質，調和陰陽，固結靈根，而成莫耶、干將之寶。非匠手其孰能之？故祖師鍊成慧劍，以斬羣魔耳。

若運用，若抽添，慮險則須當沐浴；　若鼓琴，若敲竹，守靜最忌乎猖狂。

若運用周天，抽添鉛汞，如慮危險，則宜時加沐浴之功。蓋臨爐得藥，或有如迷如醉之時，必須法侶贊襄，喚醒睡魔，卽行周天之法，以濟其變也。因神氣會合於鼎中，精血沖化，形身麻醉，允宜未雨綢繆，先安法侶。此祖師屢示巽言，謂法財不易，道侶尤難。誠哉其言也！

琴瑟和諧，言其雅也；竹林清潤，言其和也。順其雅以應其和，則敲鼓得法，自無狂燥之行，克守清靜幽嫺之禮，此詩經所以借琴瑟比夫婦之和，而綠竹喻君子切磋之美耳。

百日功靈，曲直允宜應物；一年煉熟，轉運或免亡羊。

築基百日，煉己功靈，則劍可化龍，能曲能直，隨機應變，取捨咸宜，可以吐龍蛇之氣，可以斂鋒鋩之光。曲若龍蟠，守雌竟同蠖伏；直如虎據，爭雄賽過熊飛。是修煉之功，誠足以挽天地造化之權，奪陰陽消長之宰耳。

煉之一年，自然純定，然後轉輸南北，超度天橋，運斡東西，感通地母。火候之功，三百日爐烘蘊釀；胎成之兆，十個月胞養殷勤。況河車轉送，大小周天，既無忽怠之虞，又何慮而有亡羊補牢之失哉！

欲諧姹女，須藉黃娘。盜被殺中生氣，化我陽裏陰光。

姹女爲心神，黃娘卽黃庭。如欲安定姹女，必須黃金爲屋以貯嬌。蓋離爲中女，坎爲中男，若欲取坎塡離，必藉黃婆紹介，方能攝取坎中眞一，化我離内陰爻也。

所謂殺中生氣者，指先天坎卦，在後天兑宮。兑屬金，乃秋令肅殺之氣。而坎之中爻爲陽，故云「生炁」。離卦上下陽爻，中伏一陰，取得坎中生炁，上化離内陰光，以成純陽，而復乾元之始也。

玉液金波，一了性而一了命；　二至四候，半在陰而半在陽。

玉液指神氣，金波指精血。神氣可以通性天，精血可以養身命。是重性命雙修，所以金玉並取，以協天和。上明心以養性，下固精以保命。性一定則不搖，命自延而持久。至所謂「了」者，了覺此慮，不長戚於心也。

二至，指冬至、夏至，爲陰陽來復之期；　四候，乃四時遞嬗之氣，本陰陽變換之關，爲修養行功之界限。順二至以行大周天之法，按四時以换六四卦之爻，而感應之機，覺半在陰而半在陽也。蓋二至之際，本陰陽消長之期，四時之中，又陰陽旣旺之候，惟三八乃上下兩弦，洽值陰陽各半、靈感隨通之時，所以爲修養家進火退符之一大關節耳。

始也求有於無，已見蛇藏龜洞； 終焉留戊就己，纔知虎宿龍床。

太始本無極之時，一畫開天，而生陰陽萬物。蛇象太乙木氣，龜主金水精華。原始之先，水木相生，而金火不尅，所以天地長久，趨於自然。修養家通此源流，無中求有，直索赤蛇於龜藏之中。其機至微，其行至險，故煉己必貴功純也。賢如祖師，尚九煉而成功，況下愚而可妄冀其幸者哉？

戊己二土，一陰一陽。如通戊己合德之源、二土成圭之義，則陽可攝取於瓊花開放之時，陰可銷化於葉落歸根之後。縱然虎踞山頭，陰雖盛，而不犯乎陽； 龍潛海底，陽雖弱，覺不藉乎陰。得戊己爲媒，而日月始行合璧，龍吟虎嘯，竟相契合而不相爭鬥矣。

藥物老嫩不知，豈眞上達； 水源清濁既辨，宛在中央。

藥苗長在姹峯，須分老嫩。老則氣分枝葉，放而不收； 嫩則氣弱質柔，微而不聚。是以採之而無物，用之不適宜。惟上達者，能知三五盈虧之數，陰陽化炁之機，故能體物察時，趁藥苗方妙，秀氣凝和，採入丹房，以煉黍珠而添汞性也。

水源生於虎澗。河流山脈，有濁有清，故滄浪之清，可以濯纓；滄滄之濁，只可濯足。然而濁者山濤暴漲，清者泉石細流。得泉石之清者，自有仙風道骨；鍾山林之濁者，是爲村婦愚夫。蓋仙佛本具宿根，而探原尤須師授。得其法，則清在濁中；不得其法，則濁將清混。此祖師所以謂辨得分明則宛在中央矣。

煉己待時，俟元陽於抱赤；臨爐採藥，望庚癸於中黃。

煉己之法，上已詳言。然既煉後，自當待時以用。夫一陽來復，本元氣衝動之時，當加愛惜，如抱赤子。所謂赤子者，即瓜熟蒂落，初產之嬰。而撫抱沐浴，正待其落地之時。修養家必先通三五月圓之義，庚甲先後之機，方得元陽之動機也。

臨爐採藥，與上煨爐鑄劍，義理相通。但前是言作用之方，此則論時間之竅。望庚癸，乃霖雨及時之謂，若農村因大旱而望雲霓也。然採藥亦如望甘霖之至，雨我田疇，以潤枯苗者，喻仰望之心殷也。中黃者，即黃中得理之謂也。

第二段

若夫猛烹極煅，只因龍見於田；　倒轉逆施，須待龍嘯於壑。

易曰：「初九潛龍勿用，九二見龍在田，九三龍戰於野。」是初九則不及，故戒勿用；九三則太過，龍飛在野矣。惟九二龍見於田，正當其時，須用猛火烹煅，以降其野性。如稍懈怠，則失之千里也。

倒轉陰陽，逆施功用，此丹房中極關重要之旨。然乾旋坤轉，本天地之自然，亦修養之秘奧，惟須明解順人逆仙之理，方能採天地之精華，爲吾身之補品。古今來知此義者，不乏其人。而能得此道以執行之者，非師授不可也。此等功夫，究竟行之於何處？卽巽風起處，便進火抽添，鼓動河車，載此黍珠，上獻元首，存於寶窟。行於何時？卽虎嘯山林，霖雨其靈之際。蓋雲從龍，風從虎，龍虎會合，時雨甘霖，皆成黃金寶物，得之卽可飛昇，沾之亦當益壽也。

金因火煉歸乾鼎，原名九還之丹；　火逼金行出坤爐，是曰七返之藥。

坤爐中金水蓄聚，修養家運動眞火，逼金水之氣，發行於玄牝之門，以返天七火成之位，而成黍珠藥物。此採藥結丹之法，是爲內丹締造之基也。

乾鼎乃離汞產生之地，九四爲火德與巽風合氣之區。因天地交泰，元陽一變而爲後天中虛之鄉，流落他山，寄於羣陰之內。聖人憂之，竭畢生之力，效天地自然之機，煉就眞火，煅化金光，俾一種天元自然眞炁，由坎一而還歸離九宮中，成一九轉返魂靈寶玄丹。其功用玄妙，乃地仙靈根，因是曰還丹之道也。

返者，我已出而又復來；還者，乾所失乃仍收著。是以順爲人物階梯，逆則仙佛瓔珞。

後天陰陽交媾，乾中一陽落於坤宮，乾變爲離，坤變爲坎。修養家體一陽來復之義，煉將坎中之陽，用法攝歸離內，以收復我已失出之眞元，而仍然返還原位，以成乾陽之純體也。

順者，陰陽交感，而人物生焉；逆者，倒轉河車，故成仙佛。是一順一逆，統陰陽化育之機；順出逆收，更人仙分途之界。順固爲入世危途，輪迴之域；逆乃出世大道，極樂之場。欲求入世之方，不妨順應；若夫出世之法，必須逆行。此乃人仙一間之關，實在修養家內定功純，心身正靜，豈世道中鄙吝利慾之徒所可與語者哉！

故知一己，有鵬鳥圖南之機緣；雖曰彼家，非御採閨丹之暗幕。

因解順人逆仙之理，故知己身尚有一鵬鳥圖南之緣。鯤魚化鵬，高摶天際，由北海而達南溟，此莊子喻河車逆轉，由北而南，即運坎塡離之法，爲修養家最要之原。若拘之於一己不化，則孤陰不長，何能培大道之靈根哉！彼我故爲人己之名，而實乃陰陽之本，乾坤法竅之源。玄之又玄，統生物生人之至義；妙中有妙，實成仙成佛之根基。運行彼我工夫，翻轉南北法象，天人妙義，正大光明，豈是穢咽閨丹、御陰採戰之邪術所可同日而語哉？然而世界之黑暗幕中，更有甚於此者，宜乎其有地獄與！

離内七般朱汞，是名孤陰，無眞種片刻難留；坎中一點黑鉛，號曰先天，非同類又從何索。

離中天七所成之朱汞，名爲陽而實爲陰，其性流動，若無一種眞氣爲之調和，則雖片刻亦難留住。蓋靈臺至奥，鴻濛之竅未開，則玉液深藏，太和保合，行之而人物繁興，守之則仙佛根本。後天破裂，則元陽散失，所存者不化之孤陰，故必得眞氣以化之，方能返自然之原始也。

坎中天一所生之黑鉛，名爲陰而實爲陽，其性靈靜，本先天一元之炁，亦乾元流落之眞機。人物之間，各分其類；心身之內，亦別其源。探之於物慾蠢動中，故無生氣；索之於人事自然裏，覺有靈根。此姜子所謂「類其類則同化，類其不類則迷離」，眞至論也。修養家可不細心體察，以索此天地陰陽自然之奧義哉！

覓太乙所含之始炁，假乾坤以立鼎爐；求水府所蘊之玄珠，順陰陽而鼓槖籥。

無爲子曰：「乾鼎坤爐顛倒顛，陰陽太乙炁還原。」言鼎爐之喻，指乾坤兩造而言。然元始之氣，含蓄其中，非顛倒不能通陰陽之奧，非爐鼎不能喻乾坤之機。能通此奧，明此機，則太乙原始之炁，不難覓之於玄牝之門也。

水府乃北海神龜居住之地，實玄珠產育之區，總不外陰陽交感之觸發。乾坤本六十四卦之槖籥，果能順陰陽生化，鼓動乾坤中之爻象變通，水府內蘊藏眞元，攝歸南天，而儲土府，再行九轉以化陰霾，則乾健純清，而爲長養洞天之客耳。

補我離之一缺，仍返乾元； 還彼坎之中虛，原歸坤博。

至此始將先天卦理明白解釋，而曰補離中之缺點，以返其乾始之天，還坎中之虛空，以歸坤厚之道。坤卽地也。書云：「博厚配地，高明配天。」蓋言地之載德，萬物生焉。修養家以之喻彼我，象陰陽，是以坤爲萬物始生之本。坎爲後天爻變之機。取爻神變化之玄，復萬物初生之始，則元元一炁，還我先天，是爲仙佛無上大道之一大關鍵也，可不愼歟？

到此水歸神室，丹落黃庭，位列天仙，名標紫閣。

黃庭經云：「神廬之中務修治，玄膺氣管受精符。」神廬者，神室也。神室之中，修治清淨，內養神火。精符者，金水來合神火，卽水火旣濟之謂也。又曰：「其成還丹可長生。」又曰：「出入二竅合黃庭。」黃庭乃藏三寶之居，爲四會之府，丹還其中，則天仙之基已成，紫閣之名可列矣。

抱元守一，溫養十月產嬰兒； 面壁調神，坐忘九載煉形魄。

成丹之後，藏之玄關，宜抱定元神，固守眞一之炁，溫和靜養，十月內不間周天大法，自然泥丸雷發，產出嬰兒，更宜明調護，或十步，或百步，由漸而遠，三年方有成功。然後相定名山，坐忘九載，則陰寒之氣自化，而可白日飛昇，與天地日月合其德，與四時陰陽合其神，達地通天，八極無礙，內功於此乃得完成矣。

本行正而似偏，如用兵之奇略；　功完上錫迎鸞，行滿飛昇馭鶴。

其行功似像偏癖，實乃正大光明，有如兵家用奇制勝，決勝千里也。內功完成，必須外功圓滿，果然內外功全，則上帝自錫丹詔，頒以迎鸞，當可學黃帝駕龍昇天也。

第三段

然而嬰兒姹女，非黃婆將咫尺參商；　朱汞黑鉛，無丙叟則東西分布。

嬰兒姹女，指乾坤陰陽之原。黃婆乃戊己之門也。若非戊己有閶闔之門，則陰陽眞炁，雖距離咫尺，亦將若參商之隔於雲漢間矣。

朱汞黑鉛，乃神精氣血之謂也。丙叟卽眞元三昧火也。若無丙火以煅煉鉛汞，則金光紫炁，何能鎔化於一爐？　勢必東西分布，而無會萃之緣。修養家知黃婆有媒介之能，丙叟有烹調之力，所以重神室，煉己土，通陰陽於咫尺，攬神氣於東西，俾鴛鴦雙宿於蓮池，鳳凰並躋於梧樹，以長養其性天耳。

慮吉凶，須知緩急，在匠心斟酌之靈；　明進退，宜識止歸，仗妙手權衡之數。

吉凶乃生殺之氣，緩急在戰守之時。溫養與採藥不同，陰氣與陽氣各別，能斟酌而不失宜，則視匠心之靈敏與否也。

進火退符之法，本大小周天運用之神機；　乾坤爲闔闢之門，陰陽有升降之妙。一呼一吸，有三六二四之分；　煅煉烹調，有子午卯酉之別。得仙師眞授，方可談功用之玄。不然，徒於字裏行間，以求妙諦，非書之不傳，亦非傳之不眞，實乃天機奧妙，非筆墨所能宣。卽學問文章經練如呂祖者，其詩詞歌賦，言之極其精詳，而讀者照書行之，反多致病，此豈文字之宣解未明乎？　實由學者未明其眞義耳。余所以詳解呂祖詩賦，及大學、中庸、陰符、道德、金剛、心經六部者，亦深願爲學者識途之一引耳。

海生潮汐，探消息確有信期；　月伏盈虧，盜造化畢將機露。

潮汐日夜起於海中，乃陰陽之氣所鼓動，如時而至，確不愆期。欲探其消息，必於其信期候之。但潮汐有大小之汎，消息在先後之間，得其發動之眞期，自解消息之實蹟。海潮之譬，確寓天地化育之機焉。

盈虧雖月魄之現形，實寓陰陽之變態。蓋日月合璧，地天交泰，漸到上弦，則氣浡發；十五則光華圓滿，如人之體氣充盈；一到下弦，則光消形缺；至晦則暗隱無光。如人之一生，亦同此象。光陰轉瞬，眞是危途。修養家煉氣存形，亦深有感於盈虧之速。

呂祖此賦，喻以日月之形，實教人以盈虧之際，可以悟大道之機，可以明天地之奧。果通眞竅，則可以盜造化之玄微，成仙佛之法象耳。

三日庚先，十五甲固，六爻周乎乾元，一陽生於坤度。

庚先三日者，指後庚之三日也。癸爲坎宮之陰象，實乃先天坤卦中一陽初生之時。故欲知癸動之期，必須明庚先之義。庚金能生癸水，本陰極而陽生，中有玄微之至妙。通此義，則知三日爲花信之期，先後藏循環之道。誰謂坤靜純陰，無道與眞元之炁者哉！

十五後月圓光足，乃精華堅固之時。其義雖出六爻變化之奇，實爲乾元周行之數。故甲木旺於西兑，允宜沐浴以養其華，與金光有相生相剋之機，有相感相通之兆。果能達其自然，卽可通其玄妙，何患不六爻周轉，迴復我乾元純一之天哉！

洩金竅，鑿混沌，露肺腑之眞言； 明坤户，飲刀圭，吐心肝之旨趣。

金生於兑方，兑上缺，故云「金竅」。混沌本太極未判之先，鑿開鴻濛，開天闢地，洩露春光，卽金水相生、木火相感之妙義，乃肺腑中所藏之至言，特示之簡篇以相授耳。

乾坤爲六十四卦之門户，申發乾坤造化之原，解釋陰陽變通之奧，故曰「明坤户」。刀圭乃安期島中，盛著靈丹之器。飲一刀圭，可以延年益壽。果能明乾坤門户中變化玄機，自可得此中刀圭之仙藥而飲之也。其旨趣奇妙，眞是由心肝中吐露出來，讀者宜三致意焉。

願結煙霞同志，劒琴相安； 因授龍虎秘藏，黍珠是哺。

此乃申明作賦之義，願與世之好道同志，結煙霞之游侣。先從琴劒以相安，再課功行之精進。九琴九劒，可養性而娱情。若縱性而亂情，必焚琴而斷劒。學者不可不慎也。

因將降龍伏虎秘藏玄法以相授。即首要攝氣養精，煉黍珠於北海。待築基既固，然後運河車，翻黍珠於昆明之池。故將前文未盡之義，於此段一再詳言。呂祖教人之心，誠是無微不入，有法必傳，濟世利人，惠周千古矣。

瓊樓閬苑，他日同游；　內行外功，今朝試賦。

攷此賦，本呂祖三游黃鶴樓時，遇龍江子傳道而後，乃賦以告後世，並非爲龍江子而作也。

子昂附記

此則預言學者，果能通此賦中至理精微，則將來瓊樓閬苑，自可同與遨游。而今朝試將內外行功，詳參指示，亦深望來茲之精進，故不惜諄諄以教誨者耳。

致一子許信良　著
瀟湘漁父常遵先　校

金火丹訣

金火丹訣序

亘古丹書，言道者文雖高妙，細心探討，尚可索其眞解。若言訣者，譬喻雖屬尋常，而寓意隱微，非經師授口傳，眞是任汝敏過顏回，亦難窮其玄奧。

余昔讀呂祖賦云：「色是藥，酒是祿，酒色之中無拘束。」又云：「花街柳巷覓眞人，眞人只在花街玩。」心甚疑之。及讀白玉蟾眞人云：「自家精血自交媾，身裏夫妻眞妙哉。」由是再讀呂祖賦云：「也飲酒，也食肉，守定煙花斷淫慾；摘花戴，飲瓊漿，景裏無爲道自昌。」方知古人立言取譬，寄託遙深，而大道亦不出語言文字之外也。

茲者張君竹銘，好道之士耳。以石君所贈金火丹訣託其翻印流通之書一部，請余爲之註。因檢讀一過，見致一子許君之詩詞，與靈玄子汪君易知說，文辭華妙，意義淵深。初讀之，其喻義雖微；實行之，覺成功則一。然科學者讀之，亦必有余於呂祖賦與白眞人言之感。因笑謂張君曰：「從來道書本不易註，況此書爲丹訣，必須口授。而許君與汪君派別各異，更不便以兩種法言，詳於一部，俾讀者益感紛歧之苦。惟儘管窺所及，批記於後，以示讀者闕疑之點，爲待將來師授之機焉。庶幾兩不相遠，或有益於進修之道耳。」

爰序顛末，以明不作云。

中華民國二十四年乙亥歲孟春月湘陰常遵先敘於滬上之弘道軒

自序

夫修仙之道，由來久矣。上至黃老開先，下至諸眞衍派，聖聖相傳，師師相授，山林城市，代不乏人。究其道術造端，則玄奧莫測，微妙難知。雖聰明上士，達者鮮矣，況其下焉者乎？

且夫道者，□□□□。外則窮天地日月交媾之理，內則明男女陰陽造化之機，然非有師傳，安能自悟？所以，學道者甚多，而成道者甚少。此無他，在得傳與不得傳者耳。今修煉者止看丹經，不求口訣，未遇眞傳，徒爾枯坐，以盲引盲，而不知都落於頑空也。對於諸祖丹經所傳入室下手陰陽順逆之理，僅視爲清靜虛無之事矣！若此修□□如鏡裏觀花，何異水中撈月？徒然勞苦，深□□惜。

僕自知愚鈍，賦性不敏，然力學在人，切向自省，求涉希夷之域，願上紫陽之堂。訪聖尋眞，遍游山嶽，幸天不棄，得遇聖師誨以參同、悟眞之妙，示以周易、陰符之旨，闡明卦卜，洞達玄機，方知金丹大道不出乎陰陽而已。因念近求學□□十有八九，求其入□□□百無一得。僕既得眞傳，安敢默然？於是將平日所得並師眞所授築基、煉己、得藥、還丹、温養、面壁、脱胎、了當之旨，不避天譴，直述無隱，次第編成詩，共成一卷。內分七言四韻十六首，按二八之數，以象一稱眞金；　絶句六十四首，按六十四卦，以象周天火候；　西江月一首，按太乙之奇，以象金丹一粒。　至於鼎器先後，藥物斤兩，火候進退，悉備其中矣。

□□□□金火丹訣。　蓋金丹至要，不外「金火」二字。　因火爲大丹之本，火非金不融，金非火不化，火金交煉，片晌之間結成一粒大如黍米，此名金丹也。　將此一粒採而服之，吞歸五內，擒伏己之陰汞，猶猫捕鼠，如鷹搦兔，從此不能走失矣！　然後運陰符陽火抽添進退，養育眞炁，化爲金液之質。　故凡運火之際，忽覺尾閭有物直衝脊背，雙關歷歷有聲，逆上泥丸，觸上腭，顆顆降入口中，狀如雀卵，馨香甘美，名玉液還丹。　徐徐嚥歸丹田，結成聖胎，十月功完，六百卦盡，剥盡羣陰，體□□□□□□，脱胎神化，從此入出，面壁□□□□□□□功成行滿，自然形神俱妙，性命雙圓，與道合眞，變化不測矣！　古聖强名曰九轉金液大還丹也。

今將此法條列於後，非敢爲達者規模，始留作初學者參究，庶使學者知之於一時，驗之於將來，不迷旁門曲徑，忝爲正法眼印，互相傳授，共證聖果，依而行之，信而從之，運煉一身，丹成九轉，形飛天闕，號曰眞人。　當□□□，大丈夫功成名遂之時，而修仙之能事畢矣！

西涼致一子許信良序

遵先校　此序與坊本中凝中子增訂者大不相同。因凝中子未習南派法，故將清修語句刪改，致晦眞義。今張竹銘兄在友人處索得此眞本，乃完全闡南五祖眞傳大道意義者。惜乎鈔本年代過遠，中多蠹食，或因紙質融化，故多缺字，未敢擅加，均用方圈，以俟考錄。幸要旨可索。如云「金丹大道，不出陰陽而已」；又云「修丹至要，不外『金火』二字」。以下又將玉液還丹與金液大還丹各訣，言之鑿鑿，實與參同契、悟眞篇相表裏，且與大學之誠意正心、道德經之載營魄抱一之意旨相貫通，洵道學之精華，豈拘一不化及淺見少聞者所能窺其堂奥也哉！

金火丹訣

致一子許信良　著　瀟湘漁父常遵先　校

七律十六首

天地生成詎等閒，陰陽二字紐連環；含生人有長生路，入世誰知出世間？道德有言觀妙竅，丹經注意在玄關；從來少艾難長久，惟有金丹妙駐顏。

癡愛貪嗔種種魔，精神暗裏被消磨；百年富貴晨初露，一具骷髏水上波。世事如棋難計較，光陰似箭易蹉跎；高山譜出還丹訣，留待知音悟此歌。

混沌初開天地分，乾坤交媾失元眞；坎爻內實嬰兒體，離卦中虛姹女身。木性慈仁吾作主，金情順義彼爲賓；若能將此行顚倒，返本還原壽萬春。

修眞默坐要開關，玄竅通時便駐顏；一炁薰蒸尾閭起，三車搬運頂門環。丹頭採自乾坤竅，道眼通從離坎間；　靜極陽生須急採，運神馭氣上泥丸。

築基須用有爲功，橐籥吹嘘鼎内風；　神注丹宮休漏洩，炁歸元海要流通。　還精補腦身長健，添汞抽鉛命不窮；　開透三關諸病去，丹田温暖老還童。

煉己持心妙更玄，安爐立鼎取先天；　子來陽火乾元用，午退陰符坤策旋。　似鶴養胎神默然，如猫捕鼠息綿綿；　叮嚀時至無差失，頃刻之間奪化權。

藥在西南坤地生，曲江池上月華明；　驗探神水分壬癸，採取眞金煉甲庚。　火遇子時雙匹配，鉛逢午日一團成；　須知藥物憑斤兩，好共眞師仔細論。

桃源洞内覓刀圭，花未開時莫亂爲；　紅葉半舒門半啟，黃芽初長露初垂。　勤探玉蕊傳風信，倘洩金華便月虧；　若到雙扉全闢處，空勞仗劒舞龍池。

明月初三恰正逢，陰陽交媾會雌雄；　西山虎嘯青岡内，東海龍吟黑水中。　玉鼎湯煎玄户透，金爐火熾牝門通；　凝眉引炁行呼吸，得藥歸來入震宮。

　眞鉛卽是水中金，須向華池着意尋；　伏虎手提無刃劍，降龍懷抱没弦琴。　兩儀妙合乾坤竅，一炁初生天地心；　識得鴻濛含有象，鴛鴦正好度金針。

　金鼎玄珠似月圓，眉間光透正當年；　五千日外生黄道，三十時内産黑鉛。　顛倒乾坤交泰卦，循環烏兔運周天；　還丹一粒吞歸腹，求作長生不老仙。

　温養澆涪六百篇，鼎分三足煉胎仙；　朝行陽火霞輝日，暮退陰符月午天。　復姤抽添須履險，屯蒙沐浴貴精研；　如期旬月功完滿，産個嬰兒出上田。

　面壁深山要九年，無人無我絕塵緣；　常令朗月照心地，莫教迷雲障性天。　頓悟圓通成至道，虛靈粉碎了眞詮；　功行完滿朝元去，白日飛昇謁帝前。

　坤爐乾鼎煉丹砂，養成白雪配黄芽；　採取紅丸制黑汞，四象五行聚一家。　金砂燒煉原非易，草木烹吞到底差； 不會陰陽顛倒訣，休將膚見對人誇。

陰陽大道在人間，休去深山隱洞天； 採藥他山尋祖炁，煉丹斯室煅眞鉛。 一時造化通爻策，六候眞機象缺圓； 進氣門關先煉己，逍遥駐世萬千年。

日魂月魄道之基，舉世而今知者稀； 智士認爲神炁合，迷人罔覺坎離非。 守心想腎空勞力，煉汞燒鉛豈易爲； 幸遇聖師眞口訣，敢將俚句洩玄微。

遵先校 此詩詞意暢達，與坊本大異。 計十六章，乃依先後天二八之數而作也，凡雙修之義，言之殆盡，深得悟眞篇之眞旨，可爲學道者他山之助。 其自「混沌初開天地分」起，至「面壁深山要九年」，共十一首，將大道精修之法，幾全洩露於字裏行間，惟緊要處均蘊藏未發，將有待於眞師之口授。 讀者若瞎解昧眞，則必太阿倒持，爲魔所幻矣！ 余有笑謔，錄之於後：

「若無慧劍制羣魔，你對本抄歌必如一葉盪風波。 生命寄在江河，十難九磨，危難前途處處多，我看你急水灘頭怎樣過？」

七絕詩六十四首

曠懷大道慕通玄，訪遍名山歷巨川； 覓得洞天無大隱，白云何處是眞仙？

落魄天涯數十年，一朝邂逅大金仙；耳邊叮嚀無多語，教去西川覓黑鉛。
丹書從不語虛無，迷者終難覓正途；弗遇眞師親口授，盲修枉自費功夫。
先須煉性鎖心猿，次要跏趺坐半年；然後用玆眞妙訣，回光返照下丹田。
腎前臍後下丹田，慧眼常須靜裏觀；待遇子眞方下手，採來默運上泥丸。
子時冬至一陽生，葭管飛灰夜炁清；急會身中眞造化，天人合發採元精。
採取元精全藉火，從來眞火少人知；余今漏洩天機奧，夜半陽生卽子時。
陽生然後好行持，日月雙輪東復西；駕起三車毋暫歇，載精運火過曹溪。

曹溪路接尾閭關，一道銀河透玉山；緊抱下關牢閉固，先天一炁自循環。
夾脊雙關通玉枕，河車運轉似風輪；崑崙頂上常來往，片刻周行十二辰。
後升前降逆迴旋，一炁周流上下田；如此三關行熟後，方宜下手採眞鉛。
孤修寡煉丹難結，須把雙修妙理詳；若問玄黃眞奧妙，從來大道卽陰陽。
陰陽二炁是乾坤，老子名爲玄牝門；大易象辭曾說破，學人因甚不究根。
六爻變動兩儀形，八卦相交理最明；都謂一陽同復震，哪知修道重咸恒。
人身倣法天和地，女象坤兮男象乾；若果知時相會合，金烏玉兔一輪圓。
一陰一陽相配合，順生人物逆成仙；修丹妙法同斯理，只在中間顚倒顚。

天地相蘊萬物生，夫妻交媾結胎嬰；陰陽會合方成道，離了陰陽道不成。
雙修妙理最幽玄，二氣相遇丹自圓；若謂獨修能得道，孤僧寡道盡成仙。
月非日映光難聚，陽不陰交氣屬陰；欲訪明人論此理，塵寰游遍少知音。
藥物根源仔細陳，金丹產在彩鸞身；分明指出君須記，二七相交十四春。
與君再說金丹竅，日出西山白虎嘯；等候夜半亥子時，採之片刻眞玄妙。
修丹切莫妄修持，須認他家活子時；月出庚方鉛自現，蟾光一道露華池。
癸後鉛生辨濁清，先天眞炁少人明；要知此藥何時產，但看初三月出庚。

欲採眞鉛□命基，望前朔後正當時；一鈎新月金初旺，過後休嘗莫亂爲。

五千四八產眞鉛，恰象天中秋月圓；夜半陽生須急採，爐中行火自烹煎。

十五月圓花正開，水清金旺絕行□；若交復卦陽初動，一顆玄珠產下來。

金花大藥是丹財，城市鄉村處處開；認得採歸爐裏煉，一時辰内結靈胎。

採花須採花中金，採取金花分癸壬；識得花間眞消息，自然虎嘯會龍吟。

酒是良朋伴似花，戴花飲酒駕河車；西山北海觀潮信，夜夜南山觀月華。

若問華池在哪方，西南坤地是他鄉；其中有味醍醐酒，服下重樓壽命長。

醫老原來藥最玄，丹頭一味水鄉鉛；人衰賴補花須接，此法神仙親口傳。

人身年邁血精殘，補血添精兩不難；槖籥吹噓休着力，自然眞炁上泥丸。

築基不是等閒功，會合陰陽交虎龍；寄語修眞諸達士，莫將此理認三峯。

鑄劍先安太乙爐，次憑金水煉凡骨；堅剛旣已聖靈通，好駕仙槎游仙窟。

降龍伏虎也非難，寶劍虛含陽海間；鉛鼎温温陽火功，存神運氣過三關。

偃月爐中鉛氣濃，懸胎鼎内火初紅；寒聲玉漏丁丁滴，息數周天藉巽風。

縱識眞鉛及水銀，不知火候道難成；周天煉法神仙授，世上愚人幾個明？

周天火候有眞傳，進退抽添汞制鉛；陽火子時三十六，陰符三八午時旋。

陰符陽火往來行，玉液還丹指月盈；
再去坎宮求大藥，送歸離内制陰精。

大藥須同類相感，休將心腎作離坎；
不明陰陽顛倒顛，其在人前亦博覽。

當前紅日隱深潭，陰内藏陽是坎男；
倒贅離宮配姹女，成親只在月初三。

鼓琴洞裏招丹鳳，敲竹檐前換黑龜；
二物會時因戊己，坎離交媾結刀圭。

一個時辰分六候，只消二候得丹頭；
眞鉛度過尾閭去，四候合丹仔細收。

交感陰陽結聖胎，金蓮一朵花中開；
採歸運上泥丸頂，化作甘泉下口來。

前短洞房交虎龍，後長得藥入中宮；
陰消汞固身無漏，從此靈砂漸漸紅。

鉛歸土釜汞凝中，十月汞乾鉛自空；
六百卦中符火事，抽添妙用法屯蒙。

屯蒙二卦用心排，刑德臨門保聖胎；沐浴金丹光透體，一年功畢產嬰孩。

沐浴原非卯酉月，學人須記免鷄時；洗心滌慮防危險，住火停符始合宜。

男兒懷孕是仙胎，不象凡人順下來；劈裂頂門須倒養，元神出現免輪迴。

靜坐深山絕世情，九年面壁養元神；慧光充滿三千界，打破虛空乃至眞。

九載養成身外身，却來塵世積功行；功完行滿丹書詔，駕鶴乘鸞上玉京。

白日飛昇謁太清，飄飄遺世出紅塵；陽神從此超三界，求證金剛不壞身。

修行何必論媸妍，眞謂佛尊道不然；試問參禪賢伴侶，釋迦因甚號金仙？

道曰金丹儒太極，釋迦圓覺號牟尼；雖然門户分三教，修道根源共一枝。

神仙事業古如今，惟有修丹義最深；大抵修丹須口訣，若無口訣枉勞心。

欲修金液還丹道，先結良朋備法財；得法得財得外護，同心修煉上蓬萊。

一句道心說與賢，人間萬事不如錢；金丹原是長生藥，若少青趺難駐顏。

修行切莫隱深淵，須往人間鬧世塵；柳巷花街眞福地，從來花酒出神仙。

紅塵之内好修身，須要居塵不染塵；大隱何妨爲俗客，道成然後做眞人。

丹經萬卷講玄機，只是迷人不自知；如謂書中無口訣，憑何印證得修持？

内修精氣正希仙，外體陰陽玄又玄；寄語道流休執著，深山孤坐枉徒然。

更有學人好煉丹，却將鉛汞鼎中安；點金服食□沖舉，到老差殊成道難。

内外二丹全未聞，自誇知道對人論；饒君口似懸河水，終作閻王殿上魂。

富貴不修徒有錢，豈知死後捏空拳；勸君早煉金丹藥，作個人間不老仙。

遵先校　此詩係按六十四卦數而作。言北派法，不落頑空，頗得乾坤先天法竅；言南派法，毫不著實，頗得悟眞篇一派眞旨，與坊本不同。因坊本專重北派，故將其中要處擅爲删改，致失眞相耳。且考此詩，能會通三教，不著門户意見，可謂讀破萬卷書，深得一貫旨。道本無二，後人智愚不等，聖人因材教育，故傳授有深淺不同，如是所得各異，遂假託古聖，各分門户。宋儒所以硬派孔子爲政治家，樹立儒教，因是一教互相爭訟之門。究之三教之源，都不外先天陰陽一理，毫無衝突。得其眞旨者大度包容，重道不重教；不得眞法者，私心自用，專論教不重道。不知古今中外，止此一道，並無二道。孔子修身治國平天下；老子修之身其德乃眞，修之天下其德乃普；如來所有一切衆生之類，我皆令入無欲涅槃而滅度之：此皆同一公天下之誠也。至其自修，孔子先正其心，老子虛其心，如來如是生清靜心，此又皆以定心爲本也。讀遍孔子、老子、如來經書，何嘗有一語相攻擊者？昔張紫陽作悟眞篇序云：「先聖教人了性命以脱生死，釋氏以了性爲宗，老氏以了命爲本，教雖分三，道乃歸一。惜後世緇黄縫掖，各執專門，互相詆毀，遂令三家宗要不能一致而同歸矣。」足見悟眞者眞能會通三家一貫之旨也。讀此詩者宜以定心修道爲本，毋徒以教而興門户之爭耳。且此詩，訣雖微露，然非口傳不能明其眞諦，若以教自限，則求師更不易也。學者勉之。

西江月詞一首

下手先施槖籥，開關後用眞鉛，築基煉己採先天，得藥方行烹煉。　片晌還丹一粒，聖胎十月功全，九年面壁作神仙，終了平生志願。

遵先校　此詞與坊本只二三字不同，覺無大區別，當讀呂祖西江月詞，聊聊數語將金丹大道悉歸其中，今閱此詞，頗得呂祖所作之旨趣焉。

呂祖詩解

常遵先 著

民七，余客粵中，海軍總長林悦老，命赴詔安，組督軍行署。明年，調駐汕頭。友人玄中子，本閩中鉅族，家富藏書，惟東坡先生所書呂純陽祖師五言律詩十六章最所珍貴。據云係其曾祖總督陝甘時，遇天山老僧所贈。歸田後，即服膺斯道，八十九歲，童顏鶴髮。一日，老僧來，暢敘數日，乃隨去，追之不及，遂不知所終。玄中子光復時在雲南軍中，遇於野外，呼與言笑，轉若十五六童子矣。並囑玄中云：「兒有清福，速歸讀純陽詩，七八年後，自有人告汝。」直上高峯而去。玄中子訪道數年，與余談極暢，出詩質之。余閲字確爲東坡親筆，而詩句中字韻，多與坊本不同，心亦愛極。日俟公餘，必與玄中子商解數時，恒午夜忘倦。茲特將當年筆記，依次錄之，願與海內外高賢一商榷焉。

一

省識句句理，文光眉岱開；　金童登錦帳，玉女下銀臺。　虎嘯天魂住，龍吟地魄來；　有人明此道，立地返嬰孩。

玄中子問：「上兩聯何義？」余曰：「內省不疚，能識百日全貞之道。即孔子所謂『三月不違仁』也。保守百日，自有祥光發現眉間。攷相書，印堂主文學，故曰文光；至金童，指陽炁；玉女，指元精；錦帳，是青宮；銀臺，是丹田。於是紫炁由青宮而起，元精從丹田而生矣。」

玄中子云：「天魂應在龍宮，地魄應藏虎穴，何反云虎嘯魂往、龍吟魄來，豈坡公筆誤耶？」余曰：「否。此眞玄機也。黃帝內經云魂藏於肝，魄藏於肺，精蓄丹田，化爲玉液清泉，上乘天池，以潤華蓋。華蓋者，肺也。內景經云：『肺部之宮似華蓋，下有童子坐玉闕。』參同契云：『金爲水母，母隱子胎；水爲金子，子藏母胞；眞人至妙，若有若無。』言肺得子母相需之道，玉闕清淨，童子自可歸來安居。然氣感相通，魂亦愛與晤聚。因金和不克，木炁暢達，魂亦舒適也。黃庭經云：『肝部之宮翠重裹，下有青童神公子。』蓋肝清則魂往，魂魄最喜聚居，恒相往來。參同契云：『舉東以合西，魂魄自相拘。』此卽降龍伏虎、魂魄雙修之道也。夫丹道不出互藏，修養不外陰陽。先天陰陽併立，是以東西爲天地之緯，而虎緯於卯，龍緯於酉，因卯酉乃刑德之門也。何故？卯應春分，爲庚金受胎之處；酉應秋分，爲甲木受胎之地。金主刑剋，木主德育，而胎養所係，二氣咸通。故參同契云『龍西虎東，建緯卯酉，刑德並會，相見歡喜』者，卽此義也。有人能明解此道，立地可以返其嬰孩時之眞像耳。」

二

姹女住南方，身邊產太陽； 蟾宮烹玉液，龜澤煉瓊漿。 過去仙留飲，攖來我獨嘗； 一盃延萬紀，物外任翱翔。

「姹女，卽地魄乎？」余曰：「然。 肺下有玉闕，乃姹女居室。 肺居人身極高之區，故象南方。 肝居肺左，故云身邊。 肝爲陽炁之府，上升則光發兩目，而目名日月，故曰產太陽。 蟾宮，卽玉闕，乃金水相生之處，本玉液之源流，故云烹。 龜爲北方之精，龜澤卽下丹田也，精水所蓄之處，文武火煆之爐，故云煉瓊漿。 由此兩處經過去之酥酪，卽神仙所留之飲料也。 攖來獨嘗，所用『我』字，指元神，卽佛家之舍利子也，亦丹經所謂黍珠之增此理詳註六部經解中。 所以一盃萬紀，物外逍遥也。 參同契云『伏煉九鼎，化跡隱倫，含精養神，通德三元』者是也。」

三

頓悟黃芽理，陰陽稟自然； 乾坤爐裏煉，日月鼎中煎。 木產長生汞，金烹續命鉛； 依時勤採取，白日上衝天。

黃芽，卽黃庭中金丹之芽。頓然悟得萌芽產生之理，實稟乎陰陽之自然，本先天木公金母之炁所化，由無意中所得來，故曰自然。

玄中子云：「三四兩句太平淡。」余曰：「不然。此理古人不肯輕道。嘗有修養一生，而不通『日月鼎中煎』之解者。夫乾陽坤陰，水火相濟，聚於爐中所煉丹砂，人所共知。而左目爲日，右目爲月，目中童子，一併拉來安在鼎中，此則千古仙機，不肯露洩者。故釋、道家只云垂目而坐，又云合目靜養。惟孔子家語則曰『閉目養神』。余今於此解明，方知余謂孔門修養，是明以告人。釋、道是暗指引導，不肯全說。卽此可知，汞是陽火，鉛是陰精；火生於木，水生於金也。果能依時採取，自可白日飛昇矣。」

四

宇宙產黃芽，經爐煅作砂；　陰陽烹五綵，水火煉三花。　鼎內龍降虎，壺中龜遺蛇；　功成歸化外，自在樂煙霞。

玄中子云：「黃芽產在丹田，何云宇宙？」余曰：「卽此可知余解第三首爲不錯。坎乃水府，水生於金。金爲華蓋，居於極高；　坎爲北海，居於極低：　故象以

『宇宙』二字。金水相生，而得金丹之芽，必經爐火煆煉，方成砂也。三四句，卽三花聚頂、五氣朝元之義。人身有金木水火土五行，炁分五色，故云五綵。嘗藉陰陽烹煉，上朝天池。三花經火煆就，方克由五龍捧聖，上聚天池，下潤瓊樓玉宇耳（詳註六部經解中）。龍降虎，指進火煆砂，故曰鼎內。修煉家必先煉蛇息龜縮之法，如大蟒得道，能修成蚯蚓之小；龜靈得道，長能頭縮殼甲之中。卽是腎根縮小，如童子形，所謂返老還童者是也；女子則兩乳平坦，癸水不來，又所謂閉關者也。下關一閉，方是渡雀橋之時。此下丹田之證，故曰壺中。此功告成，可超脫物外，居自在之天，得煙霞嘯嗷之樂耳。」

五

要覓長生路，除非反九關；　都來一味藥，剛到數千般。汞自鼎中取，丹從爐裏還；　依時服一粒，立便返童顏。

玄中子云：「何謂反九關？」余曰：「人身作用，全在九竅，學長生當知閉反九關之道。九關不閉，眞陽不生，黍珠不產。故閉關則大藥集聚，如千般雲合，將其納入丹爐，取鼎中汞以煉之，則成還魂九轉丹矣。再依採取之時間以服之，立成童顏也。卽子午安爐、文武煅煉之法。然必依陽陰氣候，進退修養。如冬逢復卦，乃乾陽進氣之機，正宜培植根本，以合元神，卽邵子所謂『地逢雷處見天根』者是也。夏逢姤卦，又坤陰漸長之際，正宜休養胎息，以固根基，卽邵子所謂『乾遇巽時觀月窟』者是也。果能依此氣機加以修養，何難不立返童顏乎？」

或謂揚善半月刊社編者多以五經强解佛、老之道。余曰：「易經乃儒家道書，無論三教，不知易理卦氣，何能明天地陰陽，而依時修養耶！嘗聞釋、道中有謂佛、老是必離家入山，與孔子專重人倫不同，且佛是要死去再來者。嗟嗟，何誣聖之甚耳！佛、老不重人道，何以漢朝尚有老子後爲顯宦者，至今猶有佛民之書？若果死去再來，是身入輪迴，豈不與佛經自相矛盾？此老麻僧對藏地愚民之策，豈可云教乎？人貴明理，此尚不明，而可枉言學佛耶！央掘羅云：『汝修蚊蚋行，無知宜默然。』吾輩誠宜默然也。」

六

姹女住瑤臺，蓮花滿沼開；金苗從此出，玉蕊自天來。鳳舞長生縷，鸞歌續命盃；有人明此道，海變已千回。

玄中子問此詩意。余曰：「姹女，月中仙子也，參同契云『河上姹女，靈而最神』者是也；　瑤臺，卽玉闕，仙子住其中，生氣浡浡，如滿沼蓮花，得氣而開；　金苗，卽金丹；　『此』字指華蓋，卽金生水也；　玉蕊，指玉液；　由天池而下，故云自天來；　鳳鸞，指精神也，神清炁舞，精煅成章，皆陰中之小陰陽也。陳摶云：『鸞飛鳳舞見精神，別有陽陰大小分。』世人故未聞耳。人能明此中道理，則長生不老，滄海桑田已變千回矣。五篇靈文云：『坤宮乃產藥川源，陰陽交媾之處也。』」

七

亘古靈珠子，根元起甲庚；　水中聞虎嘯，火裏見龍行。　進退窮三候，參乘用八紘；　衡天功行滿，寒暑不能爭。

玄中子云：「此與第一首義同否？」余曰：「稍深。所謂靈珠子，其根基元本出於先甲三日，後庚三日，因藥苗三日至八日行於甲方，始老而可採。至下弦二十三日行於庚方，而成退火之機已。先天坎在西，離在東；　後天坎在北，離在南。因相生之義，故云虎嘯於水，龍行於火，卽先天而後天也。莊子云『黑虎魂靈白虎星，火龍胎氣出青龍』者，此也。皆指卦氣錯縱之義，採藥運火之法。是以繼言窮三候，以定進火退符之時。參乘者，參伍相乘，變化之妙。八紘，指八卦。迨到衝出天門，內外功行完滿時，則冬可衣葛，夏可衣裘，寒暑無害耳。」

八

我悟長生理，太陽伏太陰；　離宮生白玉，坎户產黃金。　要主君臣義，須存母子心；　九重神室內，虎嘯與龍吟。

玄中子曰：「太陽伏太陰，何也？」余曰：「太陽指炁，太陰指精，卽煉精化炁也。仙經云：『命門合精延，守我身黃寧。』黃寧者，脾神也。修煉家必取命門眞火，合和腎精。腎命堅固，華芒日生。男女修煉，知此者，返老還童。仙經云：『入精六合房，回者變皓形。』又：『守命核桃康。』桃康者，腎中司命之神也，其功大，其居廣。有時在六合，運用河車而還精補腦。仙經云：『桃君守六合，勒精衛泥丸。』卽『離宮生白玉』也。有時在天谷，秘修崑崙。仙經云：『保符泥丸內，守神曰桃康。』有時在內腎，卽坎户產黃金也。蓋一指足太陽膀胱命火，一指足太陰脾經也。果能運火煅腎精，而合和黃寧，自能化精成炁。此『伏』字義，爲道家根本之學，淺見淺聞者，夢想不到也。南方有玉液可取，北方有金砂可提，然須知君臣主義，不可以砂作丹。而參同契云『子生母中』之道，尤貴深知。九重神室，指黃庭中也。百神會聚，故有虎嘯龍吟之兆。」

九

靈丹產太虛，九轉入重爐；浴就紅蓮顆，燒成白玉珠。水中鉛卌兩，火内汞千銖；宴會瑤臺後，昇天任海枯。

玄中子曰：「靈丹寶物，何以產自太虛？」余曰：「可知余解靈丹爲元陽不錯耳。蓋由無生有，由有入無。五篇靈文云：『無中生有，有中生無；無因有激之而成象，有因無感之而通靈。』黃庭經云：『呼吸元氣以求仙，無英公子眞上玄。』又云：『含精養氣口如硃，帶執性命守虛無。』洞經云：『無英眞上玄，玄中元素氣。』無英，木公長子，號金公。悟眞篇云：『金公本是東家子。』能化元氣，從虛無中生，卽丹產太虛之義也。内景經云：『惟待九轉八珍丹。』人能九轉金丹，八轉瓊丹，方能學長生。因九四屬金，三八屬木，東成西就，金因木運，瓊漿入口，名曰九轉八瓊丹，卽金液大還也。重爐者，黃庭也。黍米入中，沐浴成蓮，進火煅煉，方成玉珠，卽内景經云「三十六咽玉池裏，顏色光生金玉澤」是也。採藥一兩，必進火二十四銖，即『鉛汞八兩，共合一斤』之義。乃九轉呑啗之法，不得眞諦，豈能知乎？故有昇天之兆。」

十

姹女玉華君，侍書居左宮；爐中七返畢，鼎内九還終。悟了魚投水，欣同鳥脱籠；縱教年耄耄，立地變沖童。

玄中子曰：「姹女名玉華乎？」余曰：「否。天上有玉華仙女，居無欲天，爲玉皇左侍書。謚曰玉華君，主下界三十六洞學道之流。特借以比陰丹也。内景經云『燒香潔手玉華前』者是也。參同契云：『九還七返，八歸六居。』蓋二七爲火，在人爲心。心有七竅，靈液由衝脈下流，達於規中。規中者，廬間也。内景經云『七液流衝潤廬間』、外景經云『七孔通達永不老』者，即此之謂也。四九爲金，在人爲肺，肺名華蓋，下有玉闕，能生九液，即金生水也。七液者，心中靈液，乃内丹根芽。九液者，乃腎中眞液，爲外丹根本。由下丹田而翻返上鵲橋，降落白闕，是名九還丹，即金丹也。參同契云：『臨爐施條。』又云：『伏煉九鼎。』故爐鼎皆取譬之義，喻心肺兩部也。然皆採藥煉丹之功。若悟透陰陽和合之道，存養黄庭，則如魚得水，不難脱形出殼，若鳥出籠樊也。縱耋耄之年，亦可返童子時矣。」

十一

盜得乾坤竅，陰陽系大宗；　日魂招活虎，月魄制生龍。　運寶崑池浴，還珠合浦封；　有人通此義，萬載不龍鍾。

玄中子曰：「此詩義較深乎？」余曰：「一而二，二而一也。乾坤法竅，全在河圖、洛書。乾坤眞奧，大宗一系，全出陰陽。卽太陰太陽，如人一夫一婦，所出派系，均爲大宗，其義卽在魂招魄制一聯。參同契云：『龍西虎東，建緯卯酉。』金丹四百字云：『日魂玉兔脂，月魄金烏髓。』謂坎中一陽，乃東方之卯兔；離中一陰，乃西方之西烏。蓋後天之坎離，正先天之乾坤，而先天之坎離，適在後天西烏卯兔之上。故東家兔脂，能招西江之月魄；西方烏髓，能制東天之日魂也。若運寶還珠，又卽寄養上丹田、封守黃庭者也。果能通此，雖萬載不至耋耄龍鍾矣。」詳註六部經解中。

十二

個個覓長生，根源不易尋；　要貪天上寶，須棄海中琛。　煉就水中火，燒成陽內陰；祖師曾示訓，砂裏洗黃金。

玄中子曰：「水中火，陽中陰，何也？」余曰：「此卽探源之義。天上寶，神也；海中琛，精也。能於精水中尋得一點眞炁，以煉黍珠，再於純陽中求一點眞陰，以結金光，是爲全功。卽煉精化氣、煉氣化神也。先天坤卦，後天坎卦，均在北方。坎水中爻，屬陽，爲火。先天乾卦，後天離卦，均在南方。離卦中爻屬陰。能於坎中得陽炁鼓動，上還離中，再將離中陰炁驅降入坎，則仍返先天乾坤，卽是修煉家探本還原法。柳華陽云：『天機秘密，欲求其根源，如以神順此精，由自然之造化，則人道成；若以神逆此精，修自然之造化，則仙道成。』卽此義也。砂裏黃金，卽精中陽炁也。」

十三

燦燦金丹子，玄玄造化功；三才成六六，四象返空空。胎氣微微白，童顏漸漸紅；一丸還九九，霄漢任沖沖。

玄中子云：「『三才成六六』者何也？」余曰：「此祖師述光華燦爛之金丹，其玄理與天地造化之功相貫通。自一畫開天，三才定位，而道學乃明。蓋三才成於八卦。而八卦乃十二陽爻，二十四陰爻，合成三十六爻，卽六六三十六也。邵康節云『三十六宮皆是春』者此也。若四象，又分少陰少陽，錯縱翻返，由八卦而至六十四卦，復由六四而返先天，以至無極空濛之道。於是胎氣微微而現白光，嬰孩漸漸而成紅孩兒矣。八一功成，九還丹就。服此一丸，則沖霄凌漢耳。」

十四

萬物生於土，黃庭隱上仙；青龍噓紫氣，白虎吐烏鉛。悟者子投母，迷應地作天；笑他盲煉客，百計補丹田。

玄中子曰：「此言煉己功乎？」余曰：「然。師言：『土生萬物，仙在黃庭，不在丹田耳。』眞是一語打破鴻濛，洩盡古今不言之天地大蘊也。黃庭經云『黃庭內人服錦衣，重掩金闕密樞機』者是也。汞爲龍性，東方之木也，其色青，其神名無英，內景經云『肝部之宮翠重裏，下有青童神公子』，卽紫氣東來也。鉛本虎精，西方之金也，其色烏，其神名皓華，內景經云『肺部之宮似華蓋，下有童子坐玉闕』，卽金生水也。悟者能明子投母之神妙，迷者應求地作天之玄機。若謂養丹必在下丹田中，如此盲修，雖百計補丹田，不過保精延年，終不能脫輪迴之道。妄言學仙，豈不令人笑倒耶！」

十五

二十四神清，三千功行成；　風雲從地出，日月照天明。　玉液黃婆釀，丹田赤帝耕；　個中眞妙理，悟透便長生。

玄中子曰：「是否於廿四節氣中神清心淨乎？」余曰：「否。陳泥丸曰：『一陽復卦子時生，午後一陰生於姤。』守陽眞人云：『子行三十六，積得陽爻百八十數；　午行二十四，合得陰爻百二十數。』蓋陽乾九也，陰坤六也，以四揲之，故得卅六、廿四兩數也。此其用耳。至於體實，則是內景經所云『兼行形中八景神，二十四眞出自然』。言人身分上中下三部，每部有八景神，三八二十四眞，係出於自然，人果精思存念，駕河車而搬運之，則廿四眞神，皆安靜清閒矣。於是三千功行完成矣。雲從龍，風從虎，皆由地中生。地中者，坤土也，謂龍虎風雲變幻之道，皆從坤土中胎養而成詳六部經解中。日月，指兩眸子。回光反照，天庭自發光明，釋家又謂之天眼詳六部經解中。黃婆，中宮主婦，能釀金波玉液，即土生金也。赤帝子，火龍也。先天離卦在東方，中丹田鄰於咫尺。耕者，火生土也。此個中有玄妙眞理，能悟解透徹，便可修立』者，卽此義也。」

養長生矣。道藏中劉眞人云『自剥返乾，由乾變坤，而爲純乾，則眞性自如，我命可

十六

妙妙妙中妙，玄玄玄更玄；妙中無有道，玄外有無仙。合掌珠胎隱，昂頭月魄圓；雙修功行滿，直上大羅天。

玄中子曰：「此詩義較深？」余曰：「然。鍾離眞人云『元炁三妙通神明』，卽陽光三現，大藥產生，是爲妙中妙；内景經云『陽風三玄出始青』，卽一陽來復，從三玄之内，出乎始青之天，是以玄更玄；道德經云『常無欲以觀其妙』、參同契云『眞人之妙，若有若無』、内景經云『師父師母丹玄鄉』，此皆丹家内外動靜、陰陽消息之妙，卽在玄丹之鄉也。故道德經云：『玄之又玄，衆妙之門。』此仙師所以教人於無中求妙道，有外覓仙機也。合掌，是珠精結胎之始；昂頭，是煉神煅魄之時：不出雙修之妙。到功純果滿，自然飛昇而成大羅天仙矣。」

右呂純陽詩十六章，余與玄中子研究於粵東沱江之上，凡兩閱月。玄中子確具宿根，克明明德，曾與余有西湖肥遯之約。余南旋，理廬墓，修譜諜，以完子職。經十餘載，而湘中罹匪禍，刼掠之下，恒產蕩然，

乃添內顧之憂。因妻孥幼艾，不得不稍盡人事。此老氏優游柱下，曼倩游戲人間，亦緣人事未盡耳！故玄中子湖上之招，雲中子天蕩之游，眞師天山之約，都不克踐於一時矣。然於道學，浪游四十年，從未向人道及一語者，不欲駭世也。近感金剛經佛言：「受持此經，至四句偈以告人者，其福勝恒河沙數七寶及身命布施。」又韋氏問六祖云：「昔梁王問佛，建廟供佛，功德如何？佛答以無功德者，何也？」六祖對曰：「彼求個人之福，非濟衆生，故無功德。」中庸云：「修道之謂教。」論語云：「學而不厭，誨人不倦。」於是決意將大學、中庸、道德經、陰符經、金剛經、心經六部詳加註解，闡大道之源，以公同好。現脫稿者已有兩部，正在整修付梓也。希冀世界同仁，先於家庭教育，同負此道德之誡。俾後起者，保存其良知良能之善根，以止於至善，豈非和平之根也哉？因暑中休息，聊作此同解以遺興焉。

或曰：「君以北派法解此何耶？」余歎曰：「時勢使然。」特引黃庭經、參同契、悟眞篇語意，識者自明。所謂「仁者見仁，智者見智」也。